Woodeene Koenig-Bricker es la autora de la popular serie *365 Saints*. Es editora de la revista *Catholic Parent* y ha escrito acerca de la espiritualidad y la familia para las revistas *McCall's*, *Family Circle*, *Working Parents*, *Marriage and Family*, *Catholic Digest* y *Our Sunday Visitor*.

365

Meditaciones con la Virgen

MARÍA

WOODEENE KOENIG-BRICKER

365

Meditaciones con la Virgen

MARÍA

Traducido del inglés por Manuel Algora

Una rama de **HarperCollins***Publishers*

Los libros de HarperCollins pueden ser adquiridos para uso educacional, comercial o promocional. Para recibir más información, diríjase a: Special Markets Department, HarperCollins Publishers, 10 East 53rd Street, New York, NY 10022.

Este libro fue publicado originalmente en inglés en 1997 en Estados Unidos por HarperCollins Publishers.

PRIMERA EDICIÓN RAYO, 2006

Library of Congress ha catalogado la edición en inglés.

ISBN-13: 978-0-06-084541-4
ISBN-10: 0-06-084541-4

06 07 08 09 10 DIX/RRD 10 9 8 7 6 5 4 3 2 1

AGRADECIMIENTOS

A Kris, te debo TANTO.

A quienes me lo pidieron. Gracias por vuestras plegarias,
y por el bieldo.

A Jii. *Merci beaucoup* por llegar con caramelos de café
recubiertos de chocolate cuando más los necesitaba.

A mi madre. Sin todos tus Rosarios, este libro nunca habría
llegado a completarse.

CUANDO asistí a la escuela (primaria y superior) católica en los años 50 y 60, María era una parte esencial de la Iglesia y de la vida escolar. Desde el Ángelus a mediodía hasta los altares de Mayo y las ofrendas espirituales llenas de rosarios, María y la devoción Mariana impregnaban nuestra atención espiritual. Las monjas que me educaron animaban a todas las jóvenes a volverse «igual que María», especialmente en cuestión de vestimenta. «Pregúntate si María se pondría ese traje antes de ponértelo tú», se nos advirtió.

Creo que fue entonces cuando empecé a tener algunos problemas con María. Las únicas imágenes de ella que había visto la mostraban con traje largo y un manto. Por más que lo intentaba, no podía imaginarme a María con la falda escocesa azul y dorado, y los calcetines blancos hasta la rodilla, que componían nuestro uniforme escolar, y ciertamente no podía imaginármela en traje de baño (por moderado que fuera) ni en pantalones vaqueros.

Desde ese momento, María empezó a resultar menos relevante en mi vida. Gradualmente, la coloqué en un cajón mental, del que la sacaba por Navidades y en los días sagrados. No es que me desagradara activamente. Es sólo que la mayoría de las imágenes, historias y oraciones que las monjas nos contaban la hacían parecerse a una especie de cruce entre una estatua de escayola, Poliana y Miss América. (¡Por no hablar del hecho de que ella nunca se ponía algo que no fuera un largo traje azul con estrellas!)

Tras hacerme adulta, di a María su reconocimiento como Madre de Jesús, pero nunca constituyó un elemento central de mi fe. Así pues, si no estaba loca por María, ¿por qué quise escribir un libro acerca de ella?

Uno de los principales motivos fue mi propia madre. Siempre tuvo una profunda devoción a Nuestra Señora. Desde los tiempos en que yo era una niñita, me hablaba de que podía imaginarse con María y Jesús mientras rezaba el Rosario. Quería entender un poco más a María, de modo que pudiera llegar a conocer un poco mejor a mi madre. Por añadidura, deseaba escribir un libro que expresara mi gratitud a mi madre por haberme transmitido algo de su profunda y permanente fe, y ¿qué mejor modo de hacerlo que escribir un libro honrando a la Madre de Dios? Finalmente, admito que la periodista/reportera que hay en mí deseaba saber qué pasaba con María para hacerla tan atractiva a lo largo de los siglos. Investigando lo que otros habían escrito y dicho sobre la Virgen Bendita, confiaba en ser capaz de concebir qué es lo que había inspirado una devoción tan arrolladora.

De modo que comencé a leer lo que se había escrito sobre María, e investigué la teología que se halla tras las devociones marianas. Armada con dicha información, empecé a escribir lo que pensaba que *debería* ser un libro sobre María. En el primer borrador, María era total, completa y absolutamente santa. También era preciosa, sin defecto alguno, y perfecta en todo modo y forma.

Toda imagen estereotipada de la Santísima María que yo hubiera creado en mi mente comenzó a salir a la superficie, y me sentí obligada a tratar de cambiar dichas imágenes en algo que yo personalmente encontrara positivo y alentador. Paradójicamente, cuanto más escribía acerca de María, tanto más me desagradaba ella. Y cuanto más me desagradaba ella, más culpable me sentía yo, y más trataba de que me gustara.

No funcionó. A mitad del proceso me rendí. Había dicho todo lo que podía decir sobre esa María almibarada, y no estaba más cerca de entender por qué mi madre y tantísimos millones de personas estaban tan enamorados de ella, de lo que lo estaba al principio. De hecho, ¡quería a María aún menos que cuando empecé!

Así que dejé a un lado todos los libros que había reunido y la teología que había estado leyendo, y empecé a concentrarme en María tal como la encontraba en las Escrituras. Leí y releí los pasajes del Nuevo Testamento que hablaban de la Anunciación, la Visitación y la Natividad, hasta prácticamente saberlos de memoria. Arrojé todas las imágenes de la Virgen como una esposa de pelo dorado, y miré fotos de mujeres de Oriente Medio en *National Geographic*. Dejé a un lado la multitud de oraciones que había reunido, y en cambio pedí a María que me ayudase a descubrir quién era ella realmente, no lo que yo —o cualquier otro— pensábamos que debía ser, sino quién, María de Nazareth, una mujer del Israel del siglo primero, era realmente.

Entonces empecé a escribir: no lo que pensaba que *debería* escribir, sino lo que sentía que *tenía* que escribir. Gradualmente, comenzó a emerger una María muy diferente de la piadosa estatua que había concebido inicialmente. Caí en la cuenta de que había colocado de manera sutil (y no tan sutil) a María en el papel de casi-diosa. Había estado tratando de convertirla en alguien o algo que nunca fue y nunca pudo ser. Conforme dejé que emergiera la María de las Escrituras, me encontré con una mujer de carne y hueso, que reía y lloraba, bailaba, comía y bebía, hablaba y amaba. Me encontré con una mujer que era en verdad digna de convertirse en la Madre de Dios.

No alego ningún tipo especial de revelaciones acerca de la Virgen Bendita. No se me ha aparecido (¡y probablemente me muriera de un ataque cardiaco si lo hiciera!) No me ha hablado directamente ni enviado mensajes celestiales, así que no puedo asegurar que la María que he descubierto pase una revisión teológica en todas las áreas.

De lo que estoy segura, sin embargo, es de que he descubierto a una mujer cuya vida puede inspirar la mía propia, y a una madre cuyo amor es tan amplio que trasciende el tiempo y el espacio.

Independientemente de si has estado dedicado a María toda tu vida o si, como yo, has llegado a conocerla y apreciarla algo tardíamente, confío en que estas reflexiones te ayudarán a crecer en el entendimiento y el afecto por esta mujer increíble, extraordinaria y única, que fue elegida por Dios como figura central en la historia de la salvación de la humanidad. Confío en que descubrirás, como dije, que María no es simplemente la *Theotokos,* la Virgen, la Madre de Dios, sino que también es María, nuestra compañera, nuestra amiga y nuestra madre.

(¡Y podrías incluso concluir, como hice yo finalmente, que si ella estuviese viviendo en la Tierra hoy en día, podría de vez en cuando ponerse vaqueros en vez de llevar constantemente un traje largo de color azul!)

Woodeene Koenig-Bricker
Mayo 1997

La solemnidad de María

MARÍA es honrada por múltiples títulos y nombres, pero su lugar en la historia está asegurado por un solo y único hecho: aceptó convertirse en la madre del Mesías. En esencia, todo el renombre de María descansa en su maternidad.

Pero María no es simplemente la madre de Jesús. Es también la madre espiritual de todos los que siguen el camino de su hijo. El Papa Juan Pablo II, que dedicó su sacerdocio a María, afirmaba en su encíclica *Redemptoris Mater:* «La madre de Cristo, que se halla en el centro mismo del misterio —un misterio que abarca a cada individuo y a toda la humanidad—, es dada como Madre a todo individuo y a toda la humanidad... [María] es claramente la madre de los miembros de Cristo... pues ella cooperó por amor para que los fieles pudieran nacer en la Iglesia.»

Al empezar un nuevo año, es conveniente que veamos a María como ejemplo de la importancia de la maternidad para la humanidad. Con mucha frecuencia olvidamos que una madre, en el más pleno y verdadero sentido de la palabra, es esencial a la continuación de la raza humana.

Aunque no toda persona está llamada a ser madre en el sentido biológico, todos estamos llamados a ser dadores de vida y portadores de amor. Y ¿acaso no es eso una madre realmente, una persona deseosa de alimentar la vida y el amor? ¿No es eso acaso lo que el mundo realmente *necesita*?

¿En qué modo puedo emular a María como dador y sustentador de la vida?
¿Cómo puedo modelar mi vida conforme a la de María?

CELEBRO LA VIDA Y ME REGOCIJO EN ELLA. USO MIS TALENTOS PARA CONSTRUIR ANTES QUE PARA ROMPER, PARA CREAR ANTES QUE PARA DESTRUIR, PARA AMAR ANTES QUE PARA ODIAR.

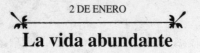

La vida abundante

Abundancia: una cantidad que es más de lo suficiente.

OXFORD AMERICAN DICTIONARY

NOS apresuramos a decir que vivimos en una tierra de abundancia, pero ¿cuántos de nosotros creemos realmente tener «más de lo suficiente»? La industria de la publicidad se fundamenta en el principio de que no tenemos todo lo que necesitamos, de que siempre hay sitio para más.

Y sin embargo, ¿cuánto necesitamos realmente? Y lo que es más importante aún, ¿qué necesitamos realmente?

Nadie diría que María vivió una vida de abundancia, y sin embargo sin duda que vivió una vida abundante. Conoció tanto el gozo como el dolor, concentrándose, no en lo que podría obtener, sino en lo que ella podría devenir. Su vida entera fue un sí continuo a la gracia y los dones que Dios deseaba darle —la misma gracia y los mismos dones que Dios desea darnos a cada uno de nosotros.

Pero a fin de tener espacio en nuestros corazones para aceptar los dones de Dios, debemos tomar la decisión consciente de abandonar el deseo de adquirir. Debemos liberarnos de la tenaza de la enfermedad de la posesión, para experimentar la libertad del amor. Una vez que lo hagamos así, descubriremos que ya no seguimos sintiendo la necesidad de encontrar nuestra convalidación en una televisión de pantalla gigante, la última moda o un coche de ensueño. En vez de eso, descubriremos la totalidad con que fuimos creados para experimentar relaciones profundas y auténticas con otras personas.

Después de todo, es sólo creando relaciones auténticas basadas en el amor como podremos descubrir lo que significa realmente vivir la vida abundante.

¿Busco la realización en una abundancia de posesiones o en una abundancia de amor?
¿Qué objetivos materiales puedo abandonar hoy a fin de dejar sitio para el crecimiento espiritual?

ABANDONO HOY ESAS POSESIONES QUE ME ESTÁN IMPIDIENDO VIVIR LA VIDA EN SU PLENITUD.

Un cambio de planes

TAN sólo imagínate la escena. José se despierta a mitad de la noche, tras haber tenido un sueño en el que un ángel le dice que parta para Egipto de inmediato. Se endereza, despierta a María, y anuncia: «Hemos de irnos. ¡Recoge al niño y vayámonos de aquí!»

Sin duda que María tenía que hacer unas cuantas preguntas en ese momento. Parece probable que preguntara por qué tenían tanta prisa. Se preguntaría si su sueño había sido realmente la visita de un ángel, o meramente el resultado de haber tomado demasiado pan con ajo la cena anterior. E incluso tras haberse convencido de que José había tenido un sueño, pudo haberse preguntado por la preparación del viaje. («¿Has considerado dónde vamos a encontrar un camello a estas horas de la noche?»)

Si María realmente preguntó a José, eso no la hace menos santa que si dócilmente hubiera puesto a Jesús en un capacho y partido para el desierto. Después de todo, ella habló francamente con un ángel cuando éste le dijo que iba a tener un bebé pese a ser virgen. No es realista pensar que no le habría hecho algunas preguntas a su marido acerca de su necesidad repentina y urgente de partir hacia el desierto.

Pero cualquiera que sea la especulación respecto a su reacción, lo cierto es que María estaba dispuesta a cambiar sus planes —los cuales probablemente incluyeran una visita a sus padres para enseñarles el niño— a fin de acomodarse a la necesidad de seguir las indicaciones del ángel. Entendió que ser capaces de adaptarse en el último momento es a veces el único modo de salvar nuestra vida.

¿Cómo reacciono cuando me enfrentó a un cambio de planes repentino y urgente?
¿Puedo ser lo bastante flexible como para aceptar las indicaciones de otro de vez en cuando?

HOY SERÉ FLEXIBLE Y ESTARÉ DISPUESTO A CAMBIAR MIS PLANES.

Las leyes de la creación

MUCHOS de los clásicos retratos de María y el niño Jesús muestran dulces momentos de tierno afecto entre madre e hijo. María contempla amorosamente a su hijo, quien a su vez contempla amorosamente a su madre.

Una de las razones por las que estos cuadros tienen un atractivo tan duradero es la de que revelan nuestro deseo universal humano de afecto. No es bastante con que nos provean físicamente; también necesitamos que nos provean emocionalmente. Necesitamos sentir que somos amados. Ni siquiera Jesús y María se hallaban por encima de esa necesidad fundamental.

Pero ¿cómo hacemos para ver satisfecha esa necesidad?

Una de las leyes universales y —aparentemente contradictoria— de la creación es la de que, a fin de tener, hemos de dar. De hecho, la ley es directamente recíproca: recibimos lo que damos.

Este principio ha entrado en nuestra sabiduría colectiva bajo la forma del proverbio «Cosechas lo que siembras». Por tanto, si estás buscando amor y afecto en tu vida, empieza por amar a los demás. Si quieres sentirte cuidado, empieza por cuidar de los demás. Si quieres sentirte valorado, empieza por valorar a los demás.

Una oración atribuida a San Francisco expresa elocuentemente esta verdad:

> ... pues es dando como recibimos,
> es perdonando como somos perdonados,
> y es muriendo como nacemos a la vida eterna.

¿Qué quiero sacar de la vida?
¿En qué modo estoy actualmente dando esas cosas a los demás?

HOY SEMBRARÉ LAS COSAS QUE QUIERO COSECHAR EL DÍA DE MAÑANA

Asombro

CUANDO aparecen ángeles en las Escrituras, las primeras palabras que dicen suelen ser alguna variante del «¡No temáis!» La única excepción es la salutación que recibe María. Cuando el ángel Gabriel se le aparece, para pedirle que coopere en el nacimiento del hijo de Dios, sus primeras palabras son «¡Dios te salve, María, llena eres de Gracia. El Señor es contigo!» De hecho, el «Dios te salve» hubiera sido mejor traducirlo como «¡Regocíjate!».

Por intrigante que sea la salutación del ángel, la reacción de María es aún más fascinante. No es regocijo, pero tampoco es temor. Se nos dice que «se sintió fuertemente turbada... y se preguntaba qué clase de salutación podía ser ésa». María parece asombrada, no tanto por el mensajero como por el mensaje. Es como si diera por supuesto la presencia del ángel, pero se viese confundida por el modo en que se dirige a ella.

Las siguientes palabras de Gabriel suenan casi superfluas, pues son el habitual «No temáis». Uno puede imaginarse a María frunciendo ligeramente el entrecejo, y diciendo: «No tengo miedo. Simplemente quisiera saber qué haces aquí.»

A menudo decimos que estamos asombrados cuando lo que realmente estamos es aturdidos y espantados. Lo que separa el asombro de la mera sorpresa es el hecho de que el asombro resulta en acción. La reacción de María ante el ángel es un perfecto ejemplo de verdadero asombro. Tras una sensación inicial de sorpresa, unida a la curiosidad y la estupefacción, no se queda boquiabierta, contemplando a Gabriel; escucha su mensaje, considera su petición y toma entonces una decisión.

La próxima vez que te sientas aturdido y asustado, no dejes que la cosa quede ahí; pregúntate qué vas a hacer con tu reacción, cómo puedes convertirla en un asombro orientado a la acción. ¡Puedes «asombrarte» de descubrir lo que tiene Dios en reserva para ti!

¿Cuándo fue la última vez que te sentiste asombrado?
¿Qué hiciste al respecto?

CUANDO ME ASOMBRO, USO MI ASOMBRO Y MI CURIOSIDAD PARA MI DESARROLLO ESPIRITUAL CONVIRTIÉNDOLOS EN ACCIÓN PRÁCTICA.

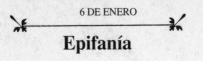

Epifanía

EN la Fiesta de la Epifanía que hoy celebramos, la Iglesia cristiana conmemora tradicionalmente la visita de los Sabios a la Sagrada Familia. Los Sabios —o los Reyes Magos, como también se los denomina— vinieron de Oriente, siguiendo a una estrella que anunciaba el nacimiento de un rey. Trajeron consigo tres regalos —oro, incienso y mirra—, motivo por el que tradicionalmente creemos (aunque los Evangelios no mencionen ninguna cifra específica) que eran tres, cada uno con un regalo. Aunque los regalos que trajeron eran adecuados para un rey, los Sabios mismos no eran reyes.

Entonces, ¿por qué esta fiesta se llama Epifanía? La palabra en sí, en su connotación religiosa, significa «la aparición de un ser sobrehumano». Teniendo en cuenta esa definición, parece que el día de Navidad sería el mejor momento para celebrarla. Pero la palabra epifanía puede también significar «una revelación, una realización», y es eso exactamente lo que recordamos en este día. En esta fiesta, la importancia del hijo de María fue revelada a todas las gentes: no sólo a pastores y ángeles, sino a judíos y gentiles por igual. Para los Reyes Magos, este día fue verdaderamente una epifanía. Habían seguido una estrella, sin saber qué esperar, y les había conducido hasta los deseos de su corazón.

También nosotros somos llamados a experimentar epifanías en nuestras vidas, esos momentos en los que, por un breve segundo, todo parece cobrar sentido; en los que tenemos una vislumbre de por qué estamos aquí, y sentimos el motivo que se esconde tras los planes del universo.

Al igual que los sabios, somos llamados a seguir nuestra estrella, incluso si no tenemos ni idea de adónde nos conducirá; pues es sólo siguiendo nuestra estrella como nos abrimos al poder de Dios capaz de cambiar la vida.

¿He experimentado alguna vez una epifanía?
¿Hay algún suceso que haya cambiado mi vida por completo?

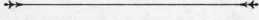

SIGO MI ESTRELLA, DONDE QUIERA ME CONDUZCA.

Animales de compañía

NO existen documentos que prueben que la Sagrada Familia pudo haber tenido animales de compañía. En el Israel de sus tiempos, por lo general, sólo los ricos podían permitirse el lujo de un animal que no se ganaba el sustento. Pero es agradable imaginar que cuando la Sagrada Familia vivió en Egipto, María experimentó el consuelo y la compañía de un gato.

Los gatos domésticos han sido parte de los hogares egipcios casi desde los albores de la civilización egipcia. En los tiempos en que María, José y Jesús vivieron allí, los gatos debieron ser bastante corrientes, serpenteando a través de piernas insospechadas, maullando en busca de leche por los patios, acurrucándose cómodamente en montones de ropa recién lavada; en pocas palabras, haciendo justo lo que los gatos hacen hoy en día.

Aunque los gatos no sean el animal de compañía favorito de todo el mundo, los animales domésticos han sido parte de la humanidad desde que los primeros humanos pusieron pie en la sabana. Y así ha de ser. Las lecciones del amor incondicional y la dependencia mutua que aprendemos de nuestros animales de compañía nos ayudan a tener una vislumbre del modo en que funciona el universo.

Como dijo Irving Townsend en *Príncipe de nuevo:*

Quienes elegimos rodearnos de vidas más temporales que la nuestra propia, vivimos dentro de un frágil círculo, que se rompe fácilmente y con frecuencia. Incapaces de aceptar sus terribles honduras, no quisiéramos, sin embargo, vivir de otro modo. Acariciamos los recuerdos como la única inmortalidad cierta, sin entender nunca del todo el plan necesario.

¿Tienen los animales alguna lección que darme?
¿Qué he aprendido de ellos?

ME REGOCIJO EN TODA VIDA, Y CELEBRO TODA VIDA: HUMANA Y ANIMAL.

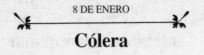

Cólera

¿**P**UEDES imaginarte a María verdaderamente enojada —genuinamente encolerizada— con alguien o con algo? Lo más probable es que no. Solemos retratarla paciente, dócil, gentil y feliz con todo lo que se cruzaba en su camino.

Sin embargo, le hacemos un flaco servicio a María si suponemos que nunca se enfadó. El enfado no es un pecado en sí mismo. Los Salmos están llenos de referencias a la justa ira de Dios. Jesús mismo se encolerizó cuando echó a los mercaderes del Templo.

Así pues, ¿por qué suponemos que María nunca se encolerizó? Tal vez hagamos un salto ilógico. Echemos un vistazo a nuestro razonamiento defectuoso:

A) La gente suele encolerizarse cuando alguien hace algo que ellos perciben como erróneo.
B) El hijo de María, Jesús, era Dios.
C) Dios no puede pecar.
D) En consecuencia, Jesús no pudo hacer nada erróneo.
E) Puesto que Jesús no pudo hacer nada erróneo, su madre no tuvo nada por lo que encolerizarse.

Este argumento tiene dos defectos mayores. En primer lugar, supone que la única persona con la que tuvo trato María fue Jesús; y segundo, supone que todo lo erróneo es pecaminoso. Ambas suposiciones son falsas. Cuando uno de los compañeros de juego de Jesús niño manchó con heces de oveja el suelo limpio de María, probablemente ella no fuera la mamá más contenta del pueblo. Debió de alzar la voz. Incluso puede que —¡caramba!— se sintiera bastante enojada. Lo que separa a María, sin embargo, es el hecho de que incluso cuando se sentía enojada, nunca permitía que su enojo la hiciera pecar.

El sentimiento de enojo es simplemente eso: un sentimiento. Es lo que hacemos con nuestro enojo lo que lo convierte en dañino para nosotros mismos o para los demás.

¿Me enojo alguna vez?
¿He permitido en alguna ocasión que mi cólera me llevara a dañar a
alguien, verbal o físicamente?

CUANDO ESTOY ENOJADO, RECONOZCO EL SENTIMIENTO, PERO NO LE
DEJO QUE ME CONTROLE.

Imaginando la realidad

ES bueno que las cámaras fotográficas no se hubieran inventado todavía en tiempos de María. Si tuviéramos una fotografía suya, podríamos desencantarnos. Sería demasiado delgada o demasiado gorda. Sus rasgos serían demasiado bellos o no lo bastante bellos. Sería demasiado alta o demasiado baja, demasiada vieja o demasiado joven, demasiado morena o demasiado clara. Tuviera el aspecto que tuviera, nunca podría estar a la altura de nuestras imágenes mentales.

A lo largo de los siglos, muchos artistas han tratado de dar vida a su visión de María. Aunque ha sido retratada de innumerables modos por innumerables artistas, la mayoría de los retrato presentan a una doncella dócil y delicada (a menudo con rasgos nórdicos), con aspecto de ser demasiado frágil como para dejarla salir en medio de un vendaval.

Una imagen así no concuerda con la realidad. Puesto que María era semita, tuvo que tener los rasgos y el color de una mujer de Oriente Medio. Puesto que pasó una gran parte de su vida en el exterior, debió de estar ajada y curtida. Y puesto que era una mujer de la clase trabajadora, tenía que ser robusta y fuerte —tan capaz de plantar un campo como de hacer una costura.

¿Por qué, pues, nuestras imágenes de María suelen tan a menudo hacerla parecer insípida y efímera?

Quizá sea porque no queramos que María parezca una mujer de la vida real. Tal vez deseamos que parezca como una estatua, porque entonces no tenemos que emularla. Después de todo, ¿quién puede emular a una estatua? María no es una estatua. Es una mujer inteligente y franca, marcada por la determinación y la santidad. Ésas son cualidades que podemos y debemos emular.

¿Cómo me imagino a María?
¿La veo como una persona real o como una estatua de mármol?
¿Qué pasaría con mi concepto de María si la viera como realmente es?

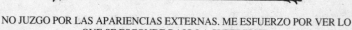

NO JUZGO POR LAS APARIENCIAS EXTERNAS. ME ESFUERZO POR VER LO QUE SE ESCONDE BAJO LA SUPERFICIE.

Arca de la Alianza

UNO de los títulos tradicionales de María es el de Arca de la Alianza. Puesto que el Arca de la Alianza era la que contenía las Tablas de la Ley de los judíos, bajadas por Moisés del Monte Sinaí, llamar a María Arca de la Alianza nos puede sonar algo peculiar. El título parece implicar que es una caja dorada con una piedra dentro. Una imagen no muy atrayente, hasta que entendemos lo que el título indica realmente.

El Arca de la Alianza era el santuario para el signo material del contrato de Dios con los judíos. Debido a su estrecho contacto con las Tablas de la Ley, el Arca misma se transformó en un objeto sagrado.

En la creencia cristiana tradicional, la matriz de María se convirtió en el santuario de Jesús, que era el signo material del nuevo contrato de Dios con todos los pueblos. Al igual que el Arca original, María fue transformada en santidad a través de su contacto con Jesús. Nosotros, a través de nuestro contacto con María y su hijo, podemos también ser transformados en santidad.

Como dijera el Papa Juan Pablo II en una alocución el 30 de noviembre de 1980: «¿Ha sido capaz alguna vez el hombre de alcanzar algo más exaltado? ¿Ha sido capaz alguna vez de experimentar algo más profundo acerca de sí mismo? ¿Ha sido el hombre capaz, a través de alguna consecución como hombre —a través de su intelecto, la grandeza de su mente o por actos heroicos, de ser elevado a un estado superior que el que le ha sido dado en este fruto de la matriz de María...?»

¿Cómo puedo dejar que el ejemplo de María me transforme?
¿En qué modo puedo convertirme en un arca de santidad
para quienes me rodean?

SÉ QUE ESTOY LLENO DE LA SANTIDAD DEL SEÑOR.

Esperando un milagro

HAY una coletilla popular que dice: «¡Espera un milagro!»
Cuando oras, ¿esperas realmente que Dios responda? ¿Realmente crees que si pides un milagro, obtendrás uno?

Si somos sinceros, la mayoría de nosotros tendrá que admitir que albergamos algunas dudas, y no sin buenos motivos. Todos podemos citar ejemplos de oraciones «fallidas»; personas que conocemos que vertieron su corazón y su alma hacia Dios, y sin embargo su niño murió, o su negocio quebró, o su matrimonió naufragó. En tales casos, muchas personas bienintencionadas ofrecen consuelos del estilo de «¡Fue la voluntad de Dios!», o «Estoy seguro de que Dios tiene en mente algo mucho mejor para ti».

Uno se pregunta si la gente dijo a María cosas similares cuando su único hijo fue condenado como criminal y crucificado en una cruz. Indudablemente ella oró para que de algún modo Dios salvara a su hijo; y, sin embargo, en esa tarde de viernes, él fue clavado en una cruz hasta morir como un traidor.

¿Qué debió de sentir María en aquel momento? Había recibido la promesa, treinta y tres años antes, de que su hijo sería el Mesías, pero no se le habían comunicado planes detallados. Al igual que nosotros, ella tuvo que ofrecer sus plegarias sin saber cuál sería el resultado, confiando en que Dios la escucharía y respondería. En medio de su sufrimiento durante la Crucifixión, es probable (siendo como es la naturaleza humana) que alguien tratara de consolarla al pie de la cruz diciéndole: «Es la voluntad de Dios.»

Lo irónico del caso es que era la voluntad de Dios. Más aún, pese a las apariencias, Dios estaba preparando un milagro —el milagro más grande de todos los tiempos: la Resurrección.

María esperaba un milagro. ¡Y tuvo uno!

¿Confío lo bastante en Dios como para creer que mis plegarias serán contestadas?
¿Dejo a Dios espacio para contestar, o exijo una respuesta en un tiempo y una manera específicos?

SÉ QUE DIOS SÓLO QUIERE EL BIEN PARA MI VIDA.

Sentimientos

¿**V**ERDAD o mentira?

María nunca se quejó.
María nunca andaba irritable.
María nunca estaba cansada.
A María le gustaba todo el mundo y todas las cosas.

Si contestaste que *verdad* a todas las afirmaciones anteriores, puedes estar suponiendo algunas cosas que no son ciertas acerca de María.

La teología tradicional enseña que María fue concebida sin las tendencias naturales hacia el pecado con las que nacemos los demás. De algún modo misterioso, fue la primera en obtener la acción salvadora de Jesús aplicada a su alma; aplicada, de hecho, en el momento mismo de su concepción. La Inmaculada Concepción, como se le llama, otorgó a María ciertas gracias. Por ejemplo, fue capaz de resistirse al atractivo del pecado durante su vida, deviniendo, como dijo Wordsworth, «el orgullo solitario de nuestra corrupta naturaleza».

Pero el hecho de que fuera concebida sin traza de pecado no significa que María estuviera por encima de todas las debilidades y frustraciones de la vida humana. Tras caminar todo un largo día por las colinas para ver a su prima Isabel, María pudo muy bien quejarse de que le dolían los pies. Cuando había que recoger la cosecha, lavar la ropa y preparar la comida del Sabbath —todo en el mismo día—, María debía de hundirse en la cama totalmente exhausta.

Al contemplar a María como modelo a seguir, los creyentes cristianos deben tener cuidado en no suponer que sus gracias especiales la hicieran abandonar su naturaleza humana. Por contra, María se muestra como un ejemplo del modo en que cada uno de nosotros puede elevarse por encima de sus fallos, al tiempo que permanece plena y gozosamente humano.

¿Creo que la santidad es incompatible con las emociones humanas normales?

ACEPTO MIS SENTIMIENTOS, COMPRENDIENDO QUE NO SON NI ACERTADOS NI ERRÓNEOS; SIMPLEMENTE SON.

Mamá

LAS primeras palabras que dicen la mayoría de los niños son formas de dirigirse a sus padres —Mamá o Papá, lo que trae como resultado una gran excitación paterna.

Ese primer nombre maternal —Mamá— porta una connotación muy diferente que el formal Madre. La palabra Mamá porta consigo una sensación de bienestar, abrazo y conexión, mientras que Madre es rígido, sofocante y severo.

Simplemente por divertirnos, trata de pensar en María como Madre. ¿Qué clase de imagen se te viene a la mente? Para muchos, se trata de una mujer majestuosamente vestida en ropas azules y sentada en un trono. Sonríe benévolamente a sus súbditos, puesto que es tan reina como madre. Aunque rezuma compasión y comprensión, se halla, no obstante, un poco distante y reservada.

Ahora imagina a María como Mamá. ¿Cambia tu imagen? Quizá la veas ahora en una túnica tejida toscamente, su rostro manchado por la harina del horneado del día. Ya no sentada formalmente en el salón del trono, se encuentra en su cocina entre el desorden de la vida normal de familia.

¿Qué María te atrae más?

Quizá sea María la Reina Madre, al cargo de un ejército de ángeles, confiada, poderosa y contenida. O quizá sea María la Mamá, con brazos abiertos, una caricia y una sonrisa.

Lo más probable es que ambas imágenes tengan su atractivo. Cuando necesitemos una madre, podemos volvernos hacia María, la poderosa Madre, que no sólo sabe lo que es mejor para nosotros, sino que tiene los recursos para ayudar a satisfacer nuestras necesidades. Cuando anhelamos una mamá, podemos buscar solaz en María, nuestra Mamá, que nos envuelve con brazos amorosos y enjuga con besos nuestras lágrimas.

¿Suelo imaginarme a María como Madre, o la imagino como Mamá?
¿Qué aspecto de María necesito hoy?

RECONOZCO MI NECESIDAD DEL AMOR DE UNA MADRE. SI NO TENGO UNA MADRE EN LA TIERRA, SÉ QUE TENGO UNA MAMÁ EN EL CIELO.

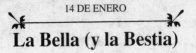

La Bella (y la Bestia)

UNO de los clásicos de Disney más queridos es La Bella y la Bestia. Basada en un cuento popular francés, *La Belle et le Bête,* es una historia imprecedera del poder transformador del amor de una joven. En cierto modo, *La Belle et le Bête* es también la historia de la salvación.

Según a la enseñanza de las Escrituras hebreas, reiterada en el Nuevo Testamento cristiano, la humanidad y Dios se separaron tanto que la reconciliación parecía imposible. Sin embargo, Dios, como padre siempre amoroso, encontró un modo de restaurar la relación rota. El plan divino era asombrosamente simple: Dios se haría un ser humano. Dios nacería de una madre humana, sería criado en una familia humana, y finalmente moriría con una muerte humana. Al vivir ese plan, Dios reuniría la humanidad y la divinidad.

El único pequeño inconveniente era una pequeña cosa llamada «libre albedrío». La chica escogida por Dios para poner en marcha su plan debía decir que sí voluntaria y libremente. Dios no podía forzarla a cooperar. Dios sólo podía invitarla a participar. Afortunadamente para todos nosotros, la respuesta de María fue afirmativa: «Hágase en mí según tu palabra.»

¿Qué tiene esto que ver con *La Belle et le Bête*?

En el cuento popular, un príncipe ha sido convertido de apuesto joven en horrible bestia, y debe seguir siendo una bestia hasta que alguien lo ame plena, completa y libremente. Entonces, y sólo entonces, será capaz de reasumir su justa forma y su justo lugar. Belle es capaz de ver más allá de sus defectos, y ofrece a la Bestia su amor. Su *sí* al amor transforma a la Bestia. María fue capaz de ver más allá de los defectos de esta vida, y es su sí al amor lo que transformó el mundo.

¿Doy mi amor libremente y sin llamar la atención?

USO MI LIBRE ALBEDRÍO PARA DECIR SÍ A LA VIDA Y SÍ AL AMOR.

Matrimonio

CUALQUIERA que haya estado casado alguna vez sabe que el matrimonio no es algo en lo que entrar a la ligera. Incluso los mejores matrimonios tienen sus momentos difíciles. Las parejas han de esforzarse por encontrar un terreno común, en el que compartir sus vidas, en el que crecer juntos.

El matrimonio de María y José no era diferente. También ellos debieron pasar sus pruebas. Recuerda que, aunque María fuera bendecida con ciertas gracias desde el momento de su mismo nacimiento, José no lo estaba. Era un hombre perfectamente normal y corriente, lo que significa que pudo roncar, dejar sus sandalias en la chimenea, olvidarse de atar la cabra —todas las cosas ordinarias que pueden hacer que una esposa se suba por las paredes.

El hecho de que María fuera única en la historia de la humanidad no significa que no tuviera que adaptarse a las tensiones que resultan de vivir con otro ser humano. José no era un clónico suyo; tenía su propia idiosincrasia, algunos de cuyos rasgos pueden haber sido frustrantes para ella.

Por añadidura, algunas tradiciones dicen que era viudo cuando se casó con María, de modo que es enteramente posible que tuviera niños de su primer matrimonio. Cómo salió adelante María con esos niños —y cómo salieron adelante esos niños con María— es algo que las Escrituras sabiamente ignoran.

El hecho de que María supiera lo que es la vida diaria de una mujer casada, no la disminuye en su santidad; en vez de ello, da a todos los casados un ejemplo de compromiso verdadero y duradero.

Si estoy casado, ¿qué puedo hacer para apoyar hoy a mi cónyuge? Si no estoy casado, ¿cómo puedo ayudar a alguien que está casado a vivir más plenamente su compromiso?

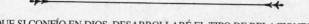

SÉ QUE SI CONFÍO EN DIOS, DESARROLLARÉ EL TIPO DE RELACIONES QUE NECESITO PARA MADURAR ESPIRITUALMENTE.

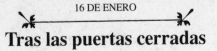

Tras las puertas cerradas

UNA popular canción del oeste habla de lo que sucede tras las puertas cerradas cuando una mujer aparentemente atildada y recatada suelta su pelo. La canción celebra una expresión del amor, pero no todas las puertas cerradas ocultan pasión y afecto. En muchos casos, las puertas cerradas esconden dolor y sufrimiento. Relaciones que en público parecen plácidas y apacibles pueden, en el peor de los casos, ser el caldero del abuso y la violencia en privado.

En la vida de María, por ejemplo, no tenemos indicaciones sobre lo que sus amigos y familiares (con la excepción de Isabel) decían acerca de su embarazo fuera del matrimonio. Puesto que conocemos el final de la historia, suponemos que la apoyaron y ayudaron, pero pueden haber sido críticos y enjuiciadores. Pueden haber hecho comentarios cortantes acerca de su condición y de su virtud cuando nadie salvo María pudiera oírlos. Y a la inversa, pueden haber sido amorosos y solícitos, a pesar de lo que andara diciendo el resto del pueblo.

El hecho es que simplemente no podemos saber lo que sucede detrás de las puertas cerradas en las vidas de otros. Es ésa una de las razones principales para que resulte tan esencial refrenarnos de juzgar las vidas y comportamientos de otras personas. Cuando nos vemos tentados a ser críticos, ayuda recordar que lo que va, viene. Es casi apostar sobre seguro que aquello con lo que somos más críticos en la vida de otro, será la cosa a criticar algún día en la nuestra.

¿Tiendo a hacer juicios críticos sobre otra gente, o estoy dispuesto a vivir y dejar vivir?

DEJO PASAR LA TENTACIÓN DE CRITICAR A OTROS.

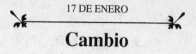

Cambio

EL cambio siempre crea trastornos.
Eso puede sonar a afirmación simplista, pero es verdad.

Aunque el cambio siempre crea trastornos, el cambio no siempre es malo. En verdad, a veces el cambio es necesario, Si, por ejemplo, has desarrollado en tus relaciones patrones de comportamiento que no son conducentes a tu crecimiento y bienestar espiritual, necesitas hacer cambios. Si estás llevando una vida autodestructiva o de autorreproche, el cambio es vital. A menudo el cambio es absolutamente esencial para la salud espiritual y emocional. Sin cambio, la vida misma puede verse comprometida en tales casos.

Uno de los mensajes que María trae al mundo en sus apariciones en lugares como Lourdes y Fátima es la necesidad absoluta de cambiar vidas pecadoras en vidas santas. Una y otra vez, nos dice: «Orad; orad para cambiar.»

Los cambios que pide María no son fáciles. Nos pide que cambiemos nuestras actitudes, nuestros prejuicios, nuestro egoísmo y nuestra pecaminosidad.

Conforme empieces a cambiar, cuenta con sentirte incómodo. Después de todo, la vida está a favor del *statu quo*. Conforme continúes haciendo cambios, también quienes te rodean pueden empezar a sentirse incómodos. A menudo tus cambios los obligará a hacer cambios a ellos también, cambios que promoverán tu —y su— crecimiento espiritual, ¡que es exactamente lo que espera María!

¿Qué necesito cambiar hoy en mi vida?
¿Qué haré cuando encuentre resistencia a mis intentos de cambio?

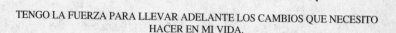

TENGO LA FUERZA PARA LLEVAR ADELANTE LOS CAMBIOS QUE NECESITO HACER EN MI VIDA.

Esperanza

PARA ser una mujer que vivía en una pequeña aldea de un lugar perdido del mundo, María ciertamente vio más de lo que le correspondía por su ración de milagros. Un ángel en el salón. Sabios en el porche. Ángeles en el cielo. Durante esos pocos benditos momentos que rodearon el nacimiento de Jesús, María experimentó signos y maravillas que iban más allá de sus sueños más vivos.

Luego vinieron los siguientes treinta años. No más ángeles. No más Sabios. No más maravillas. Simplemente una vida ordinaria en una pequeña aldea. El recuerdo de los signos y maravillas debió de gastarse un poco con el paso de los años. Las dudas debieron de insinuarse. *¿Realmente vi un ángel? ¿Realmente me dijo que mi hijo sería el Mesías?* Quizá María sacara uno de los cofres que le habían dado los Reyes Magos, y acariciara su superficie grabada, recordando, reflexionando. Treinta años es un largo tiempo para seguir adelante sin tener la confirmación de la promesa hecha por el ángel. ¿Es posible que me equivocara?, puede haberse dicho a sí misma. *Quizá le entendí mal. Quizá estaba equivocada.*

No sabemos qué pensó María, pero sabemos que continuó confiando. De hecho, a veces es llamada Madre de la Esperanza. Merece ese título porque sabe lo que significa aferrarse a una promesa frente a la duda, caminar guiada por la fe, no la vista. En pocas palabras, más que ninguno de nosotros, sabe lo que significa tener esperanza.

¿Hay algo que espero que suceda?
¿Confío lo bastante en las promesas de Dios como para aguardar pacientemente sin tener una confirmación?

CREO, INCLUSO SI NO VEO; Y TENGO ESPERANZA, INCLUSO SI NO SÉ CON SEGURIDAD SI MIS SUEÑOS SE VERÁN REALIZADOS.

El mejor comportamiento

SOLEMOS imaginar que María y su hijo Jesús tuvieron siempre su mejor comportamiento. Pero ¿qué significa exactamente tener nuestro mejor comportamiento? ¿Significa actuar adecuadamente en una situación dada, o significa actuar del modo en que otros esperan que lo hagamos?

Si significa actuar del modo adecuado —y la mayoría de nosotros aceptaríamos esa definición—, entonces ciertamente que Jesús y María tuvieron siempre su mejor comportamiento. Pero si significa actuar del modo en que esperan los demás que lo hagamos, entonces casi nunca lo tuvieron.

Jesús puso su mundo patas arriba —no sólo obrando milagros, sin asociándose con prostitutas y recaudadores de impuestos, bendiciendo gentiles igual que judíos, desafiando las convenciones de su tiempo para crear un nuevo orden de conciencia.

Cuando tenemos nuestro comportamiento mejor (más apropiado), lo estamos haciendo del modo que es mejor para nosotros y quienes nos rodean. Dependiendo de la situación, nuestro mejor comportamiento puede ser tonto o serio, atrevido o recatado, bullicioso o aburrido. Todo depende.

La clave de tener nuestro mejor comportamiento estriba en concebir qué comportamiento se requiere en cada momento. A veces resulta obvio: un decoro reservado sería esencial si fueras a encontrarte con el presidente de los Estados Unidos en el Despacho Oval, por ejemplo. Pero si fueras a contar chistes con el presidente en una fiesta privada, sería mejor un tipo de comportamiento diferente.

Dios quiere que concibamos cuál sería nuestro mejor comportamiento, cualesquiera sean nuestras circunstancias, ¡y no que nos mantengamos en ese mejor comportamiento en todo momento!

¿Actúo adecuadamente, o me comporto del modo en que creo que otros esperan que lo haga?

TENGO SIEMPRE MI MEJOR COMPORTAMIENTO.

Sabiduría

LAS religiones basadas en diosas reconocen tres distintas etapas de santidad para las mujeres: la hija virgen, la madre y la mujer sabia. Tradicionalmente, la cristiandad ha aplicado los dos primeros aspectos de santidad a María, pero ha ignorado ampliamente el tercero. María es honrada como la virgen inocente y alabada como madre sustentadora, pero raramente es vista como la mujer madura y sabia.

Un sobreénfasis en la virginidad de María y el nacimiento virginal de Cristo tiene el peligro potencial de impedirnos una completa identificación con María. Sin embargo, ella no siguió siendo una joven virgen toda su vida. Conforme ella, que estaba «llena de gracia», se hizo mayor, se convirtió en una mujer de gracia madura. Creció, tal como lo hacemos todos, no sólo en edad, sino también en sabiduría.

Es ésa una de las grandes lecciones que tiene que enseñarnos María: que podemos y debemos crecer en sabiduría. No era una persona plenamente desarrollada en los tiempos en que se le apareció el ángel Gabriel. Aunque más madura de lo que correspondía a sus años, no tenía más de catorce años. Por aquel tiempo, su sabiduría le era dada por Dios, no una sabiduría desarrollada a lo largo de años de vida. Treinta y tres años más tarde, al pie de la cruz de su hijo, ya no era la misma persona. La vida, con todas sus penas y alegrías, la había transformado. La joven virgen que había dicho sí a un ángel, se había convertido en la mujer madura que permaneció junto a su hijo durante la agonía de la Crucifixión. La adolescente no podría haber hecho lo que la mujer de cuarenta y siete años. Para apreciar plenamente a María, debemos verla en todas las etapas de su vida.

Conforme crecemos a través de nuestras propias vidas, necesitamos reconocer que no somos la misma persona que éramos hace cinco, diez o veinte años. Al igual que María, necesitamos crecer en sabiduría y madurez, pues el sendero de crecimiento de María es también nuestro sendero.

¿Cómo he crecido a lo largo del año pasado?
¿Los últimos cinco años? ¿Los últimos diez años?

APRECIO LA SABIDURÍA QUE HE RECOLECTADO A LO LARGO DE MIS AÑOS
DE VIDA.

Rectitud

*Al sexto mes el ángel Gabriel fue enviado por Dios a una ciudad de
Galilea llamada Nazaret, a una virgen desposada con un varón
llamado José, de la casa de David; el nombre de la virgen era María.*

LUCAS 1:26-27

EN el antiguo Israel, estar prometidos era algo más que un mero formu-
lismo. Era un compromiso en serio —casi tan en serio como el matrimonio mismo. De hecho, el matrimonio vino a existir en esa cultura no
como un acto simple de intercambio de votos (como sucede hoy en día),
sino como parte de un proceso que comenzaba con la promesa de *finalmente* casarse. Una promesa así, solemne y obligante —el prometimiento,
podía tener lugar cuando ambas partes eran muy jóvenes y el matrimonio
mismo se hallaba aún a años de distancia. El prometimiento era tanto un
signo de algo por venir como el compromiso con algo que ya existía.
Mientras que la joven continuaba viviendo en su hogar durante el periodo
de prometidos, una pareja no tenía relaciones sexuales durante ese tiempo.

La mayor parte del énfasis de la visita de Gabriel pertenece justamen-
te a María, pero considera a José por un momento. Ahí estaba él, honrando los términos oficiales del compromiso, ¡y María aparece preñada! *Él*
sabía que no era el responsable, así pues, ¿qué tenía que pensar? Podéis
estar seguros de que no se dijo a sí mismo: «Bueno, debe de haber sido
visitada por un ángel, y ahora está embarazada de un modo milagroso.»

Puesto que «era un hombre recto, no dispuesto a exponerla a la vergüenza, decidió divorciarse con discreción». En esas pocas palabras
residen la clave del carácter de José. Incluso si pensaba que María había
traicionado sus votos de compromiso, incluso si creía haber sido enga-
ñado, no deseaba dañar a María: estaba dispuesto a hacer creer a toda la
aldea que la había abandonado aunque el niño que portaba fuera de él.
Obviamente, la amaba apasionadamente, pues estaba dispuesto a arriesgar su propia reputación a fin de salvar la de ella. ¿Podría el amor de
alguien superar eso?

*¿Estoy dispuesto a sacrificarme por aquellos a quienes amo?
¿Estaría dispuesto a hacerlo, incluso por alguien que considero
me ha dañado?*

SIEMPRE DESEO LO MEJOR PARA QUIENES ME RODEAN.

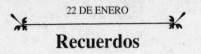

Recuerdos

LOS recuerdos son uno de los mayores tesoros que puede poseer cualquiera de nosotros. Los cuadros pueden destruirse, las cintas de vídeo borrarse, pero (descontando una enfermedad como el Alzheimer) los recuerdos duran toda la vida.

Las tradiciones dicen que María pasó los últimos años de su vida con el discípulo Juan en Éfeso. Alejada de su familia y de su hogar, María acabó sus días como una extraña en un lugar extraño. Sin nada familiar a su alrededor (o poco), debió de encontrar consuelo en sus recuerdos mientras aguardaba a unirse con su hijo en el cielo.

¿Qué recordaba María al final de su vida?

Sus recuerdos debieron ciertamente incluir sucesos como la Anunciación, la Visitación y la Resurrección, pero también habrían incluido momentos simples en Nazaret: contemplar cómo Jesús ayudaba a José en el taller, hablar con sus amigas en el pozo del pueblo, preparar la mesa para la comida del Sabbath.

Los momentos tranquilos compartidos con aquellos a los que amamos suelen componer los recuerdos más duraderos de todos. Una taza de café y unos pastelillos acompañando a una conversación sincera pueden crear un recuerdo más profundo y duradero que todo un gran viaje por Europa.

Nunca es demasiado tarde para crear recuerdos que serán reconfortadores y sustentadores al final de la vida. Pero crear tales recuerdos conlleva asumir unos riesgos: riesgos del alma y del corazón. Estos riesgos son a veces más difíciles de sobrellevar que el reto físico más arduo, pero en el esquema eterno de las cosas, merecen la pena.

¿Guardo quejas, o almaceno recuerdos?
¿Qué clase de recuerdos deseo crear hoy?

CREO RECUERDOS QUE SUSTENTAN Y NUTREN MI ALMA.

Bendita

DURANTE generaciones, los cristianos han llamado a María por cientos de nombres diferentes, pero quizá ninguno sea más adecuado que la simple palabra bendita. Este título es el único que María se aplicó a sí misma —no porque se considerara especial, sino porque reconocía que Dios había hecho grandes cosas a través de ella. María dijo exultante:

> Mi alma glorifica al Señor;
> y mi espíritu se regocija en Dios, mi Salvador.
> Porque ha mirado la pequeñez de su sierva;
> sí desde ahora me llamarán feliz todas las generaciones.
> Porque ha hecho en mí cosas grandes el poderoso,
> cuyo nombre es Santo.
> Su misericordia se derrama de generación en generación,
> para los que le temen.
> Desplegó la fuerza de su brazo,
> y dispersó a los de soberbio corazón.
> Derribó a los poderosos de sus tronos,
> y levantó a los humildes.
> Colmó de bienes a los hambrientos,
> y a los ricos los despidió vacíos.
> Tomó de la mano a Israel, su siervo,
> acordándose de su misericordia,
> como había prometido a nuestros padres,
> en favor de Abraham y su descendiencia para siempre.

(Lucas 1:46-55)

¿Qué grandes cosas ha hecho Dios, el Poderoso, por mí en mi vida?
¿Creo que Dios me llenará de cosas buenas, según a Sus promesas?

HOY PROCLAMO LA BONDAD DEL SEÑOR CON TODO MI SER.

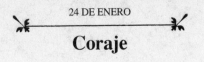

Coraje

NO se suele pensar en María como mujer de coraje, pero lo era. Desde la joven que se mantuvo erguida ante un ángel, hasta la mujer madura que aguardó pacientemente en el Cuarto Superior con los seguidores de su hijo, María es un modelo de valor tranquilo.

¿En qué consiste ser valiente en el mundo de hoy?

Demasiado a menudo, creemos que el coraje requiere del riesgo físico. Pensamos en un bombero que entra en un infierno ardiente para rescatar a una víctima atrapada. Un equipo de rescate que desciende por un acantilado para llegar hasta un escalador accidentado. Un equipo de buceadores a la búsqueda de un avión hundido en un naufragio terrible.

Quienes llevan a cabo tales actos son en verdad valientes, pero la valentía puede adoptar muchas formas. ¿Qué hay de una joven que está dispuesta a afrontar la tarea de criar a su hijo ella sola? ¿O de una mujer que mantiene su cabeza bien alta pese al ridículo de los vecinos, que piensan que su hijo está loco? ¿O de una mujer anciana que aparta a un oficial de policía para ponerse al lado de su hijo erróneamente acusado? ¿Acaso estas mujeres (todas las cuales podrían ser María misma) no están realizando también actos de coraje.

La siguiente ocasión que te enfrentes a una situación que demande coraje, recuerda el ejemplo de María. Su fortaleza puede ser tu fortaleza, si tan sólo pides su ayuda.

¿Qué creo que constituye el coraje real?
¿Cuál es la persona más valiente que conozco?

TENGO DENTRO DE MÍ EL PODER DE SER TAN VALIENTE COMO LAS CIRCUNSTANCIAS EXIJAN.

La bendición de María

LOS escritos de los santos están repletos de oraciones y peticiones a María.

Por ejemplo, en el año 373 San Atanasio rogaba: «Acuérdate de nosotros, santísima Virgen, y concédenos tus dones desde las riquezas de tus gracias, Virgen, llena de gracia.» Y más de mil quinientos años más tarde, el papa Juan Pablo II oraba, como se refiere en Insegnamenti, el 12 de mayo de 1982:

Deseo repetir ahora, ante todos vosotros, *totus tuus:* ¡todo vuestro, oh Madre! Te pido que me ofrezcas a mí y a todos estos hermanos al «Padre de las Misericordias», en homenaje y gratitud, ocultando y cubriendo nuestra pobreza con tus méritos y los de tu Hijo Divino. Y seamos aceptados, bendecidos y fortalecidos en nuestras buenas resoluciones, que deseamos atar, como un ramo de flores, con un lazo «tejido y dorado» para ti, oh Madre: «Haz lo que él te diga.» ¡Danos tu bendición, Señora, nuestra Madre más querida!

El rasgo común a todas las múltiples plegarias y peticiones a María es la búsqueda de su bendición. ¿Por qué ha sido tan importante para los hombres y mujeres santos a lo largo de los siglos que María les extendiese su bendición? ¿Por qué debería preocuparnos si María nos bendice?

Necesitamos la bendición de María porque ella es algo más que la madre de Jesús; ella también es *nuestra* madre. Al recibir su bendición, obtenemos el apoyo del amor de una madre, que es una de las fuerzas más poderosas del universo.

¿He pedido alguna vez a María su bendición?
¿Creo que me la daría si se la pido?

HOY PEDIRÉ A MARÍA QUE ME BENDIGA A MÍ, ASÍ COMO A TODA MI FAMILIA.

Belleza interior

CUANDO imaginamos a María, solemos verla como una hermosa joven de unos dieciocho años de edad, con pelo largo, piel perfecta y una figura de ensueño. Dar a luz, el trabajo en el campo, los días al sol sin sombrilla; nada de esto se atreve a dejar una marca en ella. En verdad, cuando María aparece en las visiones, es a menudo descrita como joven y bella.

Pero la María que se mantuvo al pie de la cruz debió de tener un aspecto muy diferente. Debía de tener cerca de los cincuenta cuando Jesús murió —una mujer vieja para las expectativas de la época—. Debió de tener arrugas alrededor de los ojos, su pelo debió de estar veteado de canas, y su figura debió de haberse asentado ya en un bienestar matronal. Probablemente todavía era bella, pero sin la belleza intacta y efímera con que normalmente la asociamos.

Dado que la tradición católica enseña que María fue preservada del pecado, tendemos a asumir que fue preservada de los estragos de la vida ordinaria. Suponemos que, puesto que su alma carecía de mácula, su cuerpo también debió de estarlo. De aquí que retratemos a María como eternamente joven y atractiva. Pero como dice Antoine de Saint-Exupéry en *El Principito:* «Lo esencial es invisible al ojo.» María aparece como una mujer bella no porque rivalizase con Miss América en su vida terrenal (aunque tal vez lo hiciera), sino por su bondad interna. Aparece bella porque era bella en donde cuenta: en su alma.

¿Empleo más tiempo en cultivar mi belleza interior
o mi apariencia exterior?

HOY EMPLEARÉ EL TIEMPO EN VOLVERME BELLO POR DENTRO.

Bienintencionados

ES difícil imaginar a María haciendo algo más que orar y cuidar de Jesús. (Y puesto que Jesús era Dios, suponemos que probablemente no necesitara cuidar mucho de él. No lo imaginamos como un niño cabezota de dos años que se opone a que le enseñen a usar el orinal, o como un adolescente resentido que abandona su túnica desordenadamente sobre un taburete.) Puesto que suponemos que Jesús no necesita de mucha atención materna, muy a menudo nuestra imagen de María es la de una monja ermitaña antes que la de una esposa y madre real.

Para tener una imagen más realista de María, imagina la escena en el pozo comunal de la aldea. María está charlando con sus vecinas, riendo con la historia que cuenta una de las mujeres, oyendo rumores de que los romanos planean construir un estadio de gladiadores en un campo cercano. Aguarda su turno para hundir su gran cántaro en el agua fresca y dulce. Quizá se detiene para ayudar a una familiar anciana con su cántaro. Nada en el exterior indica que está jugando un papel crucial en la historia del mundo. Tiene el aspecto de una madre judía ordinaria que provee de agua a su hogar.

Y así es como debería ser. Lo asombroso de María no es que se halle por encima de nosotros, sino de que sea uno de nosotros. Ella sabe lo dura pue puede ser la vida ordinaria, pero sabe también que es precisamente en lo ordinario que pueden ocurrir los sucesos espirituales más extraordinarios.

¿Creo que he de estar haciendo cosas espirituales todo el tiempo
para ser «santo»?
¿Creo que puedo alcanzar la santidad y la totalidad en mis
actividades ordinarias?

BUSCO MODOS DE CONVERTIRME EN UNA PERSONA SANTA, NO EN LAS ACTIVIDADES «ESPIRITUALES», SINO EN LAS ACCIONES DE LA VIDA DIARIA.

Pan

EN la Última Cena, Jesús cogió pan, y lo dio a sus discípulos, diciendo: «Tomad y comed todos de él; porque éste es mi cuerpo.» Oímos esas palabras una y otra vez, en cada ocasión que celebramos la Misa, o asistimos a una Comunión.

¿Alguna vez te has preguntado quién hizo el pan que se utilizó en esa noche de Pascua? Por supuesto, no lo sabemos, pero es agradable pensar que quizá fuera María quien lo preparó.

Al principio de la semana debió de haber sabido, con la intuición que tienen las madres, que algo había a la vista. Debió de haber sentido el desasosiego de su hijo y de sus discípulos. Debió de haber oído rumores y murmuraciones entre las otras mujeres.

Preguntándose, preocupándose, observando, tal vez hallara reposo en el ritual de moler el trigo, amasar, dar forma al pan. Puede haber hallado la paz en saber que, fuera lo que fuese a pasar en los días siguientes, su hijo, su bebé, disfrutaría del sabor del pan preparado por su madre.

Si en verdad María fue quien hizo el pan que Jesús partió en la Última Cena, poco sabía ella que estaba ayudando a preparar un milagro. Haciendo lo que las madres han hecho durante milenios, transformó el grano en pan para la vida. Esa noche, antes de morir, su hijo transformó su pan para la vida en Pan de Vida.

¿Cómo puedo permitir que mi vida sea transformada por el servicio a los demás?

ME PERMITO DEVENIR UNA NUEVA PERSONA A TRAVÉS DEL PODER DEL HIJO DE MARÍA, JESÚS.

Reina de los ángeles

TAL vez creamos que nos gustaría ser visitados por un ángel, pero probablemente preferiríamos ser visitados por un ángel disfrazado. Los ángeles reales no son bebés rollizos o criaturas andróginas con vestidos blancos, que llegan a la Tierra en alas de gasa fina.

El hecho de que hayamos retratado a los ángeles como delicados o remilgados resulta asombroso, pues los ángeles descritos en las Escrituras son más como comandos de fuerzas celestiales: seres resueltos y nada diletantes, que llevan a cabo las órdenes divinas, incluso si ello significa arrebatar las puertas mismas del infierno.

Los ángeles apostados a las puertas del Jardín del Edén, por ejemplo, estaban armados de espadas flamígeras. Los ángeles descritos en Ezequiel —con sus cuatro rostros, cuatro alas, pezuñas de bronce, cuatro manos y una rueda giratoria iluminante que les acompañaba— podrían haber venido directamente de una película de ciencia-ficción. El ángel que se le apareció a Balaam aterrorizó al burro de éste hasta el punto de inmovilizarlo. Los ángeles que cantaban sobre Belén atemorizaron a los pobres pastores hasta atontarlos. No hay un solo bebé con dedos de los pies regordetes entre el grupo de los ángeles.

La realidad de los ángeles da al título tradicional de María como Reina de los Ángeles un giro fascinante. En vez de ser la reina de una manada de querubines revoloteantes o espíritus alocados, María es la reina de un ejército de seres determinados, concentrados, seguros de sí mismos, que siguen la voluntad de Dios sin vacilación.

Cuando pedimos a María que envíe sus ángeles en nuestra ayuda, estamos pidiéndole que mande un ejército literal. Quizá la razón por la que no experimentamos la ayuda de los ángeles en nuestras vidas sea que no conseguimos verlos como los poderosos guerreros espirituales que realmente son.

Cuando pido la ayuda de los ángeles, ¿creo que seré ayudado?
¿En qué modos he sido ya ayudado por los ángeles?

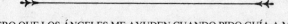

ESPERO QUE LOS ÁNGELES ME AYUDEN CUANDO PIDO GUÍA A MARÍA,
REINA DE LOS ÁNGELES.

Poder para comprar

SI María se quedaba sin ajos para la cena, no podía enviar a Jesús a la tienda de la esquina para traerse una o dos cabezas. El único día en que María podía comprar comida —o cualquier otra cosa— era el día de mercado. El resto del tiempo tenía que conformarse con lo que tenía, o pedir prestado a sus vecinos.

Con las tiendas abiertas las veinticuatro horas del día, los norteamericanos no necesitamos ya planificar por adelantado las compras. Cuandoquiera que nos apetece, podemos ir a una tienda y comprar cualquier cosa que desee nuestro corazón (y que nuestros bolsillos puedan alcanzar). Tal espontaneidad puede parecer liberadora, pero tener acceso ilimitado a las compras puede realmente ser lacerante.

Detente y pregúntate si hay algo que *necesitas* comprar en este mismo momento. Sé sincero. ¿Hay algo sin lo cual no puedes en absoluto vivir? De acuerdo, si la despensa está literalmente vacía, necesitas encontrar algo que comer. Y si estás enfermo, puedes necesitar una medicación especial. Pese a esas excepciones, ¿qué *debes* comprar ahora mismo? Para la mayoría de nosotros, la respuesta honesta es que nada.

Sin embargo, si fuéramos a entrar en una tienda, *cualquier* tienda, apuesto a que sentiríamos la necesidad de comprar algo. Quizá un artículo de cuya misma existencia no éramos conscientes ayer, se convertiría en necesidad en un abrir y cerrar de ojos. Pero, si lo comprásemos y lo llevásemos a casa, ¿qué pasaría? Tendríamos un objeto más del que preocuparnos, una cosa más de la que cuidar. Lo que podría haber parecido una acción espontánea y liberadora —esa compra impulsiva— resultaría otra cuerda más que ataría nuestra alma a nuestras posesiones.

¿Soy dueño de mis posesiones, o son ellas quienes me poseen a mí?

CONSIDERO LAS IMPLICACIONES A LARGO PLAZO DE TODO ARTÍCULO QUE ME SIENTO TENTADO A COMPRAR.

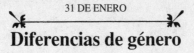

Diferencias de género

SI unos extraterrestres fueran a bajar a la Tierra y observaran a la humanidad por un tiempo, podrían concluir que hombres y mujeres son dos especies diferentes que simplemente viven en el mismo lugar. Perros y gatos, que son especies diferentes, a menudo actúan de modo más parecido que hombres y mujeres.

Y no se trata tan sólo de las acciones. Hombres y mujeres *piensan* de manera diferente. De hecho, nuevas comprobaciones científicas verifican lo que la mayoría hemos sabido siempre: hombres y mujeres utilizan su cerebro de un modo diferente. ¡No es sorprendente que tengamos tantas dificultades para entendernos a veces!

Aunque María, la Madre de Dios, tenía gracias especiales, no dejaba de ser una mujer; y Jesús, aun siendo Dios encarnado, era un hombre; y José, aun siendo un *buen* hombre, seguía siendo un hombre. Lo que quiere decir que debieron de haber momentos en los que José y Jesús no tenían ni idea de lo que estaba pensando María, y viceversa. De hecho, deben de haber existido momentos en los que María debió de marcharse con su madre o con su hermana, dejando a José y Jesús rascándose la cabeza y preguntándose: *¿Qué está pasando aquí?*

El hecho de que Dios creara a hombres y mujeres diferentes no significa que uno de los géneros sea superior al otro. De hecho, Dios tiene claro que hombres y mujeres son complementarios, sin que ninguno tenga una ventaja inherente sobre el otro. En el lenguaje poético del Génesis,

> Dios creó al hombre a su imagen;
> a imagen divina lo creó;
> macho y hembra los creó.

¿En qué modo veo a toda la gente como creada a imagen de Dios?

CELEBRO MI SER, REGOCIJÁNDOME POR HABER SIDO CREADA A IMAGEN DE DIOS.

Duda

S AN Agustín dijo en una ocasión que mil dudas no bastan para una sola incredulidad. Al trata de asuntos espirituales, podemos dudar mucho, pero si estamos buscando sinceramente la verdad, no caeremos en la incredulidad. Eso no significa, sin embargo, que vayamos a estar siempre de acuerdo.

Mucha gente mantiene creencias acerca de María sobre las que otros mantienen dudas. Por ejemplo, los cristianos sostienen que María siempre fue virgen, y que en consecuencia nunca tuvo otros hijos aparte de Jesús. Otros cristianos sostienen que la mención de hermanos y hermanas de Jesús en los Evangelios es la prueba de que María y José *sí* tuvieron otros hijos. Los católicos arguyen a su vez que los términos *hermano* y *hermana* pueden referirse a cualquier pariente cercano, y mantienen la tesis de que los hermanos y hermanas de Jesús eran realmente primos, o incluso hermanastros (suponiendo que José pudo haber estado casado con anterioridad).

Aunque se han librado guerras por mucho menos, darle vueltas a puntos así es como cuando los monjes medievales especulaban sobre cuántos ángeles podrían danzar en la cabeza de un alfiler. En vez de concentrarnos en las áreas de desacuerdo, ¿por qué no enfocarnos en las áreas de acuerdo? Por ejemplo, todos los cristianos están de acuerdo en que María era virgen cuando dio nacimiento a Jesús, que Jesús estuvo dispuesto a iniciar su ministerio público en respuesta a la petición de ella por más vino, y que María nunca abandonó a Jesús, siguiéndolo incluso hasta el pie de la cruz.

Hay cosas más que suficientes sobre las que estar en desacuerdo en este mundo. No hagas de María una de ellas.

¿Cómo me comporto cuando sé que tengo razón?
¿Trato de discutir con los demás para arrastrarlos a mi punto
de vista?

SI HE DE ESTAR EN DESACUERDO CON ALGUIEN, LO HAGO DE MANERA AGRADABLE.

La presentación del Señor

SEGÚN a la ley mosaica, el primogénito de una pareja judía debía ser llevado al Templo de Jerusalén, y redimido por el pago de cinco shekels (unas 200 pesetas). Por añadidura, tras el nacimiento de un chico, toda mujer debía ofrecer un cordero (si era rica) o dos palomas (si era pobre) para su propia purificación. María no era una excepción. Ella y José viajaron, conforme a su deber, hasta Jerusalén, para hacer las necesarias ofrendas.

El hecho de que María y José ofrendaran dos palomas en vez de un cordero, se ha tomado históricamente como una evidencia de su pobreza, lo que en verdad puede ser el caso. Pero no podemos estar seguros de ello. Puesto que el marco temporal de los acontecimientos que rodearon el nacimiento de Cristo es un tanto incierto, no sabemos exactamente cuándo llegaron los Sabios. Si los Reyes Magos ya habían visitado a la familia para el tiempo de la Presentación, María y José podían haber utilizado algo de su oro, o comerciado con alguna de sus especias para comprar un cordero.

Si tenían los recursos, ¿por qué María y José optaron, sin embargo, por la ofrenda «más pobre»? Quizá porque María no sólo era santa sino astuta. Sabía que no era necesario gastar dinero de más para un cordero cuando dos palomas serían perfectamente adecuadas. Aparte, si hubiese salido a comprar el cordero, los recaudadores de impuestos romanos habrían estado indagando, haciendo preguntas y exigiendo una buena parte de su riqueza. Siendo una mujer brillante, pasó por humilde, obedeciendo la letra de la ley —en la letra misma.

Aunque María siempre es tenida como un ejemplo de santidad, puede ser también un modelo de «astucia callejera». El hecho de que concentrara su mirada en Dios no significa que no fuera consciente de la necesidad de vivir sabiamente en la Tierra.

¿Creo que la sabiduría mundana y la gracia celestial son incompatibles?
¿Creo que he de elegir entre el cielo y la Tierra?

USO LA INTELIGENCIA QUE ME HA DADO DIOS PARA SACAR EL MEJOR PARTIDO DE LA VIDA AQUÍ EN LA TIERRA.

Dieta

¿**A**LGUNA vez te has preguntado qué tipo de alimentos debieron comer María, José y Jesús?

La primera comida del día, tomada entre las nueve y el mediodía, habría consistido generalmente de pan, fruta y queso. El pan habría estado hecho de trigo o centeno. La fruta habría incluido uvas, granadas, higos y aceitunas. El libro de los Hechos de los Apóstoles menciona que Jesús, siendo adulto, preparó una vez un desayuno para sus seguidores que consistía en pescado fresco cocinado en un fuego abierto.

La comida principal y más sustancial, tomada por la tarde, habría incluido alimentos vegetales, como las judías sazonadas con aceite y ajo, lentejas, pepinos, cebollas y verduras (incluyendo el berro, la endibia y la lechuga), más fruta, mantequilla, leche de cabra, vino y (en ocasiones especiales) carne como la del cordero.

La dieta de la Sagrada Familia era muy parecida a la dieta que se recomienda hoy en día para la salud: rica en fruta y verduras, ligera en carnes y grasas. No es que María, Jesús y José tuvieran mucho donde elegir. No habrían sido capaces de pagarse una mesa repleta de carnes, quesos y platos costosos.

Irónicamente, hoy en día es difícil conseguir el simple sustento que para ellos era corriente. Un desayuno de pan recién horneado, hecho con trigo molido en la piedra, higos y aceitunas, serían mucho más costosos que un bol de cereales azucarados.

Se requiere un esfuerzo decidido para llevar una dieta adecuada para la salud en la cultura de hoy en día. Es mucho más fácil dejarse arrastrar por la mentalidad de la comida rápida. Sin embargo, nos debemos a nosotros mismos —y a nuestro Creador— cuidar de los cuerpos que nos han sido dados, comiendo los alimentos apropiados en las cantidades apropiadas.

¿Cómo alguna vez en exceso?
¿Cómo los alimentos equivocados incluso si sé cuáles me convienen más?

TOMO ALIMENTOS QUE FAVORECEN LA SALUD EN CANTIDADES MODERADAS, DE MODO QUE MI CUERPO TENGA EL COMBUSTIBLE QUE NECESITA PARA COMPLETAR LAS TAREAS QUE DIOS ME HA ENCOMENDADO.

Culpa

CUANDO José y María finalmente encontraron a Jesús en el Templo, no parece probable que estuvieran totalmente calmados y sosegados. Después de todo, su hijo había estado perdido durante tres días en su equivalente a Nueva York. Debieron de haber sido presa del pánico. María debió de imaginar que Jesús había sido cogido como esclavo, igual que su antepasado José: o peor aún, que yacía muerto en cualquier recodo del camino. No importa que un ángel le hubiera dicho doce años antes que Jesús iba a ser el Mesías; ella era su madre, y las madres se preocupan de sus hijos.

Cuando finalmente se encontró con él, lo más probable es que no le hablara en un tono suave. No se necesita mucho para hacerse una idea del tono de sus palabras: «Hijo mío, ¿por qué nos has hecho esto? Tu padre y yo te hemos estado buscando con gran ansiedad.» Probablemente se encontrara atrapada entre el alivio de hallarlo vivo y bien, y la justa ira por haberles causado tanta preocupación.

Sin embargo, las Escrituras no registran que mencionara la culpa. Ella no culpó a Jesús por quedarse rezagado (aunque podría haber estado tentada de hacerlo). No culpó a José por no prestar suficiente atención (aunque podría haber estado tentada de hacerlo). Y no se culpó a sí misma por no estar al tanto de la situación de Jesús (aunque podría haber estado tentada de hacerlo). En vez de ello, se llevó a su hijo a casa, donde «fue obediente a ellos».

La inculpación nunca es constructiva. Desgaja nuestra autoestima y arruina nuestro discernimiento. Siempre que nos hallemos en una situación estresante, deberíamos tratar de permanecer calmados, como hizo María, antes que tratar de asignar culpas; ¡y entonces deberíamos asegurarnos de que la misma cosa no volverá a suceder nunca más!

¿Me culpo a mí mismo por cosas que no son fallos míos?
¿Trato de asignar la culpa a otros a fin de hacerme sentir mejor
respecto a situaciones difíciles?

HOY NO CULPARÉ A NADIE, INCLUYÉNDOME A MÍ MISMO, POR NADA.

Bendiciones disfrazadas

¿HAS experimentado alguna vez algo que estabas seguro era un desastre, sólo para descubrir más tarde que el desastre era una proverbial «bendición disfrazada»? Quizá no pudiste conseguir un trabajo que realmente deseabas, en una empresa que pronto se fue a la quiebra de un modo confuso, por ejemplo.

El problema con las bendiciones disfrazadas es que *son* disfrazadas. No podemos estar seguros de si algo es un desastre genuino o una bendición disfrazada, hasta más tarde; a veces, mucho, mucho más tarde.

Por ello es por lo que adivinar a *posteriori* es siempre un recurso fácil. Es sencillo mirar *atrás* y ver la mano de Dios obrando en nuestras vidas; pero en el momento en que están sucediendo las cosas, no solemos tener ni idea de por dónde van a salir.

María debió de preguntarse por muchas de las circunstancias de su vida: quedar embarazada antes de estar casada, tener su hijo en un establo, verse forzada a huir a Egipto en medio de la noche, aguardar treinta años a que su hijo hiciera lo que fuera que se suponía que debía hacer, verlo morir en una cruz. Pudo haber tenido vislumbres del plan divino conforme las cosas sucedían, pero no pudo estar absolutamente segura de antemano sobre si un acontecimiento dado era un puro desastre o una bendición disfrazada.

Al igual que todos nosotros, ella hubo de confiar en que Dios sacaría cosas buenas de su dolor. Fue capaz de hacerlo porque, aunque no conocía el futuro, conocía a Dios. ¿Podemos nosotros decir lo mismo?

¿Cómo me hace sentirme comprender que María hubo de vivir
basándose en la fe, como el resto de nosotros?

CREO QUE DIOS OBRARÁ LAS COSAS PARA EL BIEN EN MI VIDA, INCLUSO SI NO ESTOY SEGURO DEL RESULTADO.

Mensajes

DIOS nos envía continuamente mensajes a cada uno de nosotros. A veces los mensajes son más bien oscuros; en otros momentos, son muy claros. María recibió varias instrucciones a través del servicio angelical cielo-a-Tierra, una especie de mensajería urgente celestial. Incluso en tiempos modernos, visionarios como Santa Bernadette Soubirous y los niños de Fátima recibieron los mensajes de Dios bastante directamente, bajo la forma de apariciones de María.

La comunicación de Dios, sin embargo, no se limita a los visionarios y videntes. Dios nos da mensajes a cada uno todos los días. Nuestro trabajo es mantener abiertos nuestros corazones a fin de ser capaces de reconocerlos. Los mensajes a María llevados por un ángel se hallaban entre las comunicaciones más directas que Dios haya emprendido, pero su línea angelical no siempre estaba abierta. Con muy pocas excepciones, ella tuvo que apoyarse en los medios ordinarios de comunicación divina —la oración, el estudio y la sabiduría de otra gente, igual que el resto de nosotros.

Si deseas experimentar los mensajes de Dios en tu vida, el primer paso es el de comprender que Dios se comunicará en la forma que aceptes con más facilidad. Quizá respondas mejor a la escucha de otras personas. Si es así, Dios te permitirá entrar en situaciones con gente capaz de transmitirte los mensajes que necesitas recibir. O quizá seas el tipo de persona que reacciona mejor a la reflexión y la contemplación privadas. Si es así, Dios usará esos rasgos de la personalidad para dirigir tu vida en los modos que sean mejores para ti.

Cualesquiera que sean los métodos que utilice Dios para comunicarse contigo, una cosa es cierta: el amor de Dios por ti es tan intenso, tan penetrante y tan omniabarcante que Dios nunca te permitirá irte sin tu mensaje.

¿Cómo recibo mensajes de Dios? Si no creo que recibo mensajes, ¿es porque estoy bloqueando, consciente o subconscientemente, los intentos de Dios por comunicarse conmigo?

ME ABRO A LOS MENSAJES QUE DIOS TIENE HOY PARA MÍ.

Crisis a mediados de la vida

¿ALGUNA vez te has preguntado si María tuvo una crisis a mediados de la vida?

Esa posibilidad no es tan extraña como a primera vista pudiera parecer. Piensa en cómo se debe de haber sentido cuando Jesús tenía, digamos, veintiocho años de edad. Claramente un hombre maduro según a los estándares judíos, no mostraba signos de jugar su papel como Mesías ni de casarse y tener una familia. Debió de empezar a imaginar María que probablemente no iba a tener nietos; sus familiares y conocidos probablemente la importunaban: «¿Para cuándo ese gran chico tuyo va a encontrar una muchacha y sentar cabeza?»; ella no estaba viendo signo alguno de que el prometido reino de Dios estuviera justo saliendo por el horizonte; José había muerto; y ella estaba haciéndose más vieja. ¿Acaso no debió preguntarse, simplemente por un momento, *¿Y si yo estuviera equivocada respecto al ángel? ¿Y si hubiera sido todo sólo un sueño?*

Encendiendo el fuego de la mañana por diezmilésima vez, ¿albergó el secreto deseo de visitar Egipto una vez más? ¿De ver los palacios y estatuas del faraón? ¿De mezclarse en el mercado egipcio, donde se reunían bienes de mil tierras, en vez de deambular por el sucio y pequeño mercado de la plaza del pueblo? Nunca lo sabremos. Pero si María se sintió un poco inquieta, está bien. Sentirse inquietos a mediados de la vida no es un problema; lo que importa es lo que hacemos con esa inquietud.

María parece haber transformado cualquier inquietud de mediados de la vida en continuar el trabajo de su hijo siendo mentor y guía espiritual de quienes se allegaban a la naciente comunidad cristiana. Al igual que lo hizo durante toda su vida, se concentró en el modo en que podía servir a otros antes que en lo que pudiera obtener para sí.

¿En qué modo estoy utilizando cualquier desasosiego que haya en mi vida para transformarme a mí misma y a quienes me rodean?

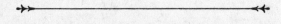

DOY GRACIAS POR MIS CRISIS A MEDIADOS DE LA VIDA, CUANDOQUIERA QUE OCURRAN.

Humildad

CUANDO se trata del orgullo y la humildad, solemos recibir mensajes encontrados:

Enorgullécete de tus logros, pero no hagas sonar las trompetas.

El orgullo precede a la caída, pero ayuda a seguir adelante.

¿Cómo se supone que debemos ser? ¿Orgullosos o humildes?

Realmente, se supone que debemos ser ambos. Ésa es una de las paradojas del plan divino. La clave para comprender la paradoja reside en comprender la diferencia que hay entre la verdadera y la falsa humildad.

La falsa humildad pretende negar el valor de un logro, al tiempo que se está continuamente buscando un cumplido. Digamos, por ejemplo, que acabas de hacer muy bien una tarea en un proyecto del trabajo. Cuando tu jefe te dice que has hecho un gran trabajo, inclinas tu mirada y dices dócilmente: «No fue nada.» Bueno, tanto tú como tu jefe sabéis que no fue «nada»; en verdad, ambos sabéis que fue un gran logro. Ejerciendo la falsa humildad en vez de asumir un orgullo realista denigras el valor del trabajo... y tu parte en él.

Por otro lado, la verdadera humildad reconoce el valor de un logro, pero no acepta un crédito indebido. La gran oración de María, el *Magnificat,* es un poderoso ejemplo de verdadera humildad. En esa oración, María reconoce que «de ahora en adelante todas las edades me llamarán bendita». No remolonea con comentarios como: «No, no digáis nada de mí»; antes bien, expresa la verdad de su lugar en la historia de un modo que da gloria a Dios: «El Poderoso ha hecho grandes cosas por mí, y santo es su nombre.»

Podemos seguir el ejemplo de la verdadera humildad de María y reconocer nuestros logros, al tiempo que reconocemos a Aquél de quien todas las bendiciones fluyen.

¿Cómo manejo los cumplidos? ¿Siento la necesidad de hacer comentarios autodespreciativos cuando alguien me hace un cumplido?

ACEPTO LOS CUMPLIDOS TAN LIBREMENTE COMO LOS DOY.

Opción ya no válida

LA popular Mary Englebreit pinto un cuadro que mostraba a un pequeño caminando por el lado izquierdo de una carretera ahorquillada. El signo de su parte de la horquilla dice, «Tu Vida.» El signo que hay al otro lado, la carretera que no ha seguido, dice: «Opción Ya No Válida.» Por encima de la escena entera se encuentran las palabras: «No mires atrás.»

El cuadro de Mary Englebreit retrata vivamente una de las duras realidades de la vida. Nos gusta pensar que nada es permanente, que siempre tenemos una segunda oportunidad, pero eso, simplemente, no es cierto. Una vez que tomamos una decisión particular, nos guste o no, ciertos senderos se nos cierran para siempre.

Coged el caso de María, por ejemplo. Una vez que dijo sí al ángel, otros senderos eran «opciones ya no válidas». No podía vivir como Ana, la hija de Fanuel, quien «nunca abandonó el templo, sino que adoraba día y noche con ayunos y plegarias». Estaba destinada a convertirse en la madre de Jesús, con todos los gozos y penas que ello acarrearía.

Suponemos que María nunca se preocupó por la ruta no tomada, pues tenía el beneficio de la guía de un ángel. Para muchos de nosotros, la tentación de mirar atrás se halla siempre presente. Miramos fijamente los senderos que podríamos haber tomado y nos insultamos a nosotros mismos por haber hecho elecciones que, con la claridad de la visión *a posteriori*, consideramos «equivocadas».

Si lamentas ciertas decisiones y elecciones pasadas, emplea un poco de tiempo en evaluarlas, pide a Dios perdón si es apropiado, y sigue adelante con la vida. No es necesario que te digas a ti mismo que has de «conseguir una vida» porque ya tienes una. Simplemente has de empezar a vivirla, dejando las lamentaciones en el lado de la carretera al que pertenecen.

¿Paso el tiempo deseando que las cosas fueran diferentes?
¿Me siento atrapado por las elecciones que hice en el pasado?

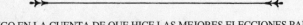

CAIGO EN LA CUENTA DE QUE HICE LAS MEJORES ELECCIONES PARA LA INFORMACIÓN Y LA SABIDURÍA QUE TENÍA EN AQUEL ENTONCES.

Títulos

Rosa Mística
Trono de Sabiduría
Casa de Oro
Arca de la Alianza
Torre de David

AUNQUE estos títulos históricos de María sean líricos e inspiren respeto, algunos de ellos suenan un poco excéntricos a los oídos modernos. Llamar a María Torre de David, por ejemplo, no significa mucho para la mayoría de nosotros hoy en día.

Por lo tanto, ¿qué nuevos títulos podríamos dar a María? ¿Qué podríamos llamarla que pudiera ser más relevante para quienes vivimos ahora?

¿Qué tal éstos?:

Coraje de Madres Solteras. (María no estaba casada cuando quedó embarazada.)

Determinación de las Viudas. (José murió mucho antes que ella.)

Acogedora de los Desplazados. (La Sagrada Familia fueron refugiados en Egipto.)

Mujer Asertiva. (No se mordió la lengua en la fiesta de las bodas de Caná.)

Madre Trabajadora. (¡*Todas* las madres son madres trabajadoras!)

Ayuda de los Preocupados. (Cuando encontró a Jesús en el Templo, ella admitió haber estado preocupada.)

Esperanza para las Madres de adolescentes. (Tras aquel pequeño incidente en el Templo, Jesús finalmente creció en «gracia y sabiduría».)

Campeona de las Madres ligeramente Mandonas. (En Caná «urgió» a Jesús a realizar un milagro.)

Reivindicadora de los Criticados. (Los vecinos de Nazaret pensaban que Jesús estaba loco.)

¿Qué otros títulos para María puedes añadir a la lista? ¿Veo a María como un modelo para las mujeres modernas? ¿Por qué sí o por qué no?

DOY GRACIAS POR TODOS LOS MODELOS DE MI VIDA.

Nuestra Señora de Lourdes

EN este día, en 1854, en Lourdes, una campesina de catorce años, Bernadette Soubirous, tuvo la primera de las que iban a ser dieciocho visiones de María. En los cerca de 150 años transcurridos desde entonces, esa tranquila gruta francesa se ha convertido en uno de los primeros lugares de peregrinación del mundo, con miles de personas acercándose todos los años, orando para curarse en sus aguas, y confiando en ello.

Aunque Lourdes sea el lugar para una de las más famosa apariciones de María, personas de numerosos lugares alrededor del mundo han tenido visiones de naturaleza similar. Para muchos, las apariciones modernas de María son una fuente de enorme gracia y consuelo. Para otros —quienes hablan de las supuestas apariciones de María, creer en tales signos atufa a superstición. Ambas partes tienen poco terreno en común. Quienes creen que María está apareciéndose hoy en día son incrédulos de que haya nadie que pueda no creer. Los del otro lado son incrédulos de que alguien pueda creer.

La cuestión real en todo esto no es si María se está apareciendo, sino qué bien resulta de sus apariciones. Como Jesús dijera a sus discípulos: «Todo buen árbol porta buenos frutos, pero el mal árbol porta malos frutos.» Si la creencia en las palabras de la profecía que se supone que hizo María crea un cambio de corazón, una vuelta a los caminos de Dios, ¿quiénes somos entonces nosotros —cualquiera de nosotros— para decir que la aparición no fue real? Como María misma se dice que afirmó en Medjugorje: «Desde el principio mismo, he estado transmitiendo el mensaje de Dios al mundo. Es una gran pena que no se crea en él. La fe es un elemento vital, pero no se puede forzar a una persona a creer.»

¿Es importante para mí creer que María se está apareciendo hoy en día?
¿Qué «fruto» produce en mi vida mi creencia (o mi incredulidad)?

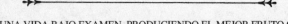

VIVO UNA VIDA BAJO EXAMEN, PRODUCIENDO EL MEJOR FRUTO QUE SOY CAPAZ DE PORTAR.

Vidas transparentes

UN hecho indiscutible acerca de María es el de que no puedes mirarla sin ver a Jesús. En ningún lugar de las Escrituras atrae María la atención hacia ella; siempre indica el camino hacia su hijo. Es como si su vida fuera un velo transparente a través del cual fuéramos forzados a ver a Jesús y su mensaje de amor, perdón y salvación.

En su transparencia, María nos da un claro ejemplo de cómo deberíamos vivir nuestras propias vidas. Desde la Anunciación hasta el pie de la cruz, María siempre está mostrándonos a Cristo. Como María, somos todos llamados a vivir de un modo tal que Cristo sea visible a través de todas nuestras acciones.

Hay una gran ironía en vivir ese tipo de vida transparente: cuanto más revelamos a Cristo, más nos convertimos en individuos especiales. María no se pierde o ensombrece por revelar a su hijo. Al contrario, es glorificada por ello. Del mismo modo, cuanto más nos esforzamos por traer el mensaje de Cristo al mundo, más nos convertimos en los individuos especiales para lo que fuimos creados.

Éste es otro ejemplo del gran misterio del universo. Para encontrar la vida, debes perderla; para ser visto, debes volverte transparente.

¿Es mi vida transparente? ¿Puede la gente ver a Jesús a través de mí? ¿En qué modo puedo hacer que Jesús se haga vivo en mi vida de hoy en día?

VIVO CÁNDIDA, ABIERTA Y TRANSPARENTEMENTE.

Oración

JESÚS dijo a sus discípulos:

Cuando oréis, decid: Padre nuestro que estás en los cielos, santifica-do sea tu nombre, venga a nosotros tu reino, el pan nuestro de cada día dánosle hoy, perdona nuestras deudas así como nosotros perdonamos a nuestros deudores, y no nos sometas al juicio final.

En los cerca de dos mil años transcurridos desde que Jesús enseñara a sus discípulos la oración que llamamos *Padrenuestro,* los cristianos han adoptado esas palabras como propias, para orar a Dios Padre pidiendo el pan y el perdón diarios.

Puesto que todos los discípulos de Jesús conocían la oración, y puesto que María pasó mucho tiempo en compañía de los discípulos, tanto antes como después de la muerte y resurrección de su hijo, surge la pregunta de si María rezó el *Padrenuestro.*

Parece probable que así fuera.

Dado que estamos tan acostumbrados a pensar en María en su esta-do glorificado como Madre de Dios, podemos olvidar que no sólo tiene relación con Jesús; también tiene una relación con Dios Padre, el mismo Padre al que Jesús oró, y al que enseñó a sus discípulos (¡incluida su madre!) a orar.

Lo notable de la relación de María con Dios es que se trata exacta-mente de la misma relación que puede tener cada uno de nosotros. Igual que María es la hija del padre, nosotros somos hijos e hijas de ese mismo Padre. Dios ama a María, pero Dios también ama a cada uno de nosotros. A los ojos de Dios, todo niño es precioso y digno.

¿Creo que soy digno del amor de Dios?
¿Me trato a mí mismo como un hijo de Dios?

ME TRATO A MÍ MISMO CON EL AMOR Y EL RESPETO QUE MERECE UN
QUERIDO HIJO DE DIOS.

Crítica

NAZARET no era gran cosa. La gente que provenía de Nazaret no era gran cosa.

Cuando Natanael, que pronto se convertiría en discípulo, oyó hablar por vez primera de un profeta y un obrador de milagros procedente de esa aldea, comentó: «¿Puede algo bueno venir de Nazaret?»

Incluso la gente de Nazaret dudaba de que algo importante pudiera provenir de esa área. Al hablar de Jesús, preguntaban despectivamente: «¿No es acaso el carpintero, el hijo de María, y el hermano de Santiago, José, Judas y Simón? Y ¿no están sus hermanas aquí con nosotros?»

Tales comentarios debieron de herir a María. La crítica hiere, especialmente cuando es en relación con nuestra familia. Deseamos gustar a la gente, que piensen bien de nosotros, que nos acepten. Cuando no sucede así, solemos sentirnos heridos.

La reacción de María ante la crítica de sus vecinos no se ha escrito. No sabemos si fue a casa y dijo a José: «¿Oíste lo que estaban diciendo acerca de Jesús en el mercado?» No sabemos si fue a Jesús mismo y le preguntó: «¿Qué vas a hacer ante los rumores que está esparciendo la gente?» No sabemos si meramente mantuvo sus pensamientos para sí, como tantas veces hizo.

El modo en que manejamos las críticas es una medida de nuestra propia autoestima. Si tenemos suficiente confianza, las palabras de otros no pueden destruirnos. Pueden lastimarnos, sin duda, pero las heridas no serán fatales. Si la crítica es válida, puede animarnos a considerar nuestro automejoramiento. Si es inútil, podemos dejarla pasar. En cualquiera de ambos casos, no nos vemos incapacitados por los comentarios de otros, porque lo que otros piensen de nosotros no importa. En última instancia, lo único que cuenta es lo que Dios piensa de nosotros.

¿Cómo manejo la crítica de otros?
¿Me describirían mi familia y amigos como hipersensible?

SÉ QUE DIOS ME AMA TAL COMO SOY. NO SOY DEVASTADO POR LAS CRÍTICAS.

Pasión

AUNQUE no todo el mundo necesita la pasión, todos necesitamos *una* pasión: algo que nos haga sentirnos vivos, auténticos, «reales». Quizá nuestra pasión sea el baile de salón, la serigrafía o la encuadernación a mano. No importa *cuál* sea tu pasión. Lo que importa es que *tienes* una pasión.

El Hermano David Steindl-Rast escribió en *La música del silencio*:

> Alguien dirá: «Revivo cuando escucho música», o «Revivo cuando arreglo el jardín», o «Revivo cuando juego al golf». Donde sea que revivamos, ésa es el área en la que somos espirituales. Y entonces podemos decir: «Sé al menos cómo es uno espiritual en esa área.»

María tuvo que tener una pasión. Quizá fuera recoger flores silvestres o cardar la lana más blanca que pudiera encontrar para una túnica. Quizá fuera cantar en las colinas. No sabemos cuál fue su pasión, pero sabemos que tuvo que tener una.

¿Cómo sabemos que María tuvo una pasión? Es simple: las gentes sin una pasión no sólo no son espirituales, sino que son aburridas; y María era cualquier cosa menos no espiritual y aburrida. Incluso en las breves descripciones de ella que encontramos en los Evangelios, emerge como una mujer de gran santidad, determinación y —sí— pasión.

Más aún, en sus apariciones a lo largo del mundo, María demuestra vibrantemente su presente y apremiante pasión.

¿Y cuál es?, podrías preguntar.

Nada menos que la salvación de toda la humanidad a través de las obras de su hijo Jesús.

¿Cuál es mi pasión? Si no tengo una pasión en este momento,
¿qué estoy interesado por explorar?

CELEBRO MI PASIÓN CON TODO MI SER.

Rutina

POR mucho que queramos combatirlo, la mayoría de nosotros funciona más productivamente con algún tipo de rutina en nuestras vidas. Considera lo que es tener un día de asueto a mediados de semana. ¿Acaso el día siguiente no nos parece como un lunes, cualquiera que sea el día realmente?

Una razón por la que funcionamos mejor con una rutina es la de que la rutina proporciona una estructura. Cuando tenemos partes de nuestra vida con el piloto automático, no tenemos que reafirmar continuamente nuestro lugar y posición. De hecho, una rutina suele darnos la libertad de centrar nuestra atención en otros aspectos más creativos de nuestra vida.

Por el lugar y tiempo en que vivió, María tuvo que tener una rutina. Con sólo lámparas de aceite para alumbrar la oscuridad, por ejemplo, su momento de irse a la cama debía de llegar poco después de ponerse el sol. Dado que el mercado sólo se abría en ciertos días, tenía que comprar según un calendario impuesto. Nosotros tenemos más opciones que María para no tener un rutina rígida, pese a las obligaciones familiares y laborales. Simplemente como diversión, imagina cómo sería tu día ideal. Planifica las actividades que te gustaría incorporar en tu rutina, como son el ejercicio físico y la lectura espiritual. Una vez que hayas bosquejado tu día, pregúntate cómo podrías hacer ese día realidad, ¡y *hazlo*!

¿Cómo me sienta la rutina de mi vida? ¿Es una rutina que he escogido
conscientemente, o una rutina que me ha sido forzada?
¿Qué cambios positivos puedo hacer en mi rutina?

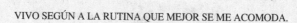

VIVO SEGÚN A LA RUTINA QUE MEJOR SE ME ACOMODA.

Perdonarnos a nosotros mismos

TODOS cometemos errores.

Todos cometemos errores porque carecemos de la suficiente información, porque actuamos de acuerdo con viejos modelos de comportamiento que aprendimos en la infancia, porque hacemos suposiciones erróneas.

Cometemos errores porque somos humanos, y errar es de humanos.

A fin de ir más allá de nuestras equivocaciones, necesitamos hacer dos cosas: en primer lugar, necesitamos reconocer nuestras equivocaciones; en segundo lugar, necesitamos perdonarnos a nosotros mismos.

Perdonarse a uno mismo es más difícil que perdonar a otros. Es relativamente fácil ser magnánimo para extender el perdón a otro, especialmente si ese otro ha pedido nuestro perdón. Pero nuestros propios errores continúan enconándose e irritando, impregnando nuestras almas como sustancias tóxicas en una área de cultivo. Echar más porquería encima sólo sirve para alejar lo inevitable. Debemos destapar las equivocaciones, reconocerlas como el material corrosivo que son y despacharlas adecuadamente a través del autoperdón.

Es demasiado fácil suponer que María nunca cometió un error, y en consecuencia nunca necesitó perdonarse a sí misma. Pero un error no es lo mismo que un pecado. La teología mariana tradicional enseña que María nunca cometió un pecado, pero no dice nada acerca de una equivocación. De hecho, la historia de encontrar a Jesús en el Templo prueba lo contrario. María cometió un error al no saber dónde estaba Jesús cuando la caravana emprendió el regreso a Nazaret. Debido a su equivocación, ella y José pasaron tres días angustiosos buscando a su hijo. Pero su error no fue un *pecado*.

María tuvo que perdonarse a sí misma por su error, igual que nosotros debemos perdonarnos a nosotros mismos por nuestros errores.

¿Trato mis propias equivocaciones con mayor dureza que las de otros?

ACEPTO EL BÁLSAMO SANADOR DEL AUTOPERDÓN.

Nada es imposible

EN una de sus apariciones en Medjugorje, se supone que María dijo: «En la oración hallaréis la solución a toda situación, incluso si es insoluble.»

Esas palabras hacen eco a las palabras del ángel Gabriel en la Anunciación («pues nada es imposible para Dios»), así como a las propias palabras de Jesús a sus discípulos sobre el camino de la salvación («Para los seres humanos esto es imposible, pero para Dios todas las cosas son posibles»).

Todas las cosas son posibles con Dios. Nada, absolutamente *nada,* es imposible para Dios. Si realmente creyéramos en las palabras de Gabriel a María y de Jesús a sus discípulos, transformaríamos nuestras vidas. Pero no creemos que todas las cosas sean posibles, porque nosotros, con nuestra limitada visión, no podemos ver un modo de hacer que nuestros sueños sucedan. No podemos vislumbrar cómo podría suceder realmente aquello que parece imposible.

Pero Dios tiene recursos ilimitados. Dios puede hacer fecunda a una virgen, y Dios puede hallar un modo de proporcionarnos los deseos de nuestro corazón —si tan sólo estamos dispuestos a creer que nada es imposible cuando se lo pasamos a Dios.

¿Hay algún cambio de mi vida que deseo que suceda, pero que considero imposible? ¿He pedido a Dios que obre lo imposible por mí? ¿Creo que Dios realmente puede hacer todas las cosas?

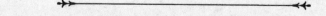

CREO QUE DIOS HARÁ LO IMPOSIBLE POR MÍ SI HAGO AHORA MI PETICIÓN.

Sentimientos heridos

La gente estaba sentada a su alrededor. Y le dijeron: «Ahí fuera te buscan tu madre y tus hermanos.» Él respondió: «¿Quién es mi madre y quiénes son mis hermanos?» Y mirando a los que estaban sentados a su alrededor, dijo: «Éstos son mi madre y mis hermanos. El que hace la voluntad de Dios, ése es mi hermano, mi hermana y mi madre.»

MARCOS 3:32-25

¿SE sintieron heridos los sentimientos de María cuando Jesús dijo que cualquiera que hiciera la voluntad de Dios era su hermano, su hermana y su madre? ¿Se sintió un poco disgustada porque él no quisiera reconocer en público el especial lugar que ella ocupa en su vida?

Es fácil suponer que, dado que Jesús no podía pecar, no podía hacer nada que hiriera los sentimientos de alguien. Ésa no sólo es una lógica aviesa; es también simplemente falso. Herir los sentimientos de alguien no es lo mismo que pecar. Salvo que Jesús intentara deliberadamente ofender a su madre (lo que obviamente no hizo), no fue responsable de los sentimientos de ella. Jesús estaba simplemente diciendo la verdad, y a veces la verdad duele.

Así pues, ¿se vieron heridos los sentimientos de María? Quizá, por un momento, pero puesto que era una mujer de sabiduría excepcional, debió comprender la verdad de la afirmación de Jesús, y permitir que esa verdad la liberase de los sentimientos lastimados.

¿Son a menudo heridos mis sentimientos? ¿Soy demasiado sensible a las críticas?
¿Qué hago cuando son heridos mis sentimientos?

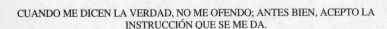

CUANDO ME DICEN LA VERDAD, NO ME OFENDO; ANTES BIEN, ACEPTO LA INSTRUCCIÓN QUE SE ME DA.

La vida ordinaria

EL hogar de María, José y Jesús probablemente estaría hecho de adobes de barro sobre los cimientos de una piedra caliza. Una plataforma elevada pudo haberse utilizado para dormir y comer, mientras que el resto de la casa proporcionaba un lugar para almacenar el grano y el ganado. El techo plano habría sido utilizado como almacén adicional, al tiempo que ofrecía un cómodo retiro para el entretenimiento, la cena y dormir.

Como parte de sus tareas cotidianas, María habría mantenido limpio su pequeño hogar. ¿Tuvo alguna vez que decirle a Jesús que se limpiara los pies porque acababa de barrer el suelo y él andaba chorreando barro? ¿Alguna vez suspiró cuando José, sin darse cuenta, dejó caer serrín sobre las mantas de dormir? ¿Quiso alguna vez tener una casa que se autolimpiara?

Tendemos a pensar que ser santo es estar elevado por encima de la ordinariez del trabajo casero. Pero es precisamente en lo ordinario donde descubrimos nuestro ser real.

En el libro *Alfabetismo espiritual,* Frederic y Mary Ann Brussat nos animan a «tratar de ver la significación de sucesos aparentemente ordinarios e insignificantes... Algunos de los mejores viajes espirituales son los que hacemos en nuestra propia manzana de casas».

El suelo de María no era barrido por ángeles, pero barriendo el suelo, encendiendo el fuego y vaciando los orinales, María santificó su hogar. Nosotros podemos hacer lo mismo, tanto si vivimos solos como si lo hacemos con muchos otros. Es por medio del trabajo de nuestras manos como creamos lugares santos y personas santas.

¿Veo todo trabajo como parte de mi viaje espiritual? ¿Creo que algunas tareas y ocupaciones son más «espirituales» que otras?

VEO LO ESPIRITUAL EN TODO LO QUE HAGO.

Señor de la Danza

SI alguna vez has bailado la rumba, el tango o el vals, sabrás que el término *conducir* es un poco erróneo. El que «conduce» no fuerza a su pareja a seguirlo, sino simplemente baila su propio patrón de pasos. Su pareja tiene entonces dos opciones: bailar su parte o detener el baile por completo.

Nuestra relación con Dios, el Señor de la Danza, es como un salón de baile. Dios conduce, bailando los pasos del amor divino; y cuando estamos en estado de gracia, nosotros, quienes seguimos, respondemos con nuestros pasos concordantes. Cuando nos hallamos desincronizados —en la condición que los teólogos llaman un estado de pecado, tropezamos y posiblemente incluso hagamos que el baile se detenga. Dios puede seguir conduciendo, pero nosotros ya no lo seguimos.

El drama de la Anunciación nos muestra cómo se supone que debe ejecutarse la danza divina. Dios tomó la iniciativa, invitando a María a la pista de baile. («El ángel Gabriel fue enviado por Dios a una aldea de Galilea llamada Nazaret, a una virgen llamada María».) Tras haber explicado Dios el ritmo de la danza («Concebirás en tu matriz y tendrás un hijo, y le llamarás Jesús»), María tuvo su oportunidad de responder. Ella extendió su mano y pasó a la pista. («He aquí la sierva del Señor. Hágase en mi según tu palabra.») En ese momento, los cielos se regocijaron y la danza comenzó.

¿Estoy dispuesto a permitir que Dios conduzca en mi vida?
¿Trato de conducir a Dios, o dejo que Dios me conduzca a mí?

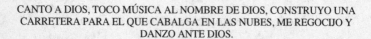

CANTO A DIOS, TOCO MÚSICA AL NOMBRE DE DIOS, CONSTRUYO UNA CARRETERA PARA EL QUE CABALGA EN LAS NUBES, ME REGOCIJO Y DANZO ANTE DIOS.

Nombres

NOS referimos a la madre de Jesús por el nombre de María, pero hubiera sido más correcto traducir su nombre como Miriam. Se dan varios significados al nombre de Miriam, o María. Amargura, riqueza e incienso regio son algunos de ellos.

Cuando consideramos la vida de María, vemos que las tres etiquetas son apropiadas. Ella ciertamente experimentó el amargo dolor de la muerte de su hijo, y la riqueza de sus curaciones y enseñanzas mientras vivió en la Tierra. Ahora, en los cielos, es honrada como la Reina Madre, digna del incienso regio.

¿Qué significa tu nombre? ¿Alguna vez lo has mirado? A veces, cuando sabemos del significado del nombre de una persona, largo tiempo después de haberla conocido, el nombre parece haber sido inspirado divinamente. Un Mateo es realmente un «regalo de Dios», quizá, o una Linda sea realmente una «belleza». Una Jennifer rezuma todas las cualidades de una «bella dama», o la vida de un Kevin está marcada por la «benevolencia».

Si pudieras elegir cualquier nombre, ¿cuál elegirías? Sólo por divertirte, trata de darte un seudónimo. Anótalo. Piensa en ti mismo como tu nuevo nombre. El hecho de tener un nombre diferente, ¿cambia lo que sientes respecto a ti y tus capacidades?

Cualquiera que sea tu nombre, recuerda siempre que Dios nos llama a cada uno de nosotros individualmente. Corresponde a nosotros escuchar la llamada, y reconocer nuestro nombre cuando es pronunciado.

¿He oído alguna vez a Dios llamar mi nombre?

ESCUCHO LA LLAMADA DE DIOS, Y RESPONDO CUANDO OIGO QUE DIOS PRONUNCIA MI NOMBRE.

Padres

OBVIAMENTE, Jesús y María tenían una relación madre-hijo bastante normal. Como prueba de ello, considera el momento en el que María y José localizaron finalmente a Jesús en el Templo de Jerusalén.

Dieron la vuelta a una esquina, y vieron a Jesús hablando con los doctores de la ley. Estaban tan aliviados que no sabían si abrazarlo o reprenderlo. En cualquier caso, comprendieron que se encontraban en el Templo, y que necesitaban mantener un cierto decoro.

No obstante, la tensión de la voz de María trasciende los siglos: «Jesús, hijo mío, ¿qué haces aquí? ¿Por qué nos has hecho pasar esto a mí y a tu familia? ¿No sabes que hemos estado buscándote *por todas partes* [podemos imaginar la voz de María subiendo de tono en este punto]? Pensábamos que estabas con tus primos en la caravana, pero cuando acampamos la primera noche, no estabas allí. ¿Tienes algún modo de explicar tu comportamiento?»

Y Jesús respondió con el mismo asombro que caracteriza a la mayoría de los adolescentes: «Pero ¿qué pasa? ¿No sabíais que estaría aquí en el Templo, en casa de mi Padre?»

Uno sospecha que María debió de decir algo como: «No, no teníamos ni una pista de dónde podías encontrarte. Si lo hubiéramos sabido, no habríamos empleado tres días en buscarte.»

Entonces sin duda se excusó ante los doctores, quienes, si no estaban ya asombrados con Jesús y su sabiduría, se hallaban ahora totalmente estupefactos ante su madre.

El viaje de vuelta a Nazaret no debió, probablemente, ser muy divertido para ninguno de ellos, pero es un consuelo saber que todas las madres y todos los hijos tienen el mismo tipo de tensiones —incluso si la madre es María y el hijo es Jesús.

Si tengo hijos, ¿qué tal los llevo?
¿Qué tal me iba con mis propios padres?

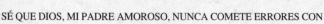

SÉ QUE DIOS, MI PADRE AMOROSO, NUNCA COMETE ERRORES CON MI VIDA.

Estrellas

MIRAMOS hacia el cielo y vemos, en palabras del difunto Carl Sagan, «miles de millones y miles de millones de estrellas». Esos puntos de luz en los cielos representan el misterio, incluso para los científicos. Los astrónomos pueden discutir las estrellas en términos de su composición, su tamaño, su temperatura y otros cálculos precisos de la ciencia, pero el misterio permanece.

Las estrellas mismas generan muchas preguntas: ¿Qué hay realmente ahí fuera? ¿Hay otros mundos con otras formas de vida? ¿Dónde entramos en el conjunto de la creación? ¿Cómo se relaciona Dios con el universo?

Pese a nuestra comprensión científica de las estrellas, sólo los corazones más duros no son cautivados por el asombro cuando contemplamos la bóveda celeste veteada de luces parpadeantes.

Vivimos en un mundo infundido de maravillas espirituales. Las apariciones de María en lugares como Fátima y Lourdes (así como docenas de otros lugares alrededor del globo) son parte de esa maravilla espiritual. La investigación rigurosa de videntes y visionarios que dicen haber visto a María, el escrupuloso examen de las pruebas físicas (como son las estatuas que lloran) y los testimonios oculares -todas las trampas de la ciencia- pueden desacreditar algunas alegaciones fraudulentas, pero pueden hacer poco por verificar las apariciones de María. Esas apariciones, como la gloria de las estrellas, no son algo que pueda ser diseccionado; más bien, son algo que inspira respeto y asombro espiritual.

¿Cuándo fue la última vez que sentí verdadero asombro ante la gloria del universo?

SÉ QUE EL MUNDO ESTÁ LLENO DE MARAVILLA, Y SÉ QUE TENGO MI LUGAR DENTRO DE ESA MARAVILLA.

La medida del tiempo

UNA de las cosas que nos enseña la vida de María es que los caminos de Dios no son nuestros caminos, y que la medida del tiempo de Dios no es la misma que la nuestra. Es muy improbable que María hubiese preferido dar a luz en un establo, a millas de distancia de su madre y de sus familiares. Y sin embargo, ése fue el lugar elegido por Dios. Cuando empezamos a preguntarnos por qué ciertas cosas suceden del modo en que lo hacen, sirve recordar las palabras de Qoelet, hijo de David —palabras que María misma ciertamente debió de conocer y orar como parte de su educación en el templo:

> Hay un tiempo asignado para cada cosa.
> y un tiempo para todo suceso bajo los cielos.
> Un tiempo para nacer, y un tiempo para morir;
> un tiempo para plantar, y un tiempo para arrancar la planta.
> Un tiempo para matar, y un tiempo para sanar;
> un tiempo para romper, y un tiempo para construir.
> Un tiempo para llorar, y un tiempo para reír;
> un tiempo para lamentarse, y un tiempo para bailar.
> Un tiempo para esparcir piedras, y un tiempo para recogerlas;
> un tiempo para abrazar, y un tiempo para alejarse de los abrazos.
> Un tiempo para buscar, y un tiempo para perder;
> un tiempo para conservar, y un tiempo para arrojar.
> Un tiempo para rasgar, y un tiempo para coser;
> un tiempo para guardar silencio, y un tiempo para hablar.
> Un tiempo para amar, y un tiempo para odiar;
> un tiempo de guerra, y un tiempo de paz.

¿Confío en la medida del tiempo de Dios para mi vida?

CREO QUE TODAS LAS COSAS SUCEDEN EN SU MOMENTO CORRECTO.

Visionarios

¿A QUIÉN se le ha aparecido María?

Juan Diego era un pobre campesino azteca.

Bernadette Soubirous era una chica enfermiza de una familia poco respetable.

Lucía, Francisco y Jacinta eran jóvenes pastores portugueses carentes de educación.

María raramente se muestra a los ricos, los poderosos o los influyentes. Elige en cambio a la gente que menos podríamos pensar. Generalmente (aunque no siempre), los visionarios son jóvenes, porque los jóvenes no están tan hartos ni son tan cínicos como sus mayores, y por lo tanto no es tan probable que despachen la aparición de María como el resultado de haber tomado una comida demasiado picante el día anterior.

Uno de los hechos más interesantes acerca de los visionarios es el de que sus vidas externas no cambian tanto tras sus visiones. Siguen siendo gente «real», con apetencias y desagrados reales, pese a haber visto a María y hablado con ella. Su vida de oración se vuelve más intensa, ciertamente, pero no suele volverse radicalmente diferente. Los visionarios pueden asistir a la misa con mayor frecuencia, rezar más a menudo el Rosario, y pasar más tiempo leyendo las Escrituras y orando tras su visión, pero los senderos espirituales que recorren los podemos recorrer nosotros también.

Quienes han visto a María nos enseñan dos importantes lecciones. En primer lugar, la fe genuina no cambia lo que somos; lo fomenta. Segundo, incluso cuando experimentamos un gran milagro, tenemos que seguir encontrando la fé cada día a través de los medios ordinarios de la oración y la devoción.

¿Qué haría yo si tuviera una visión de María?
¿Confío o espero estar presente cuando María aparezca?

CREO EN LOS MILAGROS.

Invierno

*Pues el tiempo que nunca descansa conduce al verano
hasta el atroz invierno y ahí lo confunde,
la savia puesta a prueba por la escarcha, y las carnosas hojas
desaparecidas,
belleza recubierta de nieve y desnudez por todas partes.*

SHAKESPEARE, SONETO 5

INCLUSO en los climas en los que el sol brilla durante todo el año, el invierno se relaciona con la nieve, el frío y la «desnudez por todas partes». En Galilea, donde vivía María, la nieve debió ser improbable, pero María pudo ver alguna en las cimas de las montañas. Al menos, estaría familiarizada con referencias como la del salmo 147: «Así la nieve se extiende como la lana, la escarcha se esparce como la ceniza.»

No importa si María probablemente nunca hiciera una bola de nieve. Es seguro que experimentó el invierno.

Todos lo hacemos. El invierno no es solamente los vientos del Norte y la «belleza recubierta de nieve»; comprende también la fría vacuidad que nos sobreviene a todos. María, siendo humana, debió de tener momentos en que, como San Agustín, oró: «Dios de vida, hay días en que los pesos que cargamos rompen nuestros hombros y nos echan abajo; cuando el camino parece temible e interminable, los cielos grises y amenazadores; cuando nuestras vidas no tienen música y nuestros corazones están solitarios, y nuestras almas han perdido su valentía. Inunda el sendero de luz, te pedimos; vuelve nuestros ojos hacia donde los cielos están llenos de promesa.»

En el invierno de nuestra alma, hagamos como María y San Agustín, y «volvamos nuestros ojos hacia donde los cielos están llenos de promesa».

*¿Me siento alguna vez abrumado por las cargas de la vida?
¿Me siento como si estuviera atrapado en un invierno interminable?*

SÉ QUE POR CADA INVIERNO HAY UNA PRIMAVERA.

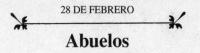

Abuelos

UN antiguo escrito, llamado *La Natividad de María* (a veces citado como *El Protoevangelio de Santiago*) pretende proporcionar detalles del nacimiento y la infancia de María. Aunque nunca aceptada como una Escritura sagrada, la Natividad ha influido grandemente muchas de las tradiciones que rodean a María.

Según este escrito, los padres de María se llamaban Ana y Joaquín. Si ésos eran o no sus verdaderos nombres, poco importa. Lo que sí es importante es que eran los abuelos de Jesús.

Nuestros abuelos proporcionan un lazo tangible con nuestro propio pasado. En ellos vemos de dónde venimos, no sólo en un sentido físico, sino también en un sentido espiritual. Los abuelos pueden a menudo transmitir una información esencial de la vida, tendiendo un puente sobre el abismo generacional, de un modo en el que los padres no pueden hacerlo.

No sabemos, desde luego, lo que Ana y Joaquín enseñaron a Jesús, o siquiera si se hallaban vivos cuando nació Jesús. Pero suponiendo que estuvieran vivos, podemos imaginar que Joaquín le contaría algunas de las grandes historias de las Escrituras, le explicaría los ritos sacerdotales de la fe judía (pues se cree que él mismo había sido sacerdote), y le diría a Jesús cómo era la vida en «los buenos viejos tiempos» antes de la ocupación romana. Quizá Ana gastara a Jesús alguna de las bromas especiales de las «abuelas», lo entretuviera mientras María iba al mercado, y escuchara sus sueños y esperanzas. En pocas palabras, Ana y Joaquín probablemente actuaran tal como deberían hacerlo los abuelos.

¿Qué papel jugaron tus abuelos en tu vida?

DOY GRACIAS POR EL LEGADO DE MIS ANTEPASADOS, INCLUYENDO A MIS ABUELOS.

Rosas

LA rosa es una de las flores más populares en todo el mundo. Se han identificado más de trece mil variedades, las cuales van desde la elegante rosa de té hasta la exuberante rosa silvestre. Durante siglos, esta fragante flor ha sido el símbolo de la pureza, la fidelidad y el amor.

Hacia el año 600 antes de Cristo, la famosa poetisa griega Safo escribió estas palabras:

> Si quisiera Júpiter acordar alguna flor que reinase
> en incomparable belleza sobre la llanura,
> La rosa (la mayoria estaría de acuerdo),
> La rosa, la Reina de las Flores, sería.

Debido al lugar preeminente de la rosa en la horticultura, parece adecuado que muchos de los títulos tradicionales de María incorporen la palabra rosa. Entre sus títulos más famosos están los de Rosa de Sharon, Rosa Mística y Rosa Siempre Floreciente. Igua que la Rosa es la Reina de las Flores, así María es la Reina de los Cielos.

Un modo en el que podemos tener una conexión más concreta con María es el de incorporar rosas o fragancia de rosas en nuestra vida diaria. Quizá la próxima vez que hayas de tomar una decisión importante podrías encender una vela perfumada con aroma de rosas, y pedirle a María que tengas la sabiduría necesaria. O poner una pequeña botella de loción para las manos con olor a rosas en tu lugar de trabajo, y pensar en María conforme te la aplicas en tu rutina diaria.

¿Cómo puedo dejar a María convertirse en una mayor influencia en mi vida?
¿En qué modo puedo traer a mi entorno diario algo de la belleza de la Rosa de los Cielos?

ME TOMO TIEMPO PARA «OLER LAS ROSAS».

El Sabat

LOS Diez Mandamientos aparecen en el capítulo 20 del libro del Éxodo. La mayoría de las admoniciones dan un solo verso, pero el mandamiento «Guarda la santidad del Sabat» ocupa cuatro largos y detallados versos.

Guardar el Sabat era un elemento esencial de la ley judía en tiempos de Jesús. Puesto que Jesús mismo guardaba el Sabat, no es concebible que su madre no lo hubiera hecho.

El Sabat (o Shabat) recordaban a María y Jesús —y por extensión nos recuerda a todos nosotros— las promesas hechas por Dios. Nos da una oportunidad, como lo hizo con ellos, de distanciarnos de nuestra vida y preocupaciones diarias, mientras valoramos qué vamos a hacer para traer paz y justicia al mundo. Fue, y sigue siendo, un día de descanso para hombres y animales por igual —un día reservado aparte para la restauración y la renovación.

Hoy en día, con las ocupadas vidas que la mayoría de nosotros llevamos, solemos tener dos días a la semana para «descansar». Pero demasiado a menudo, meramente cambiamos un tipo de ocupación por otra. Volvemos al trabajo el lunes exhaustos por nuestro «tiempo libre».

Esta semana, ¿por qué no «guardar el sagrado Sabat»? Dispón un día aparte para romper la rutina ordinaria. Date un paseo. Emplea algún tiempo en la oración. Prepara alguna comida especial que requiera de una preparación lenta, como es el pan horneado en casa. Échate una siestecita. Lee.

Las opciones son ilimitadas. El único criterio que deben cumplir tus actividades de Sabat es éste: las actividades deben ser distintas a tu rutina ordinaria durante la semana, y deben darte placer. Al escoger tales actividades, empezarás a entender que guardar santo el Sabat significa realmente mantener tu corazón vuelto hacia Dios.

¿Puedo «guardar el Sabat» este fin de semana?
¿Qué haré para que el día sea santo?

TOMO EL TIEMPO QUE DIOS HA ORDENADO PARA EL DESCANSO Y LA RENOVACIÓN, SIN SENTIRME CULPABLE.

Lo sagrado frente al temor

PREGUNTA: ¿Cuál es la diferencia entre *sagrado* y *atemorizado*?
RESPUESTA: La posición de las letras *a* y *c* *.

Bromas aparte, los conceptos *sagrado* y *atemorizado* se hallan estrechamente relacionados. Lo sagrado puede hacer que nos sintamos atemorizados, pues mirar en el reino de lo que es santo es vislumbrar la realidad que existe más allá de nuestros sentidos limitados. No es sorprendente, pues, que casi todas las veces que aparece un ángel, sus primeras palabras sean «No temáis».

Las apariciones de María, en cambio, nos muestran que lo sagrado no necesita ser atemorizador. Quienes ven a María, casi siempre comentan la luz que la rodea: una luz más brillante que el sol, y sin embargo que no daña al mirarla. Más aún, los visionarios expresan generalmente una sensación de gran tristeza cuando se detienen sus visiones, una tristeza acompañada por un intenso anhelo de ver a María una vez más.

Encontrarse con lo sagrado —sea en una visión de María, a través de la oración diaria, en los rituales litúrgicos de una iglesia o en un santuario— siempre crea un cambio en nosotros, y el cambio puede crear temor. Es mucho más fácil permanecer en el *statu quo,* que permitir a Dios entrar en nuestra realidad diaria y volver todo patas arriba. Porque, una vez que lo sagrado entra en nuestra vida, está garantizado que las cosas se pondrán patas arriba.

¡Simplemente pregúntale a María!

¿En qué modo ha entrado Dios en mi vida en el día de hoy?
¿Veo la presencia de Dios como algo sagrado, o lo veo como algo
de lo que sentir temor?

NO SIENTO TEMOR DE LO SAGRADO.

---

* (Juega aquí la autora con el parecido de las palabras inglesas *sacred* (sagrado) y *scared* (atemorizado). *(N. del T.)*

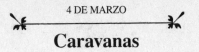

Caravanas

UNA de las imágenes imperecederas del desierto es la de una caravana de camellos y jinetes cruzando la arena interminable. La mayoría de las caravanas estaban compuestas hace dos siglos por mercaderes que transportaban mercancías entre centros comerciales a todo lo largo de Oriente Medio. Pero las caravanas no eran utilizadas exclusivamente por los comerciantes. Dado que el desierto estaba lleno de peligros, los viajeros ordinarios a menudo se unían en una caravana, encaminándose en la dirección a la que querían ir como medio de protección contra los ladrones y otros azares. Aunque estar en un grupo no nos asegura de estar a salvo, al menos se encuentra algún consuelo en el número.

José y María fueron parte de una caravana así en su camino de vuelta a Nazaret desde Jerusalén, donde Jesús se quedó rezagado en el Templo. El tamaño del grupo es indicado por Lucas, que escribe: «Creyendo que se encontraba en la caravana, viajaron durante todo un día, y lo buscaron entre los familiares y conocidos.» El grupo debió de ser bastante grande para que María y José no echaran en falta a Jesús durante todo un día. Es sólo cuando empezaron a buscarlo decididamente cuando cayeron en la cuenta de que realmente faltaba.

¿No nos sucede a nosotros lo mismo a veces? No sabemos que nos falta algo hasta que empezamos a buscarlo. Tratándose de asuntos espirituales, podemos viajar en nuestra caravana de la vida, vigilando los peligros de la carretera, sin comprender que estamos perdiendo el elemento más importante de nuestras vidas, hasta que nos detenemos a evaluar la situación. Entonces, como María y José, podemos tener que volver atrás nuestros pasos y buscar con diligencia aquello que hemos perdido. Menos mal que, igual que María y José encontraron a Jesús en «la casa de su Padre», así también nosotros podemos encontrar lo que estamos buscando en la casa de nuestro padre.

¿He descuidado mi lado espiritual?
¿Me dejo distraer por las preocupaciones del viaje de la vida?

SÉ QUE ENCONTRARÉ A DIOS CUANDO BUSQUE SINCERAMENTE.

Muerte

¿MURIÓ María?

Parece una pregunta estúpida, pero ha perseguido a los teólogos durante siglos. El título oficial para el transir de María desde este mundo hacia Dios, es el de Dormición, proviniente del latín *dormire*, «dormir». Algunos eruditos sostienen que María no falleció, sino que meramente quedó dormida, presumiblemente despertándose de camino hacia el cielo. Otros mantienen que realmente murió, como les pasa a todas las criaturas vivientes. Incluso cuando el papa Pío XII definió solemnemente la doctrina de la Asunción, que dice que María fue llevada en cuerpo y alma al cielo, dejó la cuestión abierta.

Parece como si quienes prefieren que María hubiese entrado en el cielo sin antes fallecer, quisieran concederle un honor innecesario. La muerte no es un mal a evitar; más bien, es el paso a la siguiente vida. En muchos sentido, la muerte es como el nacimiento: ambos son procesos naturales rodeados de misterio, y ambos dan como resultado una dimensión enteramente nueva de la vida. Puesto que María nació en este mundo del modo natural y ordinario, parece probable que también naciera al siguiente del modo natural y ordinario.

Más aún, toda la vida de María nos sirve de guía: como testimonio del camino hacia la santidad que es posible para todo ser humano. Pensar que María no experimentó la muerte es creer que no experimentó plenamente la vida. Aunque los teólogos puedan discutir el asunto de modo interminable, para quienes tratamos de emular a María, la idea de que sea nuestra guía en todas las etapas de la vida —incluida la muerte— es un supremo consuelo.

¿Temo a la muerte? ¿Tengo miedo al dolor de morir, o tengo miedo a la muerte misma?

VIVO MI VIDA DE TAL MODO QUE LA MUERTE PIERDE SU AGUIJÓN.

Perentoriedad

¿**C**UÁL es la diferencia entre ser agresivo y ser perentorio? Un diccionario consultado define el exhibir *agresión* como «ser perentorio», y muestra *perentoriedad* como «ser perentorio». ¡Vaya un círculo vicioso de la lógica! En términos prácticos, sin embargo, ser llamado *agresivo* es un insulto, mientras que ser llamado *perentorio* es un cumplido. El adjetivo *agresivo* describe generalmente una persona antagonista y que arrolla. *Perentorio,* en cambio, indica alguien decidido y con las ideas claras sin ser hostil.

María a menudo fue perentoria, pero nunca agresiva. Mira, por ejemplo, el modo en que trató a los sirvientes en la fiesta nupcial de Caná. «Haced todo lo que él os diga», ordenó. Y mira el modo en que trató a su hijo en la misma ocasión. «No tienen vino», dijo a Jesús muy a propósito. Cuando Jesús respondió: «Mujer, ¿en qué me afecta tu preocupación? Mi hora no ha llegado todavía», ella no se vino abajo. Sabía que haría lo que le pidiera.

Alzarte en defensa de tus derechos, de tus intereses, incluso afirmar tus deseos, son todo signos de una saludable estima propia. Sin embargo la religión se ha utilizado a veces para convencer a las mujeres de que deben ser felpudos, sometidas hasta el punto de la no existencia. María, el modelo para las mujeres, difícilmente era un felpudo. Por lo tanto, ¿por qué deberían las mujeres —en verdad, porqué debería *nadie*— tratar de ser algo que María misma no era? Si María pudo ser perentoria sin ser agresiva, también podemos serlo todos nosotros.

¿Tengo miedo de poder resultar agresivo si digo lo que pienso?
¿Creo que ser sumiso es de algún modo más santo que ser perentorio?

SOY PERENTORIO, PERO NUNCA AGRESIVO.

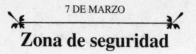

Zona de seguridad

UN clásico cartel muestra un pajarito en una inmensa jaula sobre una isla tropical. Fuera de la jaula abierta, los flamencos se alimentan y las palmeras danzan con la brisa. El título reza: «Ganar la lotería cambió su vida, pero a veces Chico aún se sentía extrañamente insatisfecho.»

Chico estaba atrapado en su zona de seguridad. Incluso si pudo haber abandonado la jaula en cualquier momento, prefirió permanecer dentro de los límites cómodos y familiares.

A veces somos como Chico. Incluso si Dios nos ha dado los recursos que necesitamos para ser liberados en el Espíritu, preferimos estar seguros antes que volar libres.

La seguridad da *comodidad*. Nos permite permanecer dentro del *statu quo*, sin tener que montar en ninguna barca ni asumir ningún riesgo. Pero, salvo que estemos dispuestos a abandonar nuestra zona de seguridad, no podremos cambiar o crecer. Y cualquier criatura viviente que no crece, fenece.

Las acciones de María demuestran la absoluta necesidad de abandonar la zona de comodidad a fin de crecer. Habría sido mucho más «seguro» para ella decirle al ángel que se volviera para el cielo, pero ella salió no sólo de su propia zona de comodidad, sino de la de su cultura también, para decir: «Hágase en mí según tu voluntad.» Al hacerlo así, María no sólo se realizó personalmente, sino que permitió que el plan de Dios se cumpliese para toda la humanidad.

¿Estoy dispuesto a asumir riesgos a fin de crecer?
¿Me pierdo cosas de la vida porque tengo miedo de abandonar mi
zona de comodidad?

COMPRENDO QUE TODO CRECIMIENTO REQUIERE LA VOLUNTARIEDAD DE
SALIR DE MI ZONA DE COMODIDAD.

Gozo

Puedo vadear el río del dolor,
cuyas aguas conozco bien,
mas basta un punto de alegría
para hacerme perder pie.

EMILY DICKINSON

COMO Emily Dickinson, muchos de nosotros practicamos el tortuoso lamento, hasta volvernos tan competentes en ello que tropezamos y caemos en cuanto que aparece una mota de gozo.

Aunque la vida de María sea la prueba de que todos debemos beber de la copa del sufrimiento, su vida ofrece igualmente el aliento de que podemos beber también de la copa del gozo.

Al menos siete gozos de María han sido conmemorados: la Anunciación, la Visitación, el Nacimiento de Jesús, la Adoración de los Reyes Magos, el Encuentro de Jesús en el Templo, la Resurrección y la Asunción. Si bien éstos son los *grandes* acontecimientos gozosos de la vida de María, ella sin duda tuvo otros gozos más pequeños.

Pasando una perfecta rebanada de pan, contemplando cómo las colinas que rodean Nazaret estallaban con las flores de primavera, oliendo el aire tras una lluvia matinal —María tuvo que regocijarse igualmente en estos simples placeres.

A fin de apreciar el gozo en nuestras vidas, debemos primero buscarlo. Concéntrate en todas las ocasiones de gozo que ocurren en el curso de tu día, en vez de buscar todos los pozos de sufrimiento.

¿Qué es lo que más gozo me da?
¿En qué formas puedo convertirme en una fuente de gozo
para los demás?

ESTOY LLENO DE *JOIE DE VIVRE*.

Sierva del Señor

EL comentario de María: «He aquí la sierva del Señor. Hágase en mí según tu palabra», suena un poco raro a nuestros oídos modernos. Después de todo, ya no tenemos siervos. De hecho, la mayoría no sabríamos qué hacer con una sierva si nos dieran una. Lo más cerca que llegamos es a tener un sirviente —pero la mayoría de nosotros tampoco tenemos uno.

Lo que nos lleva a otro punto: ¿Por qué María se llama a sí misma sierva? En una cultura en la que los siervos tenían muy pocos derechos, ¿por qué decidió María ponerse en esa posición?

Para entender la respuesta de María, debemos primero entender que ser un siervo o un sirviente no es lo mismo que ser un esclavo. Un esclavo no tiene derecho alguno. Toda acción del esclavo pertenece a su dueño. Un esclavo no puede, no osaría, tomar decisiones o hacer elecciones individuales. Un esclavo es una propiedad. Un sirviente, en cambio, no es *poseído* por un amo. Un sirviente sigue siendo una persona, no un artículo en un libro. Un sirviente escoge servir; no es forzado a hacerlo.

Es importante entender esa distinción. María estaba dispuesta a convertirse en la sirvienta de Dios, pero nunca se convirtió en la esclava de Dios. Escogió cooperar con la petición de Dios; no fue forzada a ello.

A través de sus acciones, María demuestra que Dios desea que sirvamos voluntaria y libremente. Dios no quiere esclavos, y nunca los ha querido. Dios, en vez, desea tener sirvientes predispuestos.

¿Qué elecciones estoy encarando en mi vida ahora mismo?
¿Creo que Dios me ha dado todo lo necesario para tomar
decisiones sabias?

ESCOJO HACER LA VOLUNTAD DE DIOS, NO PORQUE TENGA QUE HACERLO,
SINO PORQUE QUIERO.

Sobreviene el sueño

¿**A**LGUNA vez has estado tan cansado que literalmente no podías mantener tus ojos abiertos? Quizá conduciendo de noche tuviste que bajar todas las ventanas del coche, poner la radio al máximo de volumen y confiar en que pudieras llegar hasta el próximo punto de descanso sin tener un accidente. O quizá, estudiando un examen final, te has sorprendido (entre una frase y otra) de encontrar tu cabeza sobre la mesa.

El cuerpo humano no puede aguantar sin dormir indefinidamente. Finalmente, los procesos vegetativos se hacen con el mando, el cerebro consciente se apaga y sobreviene el sueño. Si a una persona se le impide quedar dormida por un periodo de tiempo suficientemente largo, tiene lugar un desplome mental y emocional. El hecho es que los humanos fueron creados con la necesidad de dormir.

Aunque no tenemos documentos de ninguna ocasión concreta en que María durmiera, sabemos que José durmió, y sabemos que Jesús durmió.

Un posible origen de la palabra dormir es el alemán *schlaff**, que significa «aflojar». Supuesta esa derivación, *dormir* significa aflojar las ataduras de la preocupación, y confiar, pese a las apariencias, en que Dios aún se halla con el control del mundo. Como Edward Hays hizo notar en *Reza de todas las maneras:* «[El sueño] es una expresión de que somos capaces de permitir que el Misterio Divino se haga el amo en medio de las preocupaciones y los problemas.»

¿Considero alguna vez el sueño como una pérdida de tiempo?
Y a la inversa, ¿alguna vez pierdo mi vida durmiendo?

ME PERMITO A MÍ MISMO EL DESCANSO QUE NECESITO, CUANDO LO NECESITO.

---

* Puede ser así en el caso del inglés *sleep* —dormir—, caso bien distinto del dormir castellano. *(N. del T.)*

Viento

Todos perseveraban unánimes en la oración, con las mujeres, con María, la madre de Jesús, y con los parientes de éste… Al llegar el día de Pentecostés, estaban todos juntos en el mismo lugar. De repente se produjo un ruido del cielo, como de viento impetuoso que pasa, y llenó toda la casa donde se hallaban; se les aparecieron también lenguas como de fuego, que se repartían y se posaban sobre cada uno de ellos. Todos quedando llenos del Espíritu Santo y comenzaron a hablar en lenguas extrañas, según el Espíritu Santo les movía a expresarse.

HECHOS DE LOS APÓSTOLES 1:14, 2:1-4

PARECE adecuado que el Espíritu de Dios viniera en primer lugar a María y los apóstoles en forma de viento. Todas las otras fuerzas de la naturaleza pueden ser mitigadas o controladas hasta cierto punto. La lluvia puede ser desviada a través de presas y compuertas. La nieve puede ser retirada con la pala o fundida. El fuego puede ser contenido o extinguido. Pero ¿y el viento? No por nada se dice «libre como el viento». Nos hallamos impotentes ante la fuerza de un huracán, un tornado o un vendaval. No podemos hacer otra cosa sino aguardar, pues el viento hará lo que tiene que hacer.

Pero el viento no es siempre una fuerza destructora y arrasadora; puede ser también el beso de un amante sobre una margarita recubierta de rocío, un arrullo en una noche de comienzos de primavera, la suave y tranquila voz en las copas de los árboles.

Al igual que el viento siempre cambiante, Dios viene a nosotros bajo muchos disfraces. A veces Dios sopla con plena fuerza en nuestras vidas; en otros momentos, Dios viene con sólo la más ligera brisa como heraldo. Igual que el viento nunca está del todo quieto en el mundo, así tampoco Dios está nunca completamente ausente de nuestras vidas.

¿Cómo ha venido Dios a mi vida recientemente: con la plena fuerza de un vendaval, o con la gentileza y el soplo de la brisa?

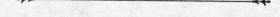

VUELVO MI ROSTRO AL VIENTO, Y AHÍ ENCUENTRO A DIOS.

Sacrificios apropiados

EN los tiempos anteriores a Cristo, el pueblo judío ofrecía sacrificios de sangre. Un animal macho sin defecto era ceremonialmente sacrificado, y su sangre era esparcida sobre el altar. El cadáver era entonces colocado sobre el altar y se le prendía fuego, siendo consumido completamente por las llamas.

María y José siguieron la letra de la ley cuando ofrecieron el sacrificio de dos palomas en el Templo cuarenta días después del nacimiento de Jesús. Es razonable suponer que durante la vida de Jesús, él, María y José, también hicieran otras ofrendas para quemar en el Templo.

Puesto que ya no hacemos sacrificios de sangre, ¿qué quiere Dios de nosotros?

Un sacrificio a Dios apropiado es el que crea y restaura, no el que rompe y destruye.

Demasiado a menudo, pensamos que Dios quiere que ofrezcamos nuestra individualidad, para convertirnos en algo distinto de lo que somos, pero no es eso lo que Dios desea en absoluto. Dios quiere exactamente lo opuesto: Dios quiere que sacrifiquemos esas cosas que nos impiden convertirnos en individuos únicos.

Dios no nos pide que nos sacrifiquemos a una relación abusiva, por ejemplo. Dios no nos *pide* que sacrifiquemos nuestros talentos o capacidades a fin de intentar que otro se sienta mejor. Dios nos *pide* que sacrifiquemos nuestras naturalezas codiciosas, de modo que podamos compartir más libremente.

Dios sigue queriendo sacrificios, pero sólo aquellos que cambian nuestros corazones, no aquellos que destruyen nuestro espíritu.

¿He sacrificado algo que Dios no quería?
¿Pudo lo inapropiado de mi sacrificio ser una de las razones por las
que Dios no pareció honrarlo?

ME OFREZCO A MÍ MISMO COMO SACRIFICIO VIVIENTE A DIOS.

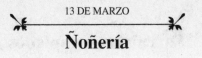

Ñoñería

¿**P**OR qué muchos retratos de María son tan ñoños? Echa un vistazo a cualquier colección de retratos de María y verás una plétora de adolescentes de ojos de coneja, con las pestañas de una modelo de portada de revistas y mejillas sonrosadas —chicas que, obviamente, no hacen otra cosa que mirar en dirección al cielo a lo largo de todo el día.

¿Por qué insistimos en retratar a María como un alma de sonrisa tonta? ¿Creemos que la ñoñería es lo mismo que la santidad?

María estaba tan lejos de ser una ñoña de sonrisa tonta como pudiera estarlo cualquier mujer. De hecho, era una chica de bastante coraje. Piensa, por ejemplo, en su reacción al descubrir que estaba embarazada. ¿Empezó a dar vueltas preguntándose cómo comunicarle la noticia a José? ¿Vagó en un aturdimiento celestial? No. Hizo su equipaje y se fue a casa de su prima. Hizo lo que tenía que hacer, y dejó que las patatas cayeran donde pudieran. Si José no hubiera querido casarse con ella a su vuelta, ella aparentemente estaba decidida a tener el bebé y seguir su propio camino.

Cuando le pidió a Jesús que cambiara el agua en vino muchos años más tarde, decididamente no era una melosa.

Cuando desafió a los guardias romanos para permanecer al pie de la cruz de su hijo, muy claramente no era una mentecata piadosa.

Al mirar a María como modelo para las mujeres, no denigremos su fuerza en un equivocado intento por alabar su santidad.

¿Me resulta más fácil relacionarme con María como una mujer dócil y reservada, o como una pensadora fuerte e independiente?

RECONOZCO QUE LA SANTIDAD Y LA FOTALEZA SON COMPATIBLES, NO CONTRADICTORIAS.

Regalos inesperados

AUNQUE el incienso no sea algo que compremos en los departamentos de perfumería de los grandes almacenes, esta dulce sustancia de naturaleza gomosa procedente de árboles que crecen en el sur de Arabia, en Etiopía, Somalia y la India, fue utilizada como perfume en tiempos de María. Debido a su uso adicional en las ofrendas rituales, se dice que el regalo de incienso por parte de los Sabios simboliza el futuro papel sacerdotal de Cristo.

Al mirar hacia atrás, podemos ver el simbolismo, pero es muy improbable que María se percatara de ello cuando la caravana de camellos y astrólogos procedentes de Oriente apareció en su puerta. Tras marcharse los invitados, ella (como buena ama de casa judía) indudablemente vio el incienso, al igual que el oro y la mirra, como una reserva frente a los malos tiempos. Sea lo que fuere que María hiciera con el incienso, podemos estar seguros de que lo puso en buen uso. Un regalo inesperado como ése habría sido un valioso artículo con el que comerciar —de hecho, pudo muy bien haber pagado el viaje a Egipto, cuando la Sagrada Familia tuvo que huir de la cólera de Herodes.

Al igual que María, recibimos regalos inesperados todo el tiempo. La mayoría de ellos no son valiosos crematísticamente, pero son inestimables espiritual o emocionalmente. Una puesta de sol particularmente gloriosa. Una palabra amable proveniente de un extraño. El beso de un bebé. El mundo está literalmente lleno de regalos para que los cojamos. Únicamente tenemos que extender nuestros brazos y dejar que caigan en nuestras vidas.

¿Qué regalos he recibido hoy? ¿Me he acordado de dar las gracias por todas las buenas cosas que he recibido?

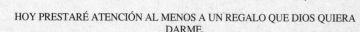

HOY PRESTARÉ ATENCIÓN AL MENOS A UN REGALO QUE DIOS QUIERA DARME.

Suelo santo

LOS lugares en los que se cree que María ha aparecido tienen un atractivo casi mágico. La gente se precipita por millares hacia Lourdes, Fátima y Medjugorje sólo para ser capaces de decir que estuvieron en un suelo santo. Pero no se requiere un suceso religioso extraordinario para consagrar un lugar. En cualquier parte en que encuentres a Dios de un modo profundo, en cualquier lugar en donde viejos modos de pensamiento den paso a nuevos medios de amar, en cualquier sitio donde lo ordinario se rinda al misterio, ése será un lugar sagrado.

Los sitios donde María ha aparecido son santos, no sólo porque María se haya aparecido ahí —aunque ése sea un factor a tener en cuenta—, sino también por la fe y devoción de los peregrinos que los han visitado. Cuando entras en una iglesia que ha estado en uso continuo durante años, puedes experimentar algo de esa misma santidad. De un modo casi tangible, las oraciones de los miles que han estado ahí antes han transformado un mero edificio en un suelo santo.

A fin de crecer espiritualmente, debemos todos encontrar el «suelo santo» en nuestras vidas: los lugares en los que podemos descansar nuestra mejilla sobre el pecho de Dios, donde podemos ser total y plenamente presentes a la Divinidad. Tu lugar puede ser a lo largo de un salvaje arroyo de la montaña; el mío puede ser en un rincón soleado de un piso alto. La localización exacta no importa. Lo que *sí* importa es que nos labremos un trozo de espacio sagrado para llamarlo nuestro.

¿Dónde está mi «suelo santo»?
Si no tengo un lugar así, ¿dónde me siento más cerca de Dios?
¿Puede ese sitio convertirse en mi espacio sagrado?

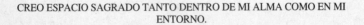

CREO ESPACIO SAGRADO TANTO DENTRO DE MI ALMA COMO EN MI ENTORNO.

Recreo

PARECE como si de algún modo Jesús tenga que haber sido un muchachito sombrío. Igual que en los iconos bizantinos se le retrata como un adulto en miniatura sobre el regazo de María, tendemos a pensar en él como si básicamente siempre hubiese sido un adulto. Quizá se deba a que era un prodigio espiritual. Cualquiera que sea la razón, es difícil imaginar a Jesús haciendo algo que no sea orar, o quizá ayudar a María y José.

Pero al igual que los niños de todas partes, los niños de la época de Jesús se buscaban su tiempo para jugar; y Jesús era un niño real. Es probable que él y sus amigos jugaran con juguetes simples, quizá de madera tallados por José. Exploraría las cuevas y cavernas de las colinas que se alzaban ante su hogar. Pudo haber practicado el uso de la honda o de la lanza. Quizá cantó y bailó con sus amigos, y ocasionalmente (como se dice hoy en día) simplemente salió a «dar una vuelta».

Podemos liberar nuestras imágenes de María y Jesús de estereotipos rígidos imaginando a María que juega al «me ves-ya no me ves» con un Jesús de seis meses. O viendo a María dar a su inquisitivo retoño un trozo de cerámica rota para sacárselo de encima mientras preparaba el pan diario o cardaba la lana. O concebir a un Jesús adolescente peleando con sus compañeros o echando carreras (¡y no necesariamente ganando!).

Si tales imágenes te sorprenden o chocan, recuerda que el recreo es realmente re-creación. Cuando no nos tomamos tiempo para jugar, algo vital empieza a marchitarse y morir en nuestras almas. Para estar plenamente vivos, para ser plenamente humanos, debemos tomarnos tiempo para re-crearnos a nosotros mismos a través del recreo juguetón. Como dijera Ralph Waldo Emerson: «Es un talento feliz el que sabe jugar.»

¿Me parece escandalosa la idea de Jesús jugando?
¿Cómo juego yo en mi vida?
¿Necesito encontrar un mejor equilibrio entre el trabajo y el juego?

ME PERMITO A MÍ MISMO RE-CREAR A DIARIO.

Separación

UNA de las grandes ironías de ser padre es ésta: si haces bien tu trabajo, acabas solo. Ello es así porque la meta de la paternidad es una saludable separación entre hijo y padre. Es sólo cuando haces malamente tu trabajo y no tiene lugar la separación, cuando tienes a alguien colgando alrededor tuyo por el resto de tu vida.

Incluso aún más irónico resulta, si haces bien tu trabajo y tus hijos se separan, que se conviertan en el tipo de gente que te hubiera gustado que permanecieran contigo. Si no haces bien tu trabajo y se quedan, se convierten en el tipo de gente que preferirías que se fuera.

María permitió a Jesús separarse. Le dejo dirigir su propia vida. Ella, sin duda, estaba profundamente involucrada en la vida y ministerio de él, incluida su muerte, pero le dejo hacerlo a su modo; incluso si su modo conducía a la cruz.

No es sencillo aprender a dejar ir a nuestros hijos, y permitirles encontrar su propio camino. Están expuestos a cometer errores. Están expuestos a tomar decisiones que no nos gustan. Están expuestos a ser heridos. Pero si no les permitimos separarse a quienes amamos, no sólo ahogamos su crecimiento, sino que ahogamos también nuestro propio crecimiento. «Para todo hay una estación», dijo el hijo del gran rey David. En la paternidad, como en tantas cosas de la vida, necesitamos ser conscientes de si estamos en la estación de atrapar o en la estación de dejar ir —y actuar acordemente.

¿Trato de manejar las vidas de aquellos a quienes amo?
¿Tengo problemas para dejar marchar?

DOY A QUIENES AMO LA LIBERTAD DE CONVERTIRSE EN INDIVIDUOS.

Sentido común

MARÍA es alabada por muchas virtudes, pero una de sus cualidades menos valoradas es su poco corriente sentido común.

Toma su réplica al ángel Gabriel como ejemplo. Puesta en lenguaje moderno, sería algo así: «¿Cómo voy a estar preñada si nunca he tenido relaciones sexuales?»

Ésa es sin duda una pregunta de sentido común. La mayoría de las personas, enfrentadas a un ángel, carecería de la presencia de ánimo necesario para formular una pregunta tan directa y práctica. (La mayor parte de las personas probablemente ni siquiera discutiría sobre el sexo con un ángel, pero ése es otro punto.)

El sentido común es una virtud tan, digamos, *común,* que a menudo descuidamos su valor. Es, sin embargo, lo que nos permite pasar por un día corriente con un mínimo de equivocaciones.

Lo malo es que no todo el mundo nace con sentido común. Lo bueno es que todos podemos aprender a desarrollarlo. Si no has sido bendecido con una medida innata de sentido común, la próxima vez que te encuentres hecho un lío, piensa en alguien que conozcas que tenga mucho de eso. Pregúntate qué haría esa persona. Ignora tus propias tendencias, y haz lo que haría tu modelo, incluso si te hace sentirte incómodo. Puedes no acabar siendo nunca un modelo del sentido común, pero al menos puedes aprender lo bastante como para salir airoso de la lluvia sin llevar un paraguas.

¿Me han dicho alguna vez que carezco de sentido común?
¿Empleo el sentido común que me ha sido dado?

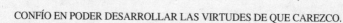

CONFÍO EN PODER DESARROLLAR LAS VIRTUDES DE QUE CAREZCO.

José el carpintero

SABEMOS que José era carpintero. Un relato del Evangelio nos dice que Jesús siguió los pasos de su padre: la multitud pregunta: «¿No es acaso el carpintero, el hijo de María, y hermano de Santiago, Josés, Judas y Simón?»

La mayoría de los cuadros que muestran a Jesús y José en el taller, les ponen haciendo yugos para bueyes, escabeles y artículos para el hogar. Pero José era probablemente más un constructor que un artesano.

La palabra utilizada para alguien en su profesión es *tekton,* que transmite la idea de una persona con un amplio rango de capacidades para la construcción, incluyendo las necesarias para trabajar como albañil y con la madera. Ese término indica también una persona experta en el diseño arquitectónico. Mucho más que un simple tallador de madera, un *tekton* habría sido un supervisor y jefe de otros trabajadores menos capacitados. Dado que los romanos estaban virtiendo enormes sumas de dinero en construcciones hechas en Jerusalén, Tiberíades, Sóforis y Cesarea Marítima, es probable que José y Jesús viajasen hasta el Líbano actual o incluso Egipto, en proyectos de edificación, algunos de los cuales pueden haber durado meses. Durante esos meses, María puede haber permanecido en casa, visitando familiares o acompañando a su marido e hijo al lugar de trabajo. En cualquier caso, Jesús, José y María probablemente no llevaran una vida tan cobijada o aislada como tendemos a pensar.

¿En qué modo cambia mi visión de José el considerarle un
costructor/arquitecto antes que un tallador de madera?
¿Cómo influencia eso mi imagen de María?

NO PERMITO QUE LAS PROFESIONES DE LA GENTE INFLUENCIEN MI JUICIO
DE ELLAS COMO PERSONAS.

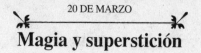

Magia y superstición

CUANDO se trata de la creencia en María, la frontera entre fe y superstición es a veces extremadamente fina. Gente que rara vez ora, puede colgar rosarios en su espejo como talismán. Gente que nunca puso un pie en la iglesia, puede tener miedo de salir de casa sin portar su Medalla Milagrosa. Gente que se burla de los psíquicos, puede devorar todo lo que encuentra acerca del Tercer Secreto de Fátima no revelado.

La idea de que hay alguien ahí fuera (o ahí arriba) que tiene una influencia sobre acontecimientos futuros, puede ser bastante reconfortante, especialmente si ella está de nuestra parte. Y María siempre lo está.

Sin embargo, si creemos que podemos de algún modo ordenar a María que lleve a cumplimiento nuestra súplica mediante el empleo de objetos o encantamientos disfrazados de oraciones, estamos deslizándonos peligrosamente cerca de creer en la magia.

María no es, y nunca lo ha sido, una obradora de magia. Aunque muchos milagros han sido atribuidos a su intercesión, no realiza milagros por sí misma. Todo lo que ella tiene y todo lo que ella es descansa en Dios. Como cada uno de nosotros, María es totalmente dependiente de Dios. «Ella era plenamente consciente de la grandeza de su misión; pero al mismo tiempo se reconocía una humilde sierva, y como tal se mantenía, atribuyendo toda gloria a Dios el Salvador», observó el Papa Juan Pablo II en *Insegnamenti*, el 19 de marzo de 1982.

Muy ciertamente podemos y deberíamos pedir la ayuda de María, pero debemos entender que obtenemos su intercesión a través de la fe, no de la superstición.

Cuando pido ayuda a María, ¿pienso secretamente que en algún modo estoy «sorteando a Dios»?

CUANDO NECESITO AYUDA, PIDO A MARÍA QUE ORE POR MÍ.

Simplemente los hechos

¿QUÉ sabemos realmente de María?

Los hechos históricos pueden resumirse en unas pocas líneas: Una joven muchacha judía llamada Miriam (o María) es visitada por un ángel, quien la pregunta si estaría dispuesta a ser la madre del hijo de Dios. Ella responde que sí. Pocos meses más tarde, ella y su marido, un carpintero llamado José, viajan desde su hogar hasta la aldea de Belén, donde da a luz a su hijo en un establo porque la posada local está llena. Llaman al bebé Yeshua —en griego, Jesús— y utilizan un pesebre como cuna. El muchacho crece hasta convertirse en un instructor y predicador carismático, con un extraordinario don para inspirar seguidores. Es finalmente arrestado como una amenaza para Roma y ejecutado por traición. Ella se marcha a vivir con el amigo íntimo de él.

La vida de María es una lección para el no juicio. Si intentáramos evaluar su vida utilizando tan sólo estos hechos históricos, tendríamos que concluir que fue un insignificante blip en el radar de la historia. Docenas de otras mujeres han tenido vidas más espectaculares, y aparentemente más influyentes. Y sin embargo, detrás de los hechos esquemáticos de la vida de María, yace el gran drama de la Cristiandad.

Juzgar las decisiones vitales de otro es siempre peliagudo. Incluso si pensamos que tenemos todos los hechos a nuestra disposición, probablemente no sea así. Y la información de los hechos que realmente tenemos la procesamos a través de nuestro propio filtro mental.

Si queremos volvernos espiritualmente maduros, debemos aprender a aceptar a los demás y sus vidas sin juzgarlos. Haciéndolo así, no sólo dejamos a los demás la oportunidad de realizarse plenamente, sino que nos permitimos a nosotros mismos la oportunidad de realizarnos plenamente con ellos.

¿Soy una persona que juzga? ¿Puedo aceptar a otra gente y sus decisiones sin añadir mi propia visión mental?

NO JUZGO, NO VAYA A SER JUZGADO.

Lo que realmente cuenta

¿QUÉ es lo que realmente cuenta en la vida? Los maestros espirituales de todas las tradiciones coinciden en que la esencia de la vida no reside en tener sino en ser, no en recibir sino en dar, no en agarrar sino en soltar.

Cuando alcanzamos el punto de nuestro desarrollo espiritual en el que podemos entender esta verdad —no intelectualmente, sino dentro de los más profundos recovecos de nuestro corazón—, podemos comenzar a ser agradecidos con nuestras adversidades como lo somos con las bendiciones recibidas.

Las adversidades nos permiten deshacernos del autoengaño, a fin de ver que la verdadera riqueza no tiene nada que ver con las posesiones. Lo único que realmente cuenta es el amor. La persona que ama y es amada lo tiene todo.

María entendió este principio desde su más temprana juventud. Si no hubiera sido así, no habría hecho las elecciones que hizo. Al decir que sí no sólo al amor, sino al Amor mismo, se abrió a enormes bendiciones —pero también a enormes adversidades y sufrimientos.

No hay sufrimiento que María no haya experimentado. Ella ha pasado —y triunfado sobre— todos los dolores de nuestra existencia mortal. Ella sabe lo que es serlo todo, desde una madre soltera hasta una viuda, desde la madre de un héroe aclamado hasta la madre de un acusado como criminal. Ha sufrido la pobreza, experimentado la riqueza monetaria por los regalos de los Reyes Magos, viajado al extranjero, permanecido en casa, y ha sido una refugiada, una persona hogareña, una nadie, una reina.

Cuando nos encontramos apaleados por las adversidades de la vida, María nos ofrece aliento y socorro por medio de su ejemplo. Como hizo notar Gabriel de Santa María Magdalena: «La Bendita Virgen María ha recorrido, antes que nosotros, el estrecho y recto sendero que conduce a la santidad; antes que nosotros ha portado la cruz, antes que nosotros ha conocido la ascensión al espíritu a través del sufrimiento.»

¿Me rebelo contra la adversidad, o la acepto como parte de mi entrenamiento espiritual?

SÉ QUE TODO LO QUE ME SUCEDE CONTRIBUYE A MI MADUREZ ESPIRITUAL.

Obediencia

¿**P**UEDES imaginar a Dios —omnisciente, todopoderoso y eterno— siendo obediente a ti? Eso es lo que les sucedió a María y José. El Creador del universo bajó a ellos, llegó a Nazaret y les fue obediente. Se fue a la cama cuando se lo dijeron, recogió su ropa, barrió el suelo, dio de comer a los animales —en pocas palabras, hizo lo que le pidieron.

Aunque es desconcertante para la mente pensar que Dios pueda volverse obediente a una mera creación, la obediencia no es una calle de un solo sentido. Quienes dan órdenes tienen tanta responsabilidad como quienes las ejecutan. Jesús pudo ser obediente a María y José porque no le pidieron que hiciera nada injusto. Pudo obedecer porque le dieron órdenes dignas de ser obedecidas.

No somos nunca llamados a ser obedientes al mal o a la injusticia. Los acusados como criminales de guerra de la Alemania nazi que trataron de defender sus atrocidades diciendo que meramente obedecían órdenes, no fueron perdonados. Si las órdenes y las reglas son injustas o inmorales, estamos atados por el deber a cambiarlas, no a obedecerlas ciegamente.

Si te hallas en una posición de autoridad, sea en el trabajo o en tu familia, considera tu autoridad como una confianza sagrada depositada en ti. Emplea tu poder con mesura, de modo honorable y honesto —de modo que tus órdenes puedan ser dignas de obediencia.

¿A quién soy obediente? ¿Quién tiene que obedecerme?

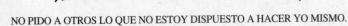

NO PIDO A OTROS LO QUE NO ESTOY DISPUESTO A HACER YO MISMO.

Bailar

EL apócrifo *La Natividad de María,* a veces llamado *El Protoevangelio de Santiago,* es un antiguo libro que habla del nacimiento y la infancia de María. Aunque nunca ha sido aceptado como Escritura, contiene algunos pasajes adorables sobre María. Uno de ellos dice así: «El Señor Dios puso gracia en ella, y ella bailó para disfrutar con sus pies, y toda la casa de Israel la amó.»

Bailar para disfrutar, ¡qué imagen tan maravillosa! Muy a menudo, lo que se tiene por danza en nuestra cultura es una agitación rítmica embarullada, seguir más o menos un ritmo. Pero danzar *realmente* es escapar a los límites de la tierra por un momento y quedar suspendido en el vuelo. No hay en toda la tierra algo semejante. La imagen de María danzando para disfrutar es en verdad gloriosa.

Bailar es la reacción espontánea de los niños ante el deleite. Cuando nos volvemos adultos, a menudo sofocamos nuestra espontaneidad, y asumimos una pose de apreciación reservada. Pero Dios no se impresiona con la reserva. Dios anhela que nos unamos a la danza de la creación que comenzó en la plenitud del tiempo, y que continúa a través de la eternidad.

Así pues, baila hoy tu camino hacia la realización, danza tu camino hacia el gozo, junto con María, ¡danza tu camino hacia Dios!

¿Creo que bailar es algo que sólo hacen artistas entrenados sobre el escenario? ¿Podría bailar ahora mismo? ¿Por qué sí, o por qué no?

DEJO QUE EL SEÑOR DE LA DANZA ME GUÍE EN EL VALS DE LA CREACIÓN.

La Anunciación

TENDEMOS a pensar en la fiesta de la Anunciación como uno de los días especiales de María, pero de hecho el título correcto de esa celebración es el de la Anunciación del Señor. Cuando Gabriel se apareció a María, le anunció el futuro nacimiento del Mesías, no el próximo embarazo de María.

Esta distinción puede parecer nimia, pero es significativa. El mensaje central no tiene que ver con María; es más bien acerca de la persona que le nacerá a ella, y acerca de la misión de él. Como dicen las Escrituras: «Será grande, y será llamado Hijo del Altísimo, y el Señor Dios le dará el trono de David su padre, y gobernará sobre la casa de Jacob para siempre, y de su reino no habrá fin.»

La importancia e influencia de María no residen en sus propias acciones, sino en el hecho de que hizo posible el nacimiento de Jesús. Es honrada por lo que permitió que pasara a través de ella, no por lo que ella misma ha hecho.

Tal manera de pensar no disminuye la importancia de María; al contrario, la pone en su adecuada perspectiva. Cuando vemos un magnífico bronce, nos centramos en el artista y en la obra de arte acabada, no en el molde de cera. El molde es esencial, ciertamente, pero es el producto final quien atrae nuestra atención.

Lo mismo es cierto de María. Como dijera San Agustín: «María es el molde viviente de Dios.» Aunque debemos a María nuestro respeto y admiración, es a su hijo a quien debemos adoración.

¿Cómo puedo dejar que Dios me utilice como molde?
¿Cómo querría que fuera mi legado duradero?

DOY GRACIAS PORQUE LA PREDISPOSICIÓN DE MARÍA A SER UN MOLDE HIZO POSIBLE EL NACIMIENTO DE JESÚS.

Gente corriente

S E dice a menudo que María y José han vivido en la pobreza, pero eso parece insultarlos a ambos. Como artesano preparado, José debió ser capaz de ganarse la vida decentemente. Si no, es que era torpe o perezoso. Ninguna de estas opciones es muy aduladora para él. Más aún, si realmente hubiesen sido tan pobres, María obviamente no hizo un trabajo muy bueno emulando a la mujer ideal descrita en Proverbios 31: la mujer que planta viñas, hace buenos negocios y cuida de su esposo e hijos. Si María y José realmente eran pobres, entonces Dios escogió a dos incompetentes para criar a Jesús. Un escenario muy improbable.

En verdad, la pobreza es relativa. En tiempos de María y José no existía la clase media. Una persona o era rica o era pobre. Puesto que María y José no eran ricos, eran pobres por defecto. Pero eso no significa que fueran mendigos desposeídos de todo a las puertas de la ciudad. Significa simplemente que eran gente corriente y ordinaria.

Nuestra cultura no gusta de lo ordinario. Todos los anuncios nos dicen que, a fin de ser valiosos, debemos «sobresalir de lo ordinario». Hemos de «dejar nuestra huella», «ser únicos», «sobresalir de la multitud». Siendo realistas, sin embargo, pocos de nosotros alcanzaremos la fama o la notoriedad. Llevamos vidas ordinarias. Según los estándares del mundo, nunca constituiremos un gran éxito.

Las vidas de María y José nos ofrecen una perspectiva diferente. Nos muestran que los estándares del mundo no son los estándares de Dios. De acuerdo con los estándares del mundo, María y José son nadie. Para los estándares de Dios son superestrellas. ¿Qué estándares prefieres seguir?

¿Cómo me siento al considerarme a mí mismo «ordinario»?
¿Cómo me siento cuando pienso en María también como «ordinaria»?

EMPLEO LOS ESTÁNDARES DE DIOS, NO LOS ESTÁNDARES DEL MUNDO.

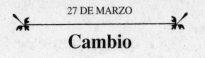

Cambio

CAMBIAMOS el color de nuestro pelo, nuestro estilo de vestir, nuestro trabajo, nuestra casa y nuestro coche, pero, pese a todos nuestros cambios externos, seguimos siendo los mismos por dentro. Los franceses tienen un proverbio que resume la situación: «Cuanto más cambian las cosas, más siguen siendo las mismas.»

Si deseamos efectuar un cambio real, no basta con que desplacemos a otro lugar las cosas de la superficie. Hemos de desplazar nuestras placas tectónicas mentales y espirituales. Hemos de alterar los cimientos de nuestra visión del mundo.

Debido a que el cambio auténtico es tan difícil, la mayoría de nosotros está contento con hacer modificaciones en la superficie. Pero nada de valor sucede hasta que estamos dispuestos a cambiar el contenido de nuestras creencias firmemente mantenidas, y de nuestros queridos prejuicios.

María puede ayudarnos cuando estamos preparados para emprender el cambio real. Ella está ahí como modelo, guía y sustentadora, conforme nos esforzamos por liberarnos de viejos patrones para facilitar en nosotros y en nuestras relaciones el cambio dador de vida. Lo único que necesitamos hacer es pedir ayuda.

Como los católicos han orado durante años en el *Memorare*: «Recuerda, Virgen María plena de gracia, que nunca se supo de nadie que anhelara tu protección, implorara tu ayuda o buscase tu intercesión, que quedase desasistido... Madre del Verbo Encarnado, no desprecies mi petición, sino, en tu misericordia, escúchame y respóndeme.»

¿He pedido alguna vez ayuda a María cuando deseaba hacer un cambio en mi vida? ¿Qué sucedió?

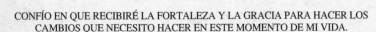

CONFÍO EN QUE RECIBIRÉ LA FORTALEZA Y LA GRACIA PARA HACER LOS CAMBIOS QUE NECESITO HACER EN ESTE MOMENTO DE MI VIDA.

Riesgo espiritual

ALGUNAS personas son asumidoras de riesgos de nacimiento. Bucean en los acantilados, hacen caída libre, esquí con el helicóptero, parapente; cualquier cosa que dé un empujón a la adrenalina. Otros son más cautos, remojando apenas los dedos de sus pies en las aguas de la vida. Aunque los tipos cautos tienden a vivir más, también tienden a llevar vidas más aburridas.

Afortunadamente, todos nosotros, seamos naturalmente osados o naturalmente cautos, podemos llevar excitantes vidas espirituales, porque la espiritualidad siempre entraña riesgo —el riesgo de verte como eres realmente, el riesgo de tener que hacer cambios, el riesgo de alterar tu vida.

María nos alienta a correr riesgos espirituales, porque ella, más que ningún otro hombre o mujer, sabe que necesitamos el riesgo a fin de realizarnos. Nos dice que «tengamos valor», porque sabe que sin la predisposición a correr riesgos, no podemos cambiar; y a no ser que *nosotros* cambiemos, el mundo no podrá cambiar.

Así pues, ¿cómo correr riesgos espirituales?

El riesgo espiritual comienza con la predisposición a estar más abierto, más vulnerable. Significa dejar que otros oteen por encima de los muros de autoprotección que hemos levantado alrededor de nuestro ego. Significa permitir a otros ver nuestras debilidades, así como nuestra fortaleza. Significa estar dispuestos a ser heridos. Significa volverse lo bastante abiertos como para dejar a otros que compartan nuestras penas, volverse lo bastante libres como para experimentar la intimidad profunda, volverse lo bastante confiados como para dejar que Dios absorba nuestra pena.

¿Estás dispuesto a correr el riesgo?

¿Cuándo fue la última vez que dejé a alguien ver mi verdadero yo?
¿Cómo me siento cuando alguien se abre a mí?

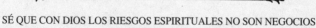

SÉ QUE CON DIOS LOS RIESGOS ESPIRITUALES NO SON NEGOCIOS ARRIESGADOS.

La dominación romana

LOS romanos crearon la última gran civilización mundial de los tiempos antiguos. Comenzando en la Italia del presente, extendieron su cultura a lo largo de la ribera mediterránea y más allá. En los años 166-167 a. de C. pasaron a un pequeño país atrasado llamado Judea. Para gran sorpresa suya, los campesinos rurales de este país no se enrolaron ni fueron absorbidos por la cultura romana. En vez de ello, siguieron siendo firme y desafiantemente judíos, incluso tras varios siglos de presión militar.

Éste fue el mundo en el que nació María; un mundo ocupado y dominado (pero no destruido) por Roma. María debía aprender a vivir su fe judía al tiempo que estaba rodeada por una cultura que era indiferente en el mejor de los casos, y hostil en el peor, a su sistema de creencias.

Los tiempos no son muy diferentes hoy en día para los creyentes comprometidos. Nuestra cultura tiende a burlarse de las cuestiones espirituales, o a ignorarlas. A modo de ejemplo, prácticamente ningún personaje importante de los espectáculos televisivos asiste a los servicios religiosos. El cubrimiento de las noticias sobre asuntos espirituales, si es que está presente en absoluto, se reúne alrededor de la Navidad y la Semana Santa. Las discusiones serias sobre la fe son generalmente relegadas a oscuros canales a altas horas de la noche o a las páginas finales de periódicos y revistas.

Encontrar un modo de integrar la espiritualidad con la vida diaria en una cultura que no honra esa actividad, es un reto que cada uno de nosotros debe resolver a su propio modo. Cuando las tareas te parezcan demasiado temibles, recuerda que María se enfrentó a una situación similar. Pregúntate a ti mismo qué habría hecho ella; o mejor aún, pregúntale a ella.

¿Puede la gente que me rodea decir en qué creo a partir
de mis acciones?
¿Cómo hago mi vida espiritual una parte de mi vida diaria?

VIVO MI FE, INCLUSO CUANDO ES DIFÍCIL.

Permiso

¿**R**ECUERDAS cuando estabas en el jardín de infancia o en la escuela elemental? Antes de poder abandonar el aula, debías levantar la mano y obtener el permiso. No importaba lo urgente que fuera tu necesidad; debías aguardar hasta que el maestro te dejara ir.

Dado que nuestra imagen de las figuras de autoridad se basa mayormente en nuestros tempranos modelos de comportamiento, pensamos a veces en Dios como el maestro y en nosotros como los estudiantes, e imaginamos que hemos de pedirle permiso a Dios antes de poder actuar.

Realmente, es justo lo opuesto. Dios no entra nunca en nuestras vidas sin nuestro permiso. Somos nosotros quienes le damos a Dios permiso para actuar.

La vida de María muestra el modo en que Dios obra idealmente con la humanidad. La cuestión a la que se enfrentó María —la cuestión a la que nos enfrentamos todos— es la de si estamos dispuestos a permitirle a Dios que entre en nuestras vidas, para actuar en nuestro propio mejor interés. La clave aquí es el *mejor interés;* un concepto que abarca no sólo lo que es mejor para nosotros, sino lo que es mejor también para todos cuantos nos rodean. Puesto que a menudo no sabemos lo que es mejor, hemos de estar dispuestos a confiar en que Dios lo sabe —¡algo que no es fácil de hacer!

Irónicamente, cuando finalmente le damos permiso a Dios para hacer lo que es mejor para nosotros, generalmente descubrimos que lo mejor según Dios es más maravilloso que nada que pudiéramos haber imaginado.

¿Estoy dispuesto a confiar en Dios con mi vida?
¿Cómo me siento cuando no tengo todo el control?

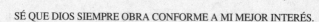

SÉ QUE DIOS SIEMPRE OBRA CONFORME A MI MEJOR INTERÉS.

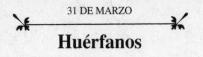

Huérfanos

A LA muerte de su padre, una mujer de cuarenta años dijo anegada en lágrimas: «Ahora soy huérfana.» No importa la edad que tengamos, la muerte de nuestros padres nos hace sentirnos increíble y abrumadoramente solos. Nos volvemos huérfanos en un mundo hostil.

Justo antes de la Crucifixión, Jesús prometió a sus discípulos: «No os dejaré huérfanos.» Dado que su siguiente afirmación habla de Dios Padre y de la venida del Espíritu Santo, solemos suponer que Jesús hablaba acerca de ellos. Pero en la cruz, Jesús nos dio una madre, igual que nos había dado un Padre. Se aseguró de que tuviéramos dos padres para cuidar de nosotros.

Como leemos en el Evangelio de Juan: «Cuando Jesús vio a su madre y al discípulo a quien amaba, dijo a su madre: mujer, he ahí a tu hijo. Luego dijo al discípulo: he ahí a tu madre. Y desde esa hora, el discípulo se la llevó a su casa.»

Aunque Juan literalmente se llevó a María a su casa, todos podemos llevar a María espiritualmente a nuestras casas. Haciéndolo así, la recibimos verdaderamente como nuestra madre.

El papa Juan Pablo II, que tiene una particular devoción por María, hizo esta observación en su encíclica *Redemptoris Mater*:

> *La Madre de Cristo... es dada como Madre a todo individuo y a toda la humanidad. El hombre al pie de la cruz es Juan, «el discípulo al que amaba». Pero no es sólo él. Siguiendo la tradición, llamamos a María «la madre de Cristo y la madre de la humanidad»... [Ella] es «claramente la madre de los miembros de Cristo».*

Si anhelas el contacto de una madre, el amor de una madre, María aguarda tu llamada.

¿Qué quiero de una madre?
¿Creo que María podría ser una madre para mí?

SI MI MADRE ME HIZO MAL, LA PERDONO. AHORA LA OFREZCO MI ACEPTACIÓN Y MI AMOR.

Dejalo estar

LA canción de los Beatles *Let It Be (Déjalo estar)* menciona a la Madre María que viene en los momentos difíciles. Si la canción se refiere o no a la Virgen Bendita, no es importante. Lo importante es que María, nuestra madre divina, *viene* a nosotros en los momentos difíciles.

Suele creerse que los católicos rezamos a la virgen María para pedir ayuda en las tribulaciones de la vida. Sin embargo, no es así; en realidad sólo rezamos a Dios, pero podemos —y debemos— pedir a la Virgen que interceda por nosotros.

La naturaleza de nuestra relación con María en la oración es expresada mejor en una de las más antiguas plegarias de la Cristiandad: «Dios te salve, María.» La primera mitad combina el anuncio de Gabriel a María con la salutación de Isabel: «Dios te salve, María, llena eres de gracia. El Señor es contigo. Bendita tú eres entre todas las mujeres, y bendito es el fruto de tu vientre, Jesús.»

La segunda mitad, que se ha usado casi desde el comienzo mismo de la Cristiandad, es una petición de ayuda a María: «Santa María, Madre de Dios, ruega por nosotros pecadores, ahora y en la hora de nuestra muerte.»

Igual que podemos pedir sus oraciones a otra gente, podemos pedirle a María sus oraciones. De su graciosa y generosa respuesta, podemos estar seguros. No debemos, sin embargo, esperar que María haga algo que no haría Dios. María viene a nosotros en los momentos difíciles como confidente, reconfortadora y madre —no como una deidad omnipotente.

¿Oro a María, o pido a María que ore por mí y conmigo?

HONRO A MARÍA, PERO ADORO SÓLO A DIOS.

Aguardar

EN *El mercader de Venecia,* Portia dice: «Mi pequeño cuerpo está cansado de este gran mundo» (acto 1, escena 2). Tras la resurrección de Jesús, también María debió sentirse cansada de este gran mundo. Habiendo vuelto Jesús al cielo, su trabajo en la Tierra parecía completado. Lo único que le quedaba ya era unirse a su hijo, pero aún iba a vivir por algún tiempo. Aunque ignoramos cuándo falleció, la tradición sostiene que vivió al menos varios años más en Éfeso con el apóstol Juan.

Estamos tan acostumbrados a pensar en María en su estado glorificado, compartiendo las visiones de su hijo para el mundo, que estamos tentados a olvidar que tuvo que vivir sin ver a Jesús en la carne hasta su propia muerte. Quizá Jesús le había dado un calendario de futuro, quizá no. Quizá, como el resto de nosotros, María tuvo que despertarse cada día sin saber cuánto más tiempo tendría que esperar.

Aguardar es una de las cosas más difíciles de hacer. Aguardar al informe del médico, aguardar a que nazca un bebé, aguardar a que un adolescente vuelva a casa de noche, aguardar en la sala de urgencias de un hospital, aguardar... aguardar... aguardar. Pocas cosas nos hacen sentirnos más desvalidos o nos llevan más al borde de la desesperación.

Cuando aguardamos, rara vez podemos hacer algo por acelerar las cosas. Así pues, la próxima vez que tengas que aguardar, en vez de emplear el tiempo desgastándote y preocupándote, considera tu espera como una oportunidad de abandonar tus expectativas y de dejar que Dios se encargue de los detalles.

¿Aguardo con paciencia, o me siento frustrado y enojado cuando he de hacerlo?

Hablar con franqueza

¿QUÉ significa ser franco? Significa ser sincero, ciertamente, pero significa aún más. Significa no ocultar nuestros pensamientos, no ser evasivo. Significa decir la verdad con amabilidad y consideración. Significa ser veraz con uno mismo y con los demás, sin causar daño o lastimar.

Nuestras relaciones más estrechas e íntimas deben estar basadas en el habla franca. Sólo cuando bajamos nuestras barreras y hablamos libre y francamente, podemos empezar a compartir las partes más esenciales de nuestro ser.

El habla franca, sin embargo, no se debe detener en nuestros amigos y en nuestra familia. A fin de desarrollarnos espiritualmente, debemos aprender también a ser francos con Dios. Decirle a Dios lo que se oculta en los más profundos recovecos de nuestros corazones y mentes es difícil, en parte porque no parece muy «piadoso» decirle a Dios lo que estamos pensando, cuando no son pensamientos «espirituales». Pero ¿realmente creemos que si no se lo decimos a Dios, Él no lo sabrá? Como dice el Salmo 139: «Tus ojos previeron mis acciones; en tu libro todo está anotado; mis días recibieron su forma, antes de que llegaran a ser.» Es sólo cuando somos francos con Dios cuando podemos empezar a experimentar plenamente la presencia de Dios en nuestras vidas.

María, con toda seguridad, fue franca con Dios. Conoció a Dios en forma humana, como madre de Dios. ¿Qué relación podía haber más franca que ésa?

Cuando oro, ¿utilizo fórmulas, o lo hago desde el corazón?
¿Le digo alguna vez a Dios exactamente lo que estoy pensando, incluso si no parece «santo» o «correcto»?

CUANDO ORO, LE CUENTO A DIOS LO QUE HAY EN MI CORAZÓN Y EN MI MENTE, NO LO QUE CREO QUE DIOS ESPERA OÍR.

Cartas de amor

MUCHAS personas tienen un racimo de cartas de amor empaquetadas al fondo de un cajón o en el fondo de un cofre de madera de cedro. Años después de haber sido escritas, cuando la tinta está descolorida y el papel ha amarilleado, las cartas permanecen, como testimonio duradero de la pasión y el deseo.

María es la carta de amor de Dios al mundo.

Escritos en su corazón e impresos en su alma, se hallan los anhelos de Dios para la raza humana. Enviada como un símbolo del gran amor de Dios por cada uno de nosotros, ella misma no es el Amor, pero sí la vasija por medio de la cual el Amor fue enviado en forma humana al mundo.

Aunque María sea la gran carta de amor de Dios, todos estamos destinados a ser parte del mensaje amoroso de Dios al mundo. La Madre Teresa de Calcuta dijo una vez: «Soy un pequeño lápiz en manos de un Dios que escribe, y que envía una carta de amor al mundo.» Si no puedes imaginarte en la misma categoría que María o la Madre Teresa, quizá puedas pensar en ti mismo como un trozo de papel, un sobre o un sello.

Cualquiera que sea la forma bajo la que concibas tu papel en la comunicación eterna de Dios, recuerda siempre que juegas una parte en el servicio de correos celestial que nadie más puede cubrir. Después de todo, una carta sin sello es tan inútil como un sello sin carta.

¿Qué está tratando de comunicar Dios a través de mí?
¿Cómo estoy propiciando u obstaculizando el mensaje de amor de Dios al mundo?

TRAIGO EL AMOR DE DIOS A TODOS AQUELLOS CON QUIENES ME ENCUENTRO.

Realidad

«¿Hace daño?», preguntó el Conejo.
«A veces», dijo el Caballo de Piel, pues él siempre decía la verdad.
«Cuando eres Real, no te importa que te hagan daño.»

EL CONEJO DE PANA

MARÍA fue una persona históricamente real, pero fue también, en las palabras del Caballo de Piel, una persona Real. María se yergue como un ejemplo de lo que cada uno de otros está llamado a devenir. Ella es una mujer real que permitió a Dios amarla a la Realidad. Ser Real no tiene que ver con nuestra composición física; tiene que ver con el amor. Tiene que ver con volverse plena y funcionalmente humanos. Es acerca de estar dispuestos a ser dañados.

Volverse Real no es algo que suceda de la noche a la mañana. Es un proceso, y lo más a menudo, un proceso doloroso. En los tiempos de la presentación de Jesús en el Templo, Simeón advirtió a María: «Una espada te atravesará, de modo que los pensamientos de muchos corazones sean revelados.» Por aquel tiempo, ella difícilmente podía saber lo que eso supondría, pero sabía que a fin de volverse Real iba a tener que pagar un alto precio.

También nosotros hemos de pagar por volvernos Reales. Hemos de estar dispuestos a abrirnos a los demás, a compartir su dolor (y su alegría), a amar incluso cuando preferiríamos odiar, a dar cuando preferiríamos tomar. Hemos de estar dispuestos a que nuestro pellejo se desgaste, y a que nuestras queridas junturas se aflojen. Hemos de estar dispuestos a volvernos andrajosos y deplorables a los ojos del mundo. Una vez que eso sucede, nos volvemos Reales, y entonces, y sólo entonces, entendemos que la realidad merecía la pena, cualquiera que fuera el precio que tuviéramos que pagar por ella.

¿Cuál es la persona más Real que conozco?
¿Tengo miedo al dolor de volverme Real?

ESTOY DISPUESTO A PERMITIR QUE DIOS ME AME EN LA REALIDAD,
INCLUSO SI ESO ES ALGO QUE PUEDE HERIR.

Familia

EL Evangelio de San Juan dice que la madre de Jesús y «la hermana de su madre... y María de Magdala» se hallaban todas en la Crucifixión. Lo extraño es que algunas leyendas tradicionales sobre María indican que ella fue hija única de unos padres viejos. Es posible que la palabra *hermana,* en este pasaje, se refiera a una de las hermanas de José, o a la esposa de uno de sus hermanos (es decir, a una de sus cuñadas), pero la explicación más probable es que una de las mujeres con las que estaba María fuera su propia hermana en el sentido ordinario del término.

Pero ¿qué hay de la otra María, la de Magdala? María Magdalena, como a veces se le llama, se suele tenerse por una prostituta reformada. Lo único que realmente sabemos de ella, sin embargo, es el nombre de su pueblo, y el hecho de que Jesús la libró de siete demonios. Nada en las Escrituras dice que fuera una mujer de la calle.

En última instancia, no importa quién fuera. Estando ahí de pie, ante la cruz, se convirtió en parte de la familia de Jesús, al cumplir las palabras: «Quienquiera haga la voluntad de mi Padre Celestial, ése es mi hermano, mi hermana y mi madre.»

María Magdalena encontró la familia que necesitaba en María y Jesús. Si tu familia no es capaz de darte la fuerza y el apoyo que necesitas, considera el caso de María Magdalena. Al igual que ella, puedes crear la familia que quieres y necesitas con los amigos y compañeros espiritualmente compatibles de tu elección.

¿Qué quiero de mi familia?
¿Dónde encuentro más apoyo?
¿Cómo puedo volverme la familia de alguien que la necesita?

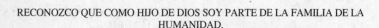

RECONOZCO QUE COMO HIJO DE DIOS SOY PARTE DE LA FAMILIA DE LA HUMANIDAD.

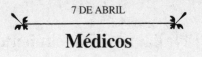

Médicos

AUNQUE debió de estar muy familiarizada con herbalistas y matronas, María aparentemente tuvo buena amistad con al menos un médico: el doctor Lucas, autor del Evangelio de Lucas. En su Evangelio, el doctor Lucas registró una serie de detalles acerca de la Anunciación, la Visitación a Isabel, el nacimiento de Jesús y otros acontecimientos; detalles que sólo pudieron provenir de María. ¿Quién más, por ejemplo, habría mencionado detalles tan íntimos como el hecho de que Jesús fue envuelto en pañales y depositado sobre un pesebre? ¿Quién más pudo haber sabido que María guardó su asombro, acerca de las extrañas cosas que rodearon al nacimiento de su hijo, «en su corazón»?

El doctor Lucas debe de haber tenido unos modales muy amables, porque fue capaz de hacer que María hablara acerca de los sucesos que rodearon los primeros años de la vida de Jesús, de un modo en que ninguno de los otros escritores del Nuevo Testamento pudo hacerlo. Es bonito imaginar a ambos compartiendo una taza de café, hablando sobre la artritis de María y reflexionando sobre la juventud de Jesús.

El relato del doctor Lucas indica que la medicina es tanto un arte como una ciencia. La capacidad de subrayar, de extraer los aspectos ocultos de nuestras vidas, son parte del arte. A menudo la diferencia entre un médico competente y un doctor querido reside más en el arte que en la ciencia.

Si tienes un doctor querido, tómate unos pocos minutos para expresarle tu aprecio la próxima vez que le veas. El amigo de María, el doctor Lucas, lo aprobaría.

¿Alguna vez le he dicho a mi médico cuánto le/la aprecio?

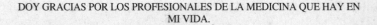

DOY GRACIAS POR LOS PROFESIONALES DE LA MEDICINA QUE HAY EN MI VIDA.

El milagro del nacimiento

CUALQUIERA que haya parido un niño sabe que el parto es doloroso, difícil y jaleoso. No es sorprendente que algunos escritores espirituales de los primeros años de la Iglesia alegaran que a María se le ahorró el proceso normal cuando dio nacimiento a Jesús. Algunos han sugerido que Jesús salió de su matriz en una suerte de cesárea sin sangre. Otros optaron por una entrada más normal, pero sugirieron que María no habría sentido dolor o molestia algunos durante el parto y alumbramiento.

Aunque pueda parecer más «santo» ahorrarle a María el dolor del parto, ¿qué hay de malo en hacer las cosas al modo natural? Jesús fue concebido milagrosamente, eso es cierto, pero ¿por qué se habría de requerir también la intervención divina para su nacimiento? El nacimiento es ya lo bastante milagroso tal como es. ¿Por qué iba a querer Dios hacer ese milagro doblemente milagroso?

Aunque sabemos mucho sobre el parto, los científicos apenas han empezado a comprender que, en cierto modo, los rigores del proceso del parto ayudan a preparar al niño para la vida fuera del útero. De hecho, el proceso del parto puede en verdad ser un reflejo del proceso de la muerte, por el cual pasamos a una nueva vida. Si Jesús pasó por una muerte ordinaria, ¿por qué no habría de haber pasado por un nacimiento ordinario? ¿Y por qué María no debía tener la extraordinaria experiencia de hacerse madre del modo ordinario?

¿Qué considero un milagro?
¿Creo que lo ordinario puede ser milagroso?

RECONOZCO QUE ALGUNAS EXPERIENCIAS ORDINARIAS SON REALMENTE MILAGROS.

Madre de Dios

PARA los católicos, el tradicional título de honor de María, Madre de Dios, tiene una reconfortante familiaridad nacida de siglos de uso. Pero a los oídos no católicos, les suena positivamente herético. ¿Cómo puede Dios, que siempre fue y siempre será, tener una madre? ¿Acaso el título no implica que María existió antes que Dios?

Si eso es lo que los católicos querían decir cuando llamaron a María Madre de Dios, en verdad sería herético. Pero el título de Madre de Dios debería, más exactamente, ser el de «Madre de Jesús, que es el Hijo de Dios». Dios, el Eterno, no puede tener una madre. Jesús, en cambio, necesita una madre humana a fin de volverse plenamente humano.

Como escribe el reverendo John Randall en *María: Sendero a lo fructífero*:

> Ella le enseñó a hablar y se deleitó en sus primeras palabras. Él aprendió de ella el acento, la entonación, las expresiones idiomáticas. Ella le enseñó los nombres de las flores y de los insectos, las palabras de los salmos. A través de ella, Dios Padre amó y reconfortó a su Hijo cuando era herido por los golpes o cortado por el rechazo o la soledad. Ella miró hacia abajo, sonriendo con placer a este hijo al que amaba, hasta que un día se encontró mirándolo a la cara hacia arriba. Él había crecido.

Ella fue, por toda la eternidad, su madre. Y la nuestra.

¿Considero a María mi madre?
Si creo que María es mi madre, ¿considero a Jesús mi hermano?

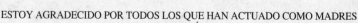

ESTOY AGRADECIDO POR TODOS LOS QUE HAN ACTUADO COMO MADRES PARA MÍ.

Recibiendo mensajes

LA NASA ha enviado sondas con mensajes al espacio exterior con la esperanza de que, si existe vida extraterrestre ahí fuera, recibirá los mensajes y contactará con la Tierra. Hasta donde sabemos, ningún extraterrestre ha respondido a la oferta de la NASA. Pero eso no significa que no se nos estén enviando continuamente mensajes celestiales.

Cada minuto de cada hora de cada día, Dios contacta con la Tierra.

Si no te parece que Dios te esté enviando mensaje alguno, recuerda que no todo mensaje es terriblemente profundo. Quizá hoy tu mensaje sea tan simple como: «No estás solo», o «Las cosas irán bien». Cualquiera que sea el mensaje, puedes estar seguro de que será exactamente lo que necesitas oír.

Otro motivo por el que no pareces estar obteniendo ningún mensaje es que los mensajeros que Dios escoge se encuentran entre los más difícilmente imaginables. Una muchacha judía de una pequeña aldea en un país alejado e insignificante, por ejemplo. A lo largo de los siglos, en sus apariciones sobre la Tierra, María ha traído los mensajes de Dios de amor, conversión, y esperanza al mundo entero.

Conforme pasas el día, busca la lección, la instrucción, el significado en toda persona con la que te encuentres. Virtualmente cualquiera puede venirte con un mensaje de Dios para ti. El empleado de la tienda de comestibles. Tu compañero de trabajo en la oficina. Tu cónyuge. Tu vecino. El conductor del coche de al lado. Simplemente mantén abiertos tus ojos y tus oídos -te asombrarás de ver lo que Dios está tratando de decirte hoy y cada día.

¿Busco los mensajes de Dios en la gente con la que entro en contacto cada día?

ESCUCHO CUANDO DIOS TRATA DE ATRAER MI ATENCIÓN.

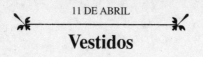

Vestidos

MUCHOS de nosotros tenemos un armario lleno de ropa, pero nada que ponernos. María no debió de tener ese problema, puesto que no tenía un armario; e incluso si lo tuvo, debió tener muy poco que poner en él. En sus tiempos, las mujeres tendrían un traje para el uso diario y quizá otro más elegante para las ocasiones especiales —nada que se parezca a nuestros costosos guardarropas.

Incluso si María no tuvo muchos trajes, probablemente sintiera la necesidad de algo nuevo de vez en cuando. Quizá para celebrar la Pascua en Jerusalén. Quizá para una boda especial, como la de Caná. En aquellos tiempos, María habría querido tener mejor aspecto y eso podía significar algo nuevo que ponerse.

No hay nada malo en querer tener mejor aspecto. Simplemente debemos tener cuidado en no confundir lo que hay en el exterior con lo que hay en el interior. Los diseños más caros pueden tapar un corazón negro y corrupto.

Si disfrutas comprando y llevando ropa nueva, podrías considerar adoptar esta regla: nada nuevo entra en casa si algo viejo no va a la caridad. De ese modo, evitarás la doble trampa de la acumulación y el egoísmo (¡por no mencionar el ser capaces de tener nuevas cosas sin sentirnos culpables!)

¿Soy un devorador de trajes? ¿Juzgo a la gente por el modo en que viste? ¿Me juzgo a mí mismo por el modo en que visto?

CAIGO EN LA CUENTA DE QUE LOS TRAJES NO HACEN AL HOMBRE O A LA MUJER.

Cánticos

EL Alzheimer es una de las enfermedades más crueles. No sólo reduce a sus pacientes al estado de una dependencia desvalida, sino que además les roba sus recuerdos. Esta enfermedad devasta de tal modo sus bancos de memoria, que «recuerdan» cosas que nunca sucedieron, mientras olvidan otras tan esenciales como el nombre de sus hijos (o incluso el hecho de que tienen hijos).

Extrañamente, sin embargo, muchos pacientes de Alzheimer puede recordar con claridad canciones de su infancia. Un grupo de pacientes que de otro modo sería alienado y sin capacidad de respuesta, puede revivir cuando escucha sus melodías favoritas de hace mucho tiempo.

No es sorprendente, en realidad. Una canción puede a menudo devolvernos al pasado, permitiendo que los años se evaporen por un breve momento. Escuchar cierta canción puede transportarte a tus clases de primaria, donde se cantaba en ocasiones tras el recreo. O una popular melodía de tus días de instituto podría devolverte al bachillerato, cuando tuviste tu primer romance «real».

Aunque no sabemos qué canciones pudo haberle cantado María a Jesús mientras éste crecía, podemos suponer que le cantó. Rara será la madre que no le cante a su bebé, pues la música es uno de los modos con los que no sólo demostramos nuestro amor, sino que añadimos belleza a nuestro entorno.

Antes que poner la radio hoy y escuchar a lo que dicta cualquier pinchadiscos, tómate algún tiempo para escuchar música que refleje tu estado de ánimo. Pon un CD (compra uno nuevo si es preciso) y realmente escúchalo. Deja que la música se hunda profundamente en tu espíritu —y mientras lo hace, deja que cree un recuerdo que nunca podrá ser borrado.

¿Utilizo la música para mejorar mi vida, o para ahogar el sonido del silencio?

ESCOJO CON CUIDADO LA MÚSICA QUE ESCUCHO.

Trabajo

E L proverbio «El trabajo de una mujer nunca se acaba» es obviamente cierto en el caso de María. Incluso en el cielo, no puede descansar. A través de los siglos, ha reaparecido a lo largo del mundo, esparciendo el mensaje de su hijo. Su obra sólo estará hecha cuando se haya completado la obra de Jesús. Y puesto que Jesús dijo que ni los ángeles mismos saben cuándo será eso, María puede aún tener mucho trabajo que hacer.

Ninguno de nosotros sabe realmente cuándo estará acabado nuestro trabajo. A veces no sabemos ni siquiera cuál es nuestro trabajo. Podemos pensar que nuestro trabajo es dirigir una compañía o criar una familia (u otras mil y una cosas), pero esos trabajos pueden no ser lo que Dios considera nuestro trabajo. Dios juzga nuestro trabajo con estándares muy distintos de los nuestros. Por ejemplo, podemos pensar que, detenernos a ayudar a alguien a hacerse una idea de en qué lugar de la tienda se encuentra el papel encerado no es gran cosa; pero en el esquema eterno de las cosas, la palabra amable que proferimos a ese confundido extraño puede suponer una gran diferencia. Tal vez ese extraño esté considerando el suicidio y nuestra detención puede ofrecerle la prueba de que la vida merece la pena de vivirse. Dado que no podemos saber el resultado último de nuestras acciones, es mejor actuar como si todo lo que hacemos fuera nuestro trabajo «real».

¿Qué he hecho recientemente que constituyera una diferencia
en la vida de alguien?

LO HAGO LO MEJOR QUE PUEDO EN TODO MOMENTO Y DEJO QUE DIOS SE
ENCARGUE DE LOS DETALLES.

Intimidad

EN *Un árbol cargado de ángeles,* Macrina Wiederkehr escribe: «El corazón no puede vivir sin la intimidad. Todos necesitamos gente especial en nuestras vidas a quienes podamos mostrar nuestra alma.»

Tanto como necesitamos el alimento, el agua y el sueño, necesitamos también las relaciones íntimas. Desgraciadamente, la intimidad a menudo se hace equivaler a la expresión sexual, pero la intimidad no es lo mismo que el sexo. En verdad, la intimidad más profunda a menudo tiene lugar sin sexo —una madre con su hijo, por ejemplo, o unos amigos íntimos, cuya relación ha sobrevivido a la distancia y la ausencia.

En la tradición católica, se cree que María y José han llevado vidas célibes durante su matrimonio, permitiendo así a María permanecer «siempre virgen». A pesar de la ausencia de una unión sexual, nadie ha sugerido nunca que María y José no hayan compartido una relación íntima. El cardenal León José Suenens escribe: «Este aspecto de su vida no es un juego de creencias, sino un compromiso vivido plenamente...»

En un mundo saturado de sexo e imágenes sexuales, las relaciones íntimas no físicas no siempre son valoradas. Pero la intimidad que viene de compartir esperanzas, sueños, temores, ideales, frustraciones gozos y pesares —en breve, al compartir el material del que está hecho la vida— es la única intimidad que dura eternamente.

No entres a la ligera en una relación así. Puede ser un enlace directo hacia el cielo.

¿Quiénes son mis amigos más íntimos?
¿Cómo alimento nuestras relaciones?

APRECIO LA DIFERENCIA ENTRE INTIMIDAD Y SEXUALIDAD.

Impuestos

BENJAMÍN Franklin escribió una vez en una carta a un amigo: «Pero en este mundo no se puede estar seguro de nada salvo de la muerte y de los impuestos.» Indudablemente María habría estado de acuerdo, al menos en lo que concierne a los impuestos. La razón última de que ella y José tuvieran que viajar cuando ella estaba embarazada (y el motivo por el que acabó dando a luz en un establo) fue cumplir la profecía que decía que el Mesías nacería en Belén; pero la razón inmediata fue que el gobernador romano de Siria estaba realizando un censo. Tienes tres oportunidades para adivinar por qué quería saber quién vivía dónde y poseía qué. Si dijiste «para recaudar impuestos», pasa directamente al «¡Adelante!»

Nadie gusta de pagar impuestos, especialmente cuando parece que el gobierno está haciendo un pobre trabajo en el uso del dinero. Sin embargo, nuestro dinero no es realmente nuestro. Es un signo de la comunidad más amplia que compartimos. Al pagar nuestros impuestos, se nos recuerda que somos responsables uno del otro; estamos afirmando que, como comunidad, necesitamos tener escuelas, carreteras, la protección de la policía y de los bomberos, transporte público, asistencia médica para los pobres y hogar para los desplazados.

Cuando nos quejamos por pagar la parte de impuestos que nos corresponde, estamos, en cierto sentido, quejándonos de quienes son menos afortunados que nosotros. Quienes, quizá, tuvieron que dar a luz solos en un pueblo extraño, en un establo húmedo y sucio.

¿Soy honrado al calcular mis impuestos?
¿Me quejo de tener que pagar impuestos?

DOY AL CÉSAR LO QUE ES DEL CÉSAR Y A DIOS LO QUE ES DE DIOS.

Terrestreidad

UNA de las figuras arquetípicas de la literatura es la Madre Tierra. Encarnando el cuidado, el soporte y el sustento, ella es a la vez terrestre y espiritual. El hada de *Cenicienta* es una Madre Tierra. Igual que lo es la Princesa Leia, de la trilogía de *La guerra de las galaxias*. Igual que lo es la Virgen Bendita.

La diferencia, desde luego, está en que las hadas y la Princesa Leia son personajes de ficción, mientras que María es una mujer real. Como las Madres Tierra de la ficción, sin embargo, María combina una naturaleza profundamente espiritual con un lado práctico y terrestre.

Es fácil para nosotros reconocer la naturaleza espiritual de María, porque se ha recalcado desde los comienzos de la Cristiandad. El otro lado puede ser más difícil de ver, al no haber sido «promocionado». Pero ahí está.

María no pudo ser la efímera criatura que vemos en las estatuas, demasiado remilgada para ayudar a una oveja a parir un cordero y demasiado refinada para limpiar un establo. No pudo haber sido la desatinada figura retratada en el arte, cuyas manos nunca portaron las marcas del trabajo y cuya frente nunca se inundó de sudor.

María vivió en un tiempo y en un lugar en donde el trabajo físico duro era la norma. Como parte de su rutina diaria, tenía que cocinar, limpiar, hilar y coser, todo a mano. Por añadidura, habrá sabido lo que es trabajar con la tierra, plantando semillas y cosechando, al tiempo que ayudaba a su marido en su trabajo. Tuvo que conocer todos los aspectos duros y arenosos de la vida —y de la muerte— en una cultura agraria. Ciertamente que debió emplear tiempo en rezar, pero su trabajo debió ser también su oración.

Cuando estemos tentados a creer que ciertas tareas son «impropias de nosotros», recordemos que María, «bendita entre todas las mujeres», vivió con su corazón en el cielo, pero con sus pies plantados sobre tierra firme.

¿Trato de evadirme del trabajo que considero vil o insatisfactorio?
¿Creo que algunos trabajos son inherentemente más nobles que otros?

VALORO TODO TRABAJO HONRADO.

Confianza

ENTRE los muchos títulos de María, probablemente no leas el de Mujer de la Confianza, y sin embargo María tiene que haber sido una mujer de suprema confianza. Después de todo, la confianza puede definirse como «fiarse firmemente»; y si es que no hizo otra cosa, María se fió firmemente; no sólo confió en sus propias capacidades, sino en las capacidades de Dios. Debido a que confió en que Dios cuidaría de ella pasase lo que pasase, fue capaz de tener un hijo por el poder del Espíritu Santo. ¡Si eso no es confianza, nada lo es!

Es difícil tener confianza absoluta en otra persona (incluso en ti mismo) debido a la fabilidad de la naturaleza humana. Sin embargo, es posible tener una confianza completa en Dios. Dios no abandonó a María y no abandonará tampoco a ninguno de nosotros.

¿Por qué, entonces, parece tan a menudo como si Dios no respondiese a nuestras oraciones?

La respuesta fácil es que Dios siempre responde a las oraciones; es sólo que a veces la respuesta es no. Pero una respuesta tan simplista no hace honor a la pregunta.

Aunque nunca podremos entender esto plenamente, una razón por la que nuestras oraciones quedan a veces sin respuesta es la que nos aferramos demasiado a una respuesta *específica*. Cuando no obtenemos la respuesta que buscamos, parece como si nuestra oración hubiese sido ignorada.

María tenía completa confianza en Dios porque no tenía ninguna noción preconcebida de cómo actuaría Dios; meramente estaba dispuesta a confiar en que Dios *actuaría*. Del mismo modo, cuando confiamos en que Dios *actuará* en nuestro provecho, empezamos a ver que Dios siempre *actúa* conforme a lo que es mejor para nosotros.

Cuando oro, ¿le digo a Dios cuál quisiera que fuera la respuesta, o estoy dispuesto a rezar sin tratar de dictar la respuesta de Dios?

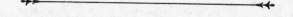

TENGO CONFIANZA EN QUE DIOS RESPONDE A MIS ORACIONES.

¡Fiat!

EN algunas traducciones del Evangelio de Lucas, cuando Gabriel pregunta a María si está dispuesta a ser la madre del Salvador, ella responde: «¡Fiat!»

Más que un mero sí, su respuesta significa: «¡Sea! ¡Suceda, pues!» Es un sí *resonante* —y no sólo a la pregunta del momento, sino a la aventura de la vida, con todos sus altibajos, dolores y gozos.

La respuesta de María —«¡Fiat!»— debería ser también la nuestra. Todos somos llamados a vivir la vida al máximo, no ir como sirvientes en un castillo de fantasía, aguardando el distante momento en que un príncipe llegará para despertar a la prisionera princesa con un beso (¡despertando así de paso a todo el mundo!).

El tiempo de aguardar ha concluido. El príncipe *ya* ha llegado. La princesa *ya* está despierta. ¡Es hora de levantarnos del mundo de los sueños y empezar a vivir!

Observa hoy tus alrededores con sentidos recientemente despiertos. Mira la calle en que vives como si nunca antes la hubieras visto. Bebe tu taza matinal de café como si fuera la primera taza que hayas degustado nunca. Escucha el gorjeo de los pájaros como si nunca antes hubieras oído el canto de un pájaro. Recorre con tu mano tu mejilla como si nunca antes hubieras sentido una mandíbula. Inhala el aire de la mañana como si éste fuera tu primer aliento. Haz del «¡Fiat!» tu respuesta a toda la creación.

¿Alguna vez siento como si estuviese caminando dormido por la vida?
¿Cuándo me he sentido más vivo, más despierto?

¡FIAT! ¡SÍ! ¡SEA PUES!

Ramo espiritual

MARÍA es llamada por muchos nombres de flores; no sólo palabras elocuentes, sino los nombres de verdaderas flores, como la rosa y el lirio. Incluso el nombre de su gran oración, el Rosario, se deriva de la palabra rosa.

Una tradicional práctica católica fue en años pasados crear un ramo espiritual: una colección de regalos espirituales, como son una promesa de orar un cierto número de Rosarios, hacer una breve visita a la iglesia o rezar en alto ciertas oraciones a la intención de otras personas. Esta guirnalda de promesas se imprimía en una tarjeta decorada y se presentaba en una ocasión especial (como la Pascua, la Navidad o el Día de la Madre). Destinada a bendecir tanto al que lo daba como al que lo recibía, era un modo de hacer saber a las personas queridas que estabas pensando en ellas y orando por ellas y por sus intenciones.

Trata de crear un ramo espiritual para alguien que sea importante en tu vida. A diferencia del ramo espiritual ya pasado de moda, el tuyo no tiene por qué consistir en Rosarios u oraciones establecidas. En vez de eso, podías prometer desearle felicidad a una persona cada vez que piensas en ella esta semana. O podrías prometer recordar a quien lo recibe, con pensamientos positivos cada mañana mientras te cepillas los dientes. O podrías convenir en decir una oración especial cada mediodía para ayudar a esa persona en una necesidad especial, como es dejar de fumar o iniciar un programa de ejercicio.

Aunque muchas acciones espirituales es mejor mantenerlas secretas, un ramo espiritual es algo que necesita compartirse. Al permitir a otra gente saber que la valora tanto como para guardarla en tu corazón y en tu mente, no sólo les alientas, sino que también te fortaleces a ti mismo.

¿Por qué no empezar a crear un arreglo florar espiritual para alguien ahora mismo?

¿Tengo miedo de que la gente piense que soy demasiado «religioso» si digo que oraré por ellos? ¿Creo que debería guardar mi religión para mí mismo?

DARÉ HOY UN RAMO ESPIRITUAL.

La conexión de los primos

EL Evangelio nos cuenta que la prima de María, Isabel, llamó a su hijo Juan. Juan sería, pues, sobrino de María y primo de Jesús. Puesto que eran de edades parecidas, probablemente tuvieran una serie de cosas en común. O quizá no. Juan pudo haber sido un niño algo peculiar, pues creció hasta convertirse en un adulto algo especial, que vivía en el desierto, comiendo miel y langostas y vistiendo pieles. Jesús, en cambio, debió de haber sido un niño bastante ordinario (pese a aquel pequeño incidente en el Templo), pues nadie podía creer que era el Mesías cuando finalmente empezó a enseñar.

Los primos son unos familiares raros. Algunos son casi tan íntimos como gemelos, mientras que otros están tan distantes que no se reconocerían el uno al otro si se encontrasen en la calle. Aunque en nuestra cultura usemos la misma palabra para designar a los hijos de los hermanos de nuestro padre que a los hijos de los hermanos de nuestra madre, a menudo los primos de un lado de la familia parecen familiares más «reales» que los primos del otro. ¡Si tienes relaciones igual de buenas con ambos lados de la familia, considérate doblemente bienaventurado!

Éste podría ser un buen momento para hacer una pequeña investigación en tu árbol familiar. Pregunta a los familiares más viejos de ambos lados lo que saben acerca de su familia y anota sus observaciones. Sus recuerdos pueden ser inestimables en el futuro. Si es que no otra cosa, puedes llegar a tener cierta idea del lugar del que provienes —¡y quizá incluso del lugar al que vas!

¿Conozco a mis primos?
¿Estoy más próximo a los primos de un lado de la familia
que a los del otro?

COMPRENDO QUE SOY PARTE DE UNA FAMILIA EXTENSA.

Mirra

UNO de los presentes de los Sabios, la mirra, valía lo que el rescate de un rey. En verdad, era utilizada en el ritual de enterramiento de los reyes. Obtenida de la savia de una planta arbustiva, se empleaba como incienso o como perfume. De hecho, el poema erótico «*El Canto de Salomón*» alude varias veces a lo deseable y la valía de la mirra.

¿Se asombró María de recibir un regalo así? En retrospectiva entendemos su significación, apuntando tanto a la condición regia de Jesús como a su futura muerte. Puesto que María tenía que preocuparse de otras cosas que rodeaban al nacimiento de Jesús, parece improbable que hubiese entendido de inmediato la significación cósmica del regalo. Posiblemente, teniendo sólo el más tenue destello de comprensión de que el bebé que tenía en brazos iba a morir a fin de reinar como Rey de la Creación, pensó que los Magos eran excéntricos generosos.

A veces, como María, tenemos indicios de que lo que nos está sucediendo es de vasta importancia, pero no obtenemos la imagen completa. Sabemos que necesitamos prestar atención, pero realmente no estamos seguros de saber a qué estamos prestando atención, o por qué. Lo único que tenemos es la sensación de que algo grande está aguardándonos a mitad del camino y la sensación de que necesitamos estar preparados.

En esos momentos necesitamos ser como María, aceptando graciosamente lo que se nos ofrece, a la vez que esperamos que la significación sea revelada en su debido tiempo.

¿Deseo conocer la historia completa desde el comienzo mismo?
¿Estoy dispuesto a aguardar y dejar que las cosas se desplieguen
conforme al tiempo de Dios?

ACEPTO CADA DÍA Y SUS REGALOS SEGÚN VIENEN.

Gratitud

LA próxima vez que estés conduciendo o vayas montado en coche, intenta este experimento. Primero concéntrate en todo lo que sea rojo dentro de tu campo de visión. Al principio puedes no ver mucho, pero en cuestión de segundos aparecerán objetos rojos por todas partes. A continuación concéntrate en el azul. De repente todos los objetos rojos parecen desvanecerse, dejando el mundo dominado por el azul. Lo mismo sucederá con cualquier color en el que pienses. Verás aquello que andas buscando.

El mismo principio es cierto para la vida. Si buscas el bien, lo encontrarás. Y a la inversa, si buscas lo triste o lo malo, eso encontrarás. Por ello es tan importante desarrollar una «actitud de gratitud». Cuanta más gratitud expreses, más razones tendrás para ser agradecido.

La gran oración de María —conocida como el *Magnificat o Cántico de María*— muestra que ella tenía una actitud de gratitud finamente desarrollada. Desde la línea inicial («Mi alma proclama la grandeza del Señor») hasta el verso final («Él ha ayudado a Israel su siervo, recordando su misericordia, según la promesa hecha a nuestros padres, a Abraham y a todos sus descendientes para siempre»), toda la oración de María es de agradecimiento a Dios. Ella no sólo expresa su aprecio por la obra de Dios en su propia vida, sino que recuerda la gracia de Dios a la nación entera de Israel.

Una actitud de gratitud es algo que podemos desarrollar. Que el estilo de vida de gratitud de María se convierta también en el nuestro.

¿Veo mi vaso medio lleno, o lo veo medio vacío?
¿De qué estoy agradecido en este mismo momento?

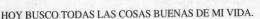

HOY BUSCO TODAS LAS COSAS BUENAS DE MI VIDA.

Felicidad

COMO el roció en los pétalos por la mañana, la felicidad puede no ser capturada o guardada. Aunque puedes recordar tiempos pasados de felicidad y considerar ser feliz en el futuro, la felicidad misma sólo puede ser experimentada en el presente.

¿Qué nos hace verdaderamente felices? No suelen ser las posesiones materiales —cosas como una nueva casa o unas vacaciones excitantes. Aunque estas cosas puedan hacernos sentir exultantes o rejuvenecidos, la felicidad que traen consigo dura poco y es evasiva. La única felicidad que nos acompaña a lo largo de nuestro viaje por la vida es la que proviene de desarrollar relaciones amorosas con los demás -particularmente con Dios.

La mera presencia de Dios nos trae una felicidad inexplicable. Como un hálito de aire fresco o una brisa refrescante, sopla a través de nuestras vidas, cambiándolo todo y nada al mismo tiempo. ¡No es raro que a místicos y profetas les costara tanto explicarlo!

Los visionarios dicen experimentar los mismos inexplicables sentimientos de felicidad cuando aparece María. Y no es sorprendente. Ella, entre todas las personas, es la que se encuentra más cerca de Jesús. Porta dentro de su ser el espíritu y el mensaje de él. Cuando María aparece, Dios indudablemente está con ella; y donde Dios se halla, también está la verdadera felicidad.

Abraham Lincoln dijo una vez que la gente es tan feliz como quiere serlo en su mente. Si careces de felicidad, pide a María que ore para que seas lleno del Espíritu de Dios. Pídele que te ayude a sentir el contacto con Dios en tu vida. Entonces hazte en tu mente a la idea de ser feliz.

¿Realmente quiero ser feliz?
¿Alguna vez he disfrutado secretamente de ser miserable?

SÉ QUE MI FELICIDAD NO DEPENDE DE CIRCUNSTANCIAS EXTERNAS.

Crucifixión

Y lo crucificaron.

LUCAS 23:33

LA crucifixión no era un invento romano, pero para la época de Jesús los romanos habían perfeccionado la técnica. Tras ser azotado, el condenado portaba su cruz hasta el lugar de la ejecución. Era entonces desprovisto por entero de sus vestiduras (salvo que la costumbre local lo prohibiera), tumbado en el suelo y atado (con cuerdas o clavos) por las muñecas y los pies al madero.

La muerte sobre la cruz casi nunca se debía a la pérdida de sangre. Las heridas en manos y pies, mientras agonizaba, no cortaban ningún importante vaso sanguíneo. Las víctimas de la crucifixión morían, en cambio, de asfixia.

La más grande agonía de la crucifixión tenía lugar por la casi constante sensación de ahogo. Hablar, como hizo Cristo desde su cruz, habría requerido un enorme esfuerzo, pues exigía a la víctima alzarse sobre los clavos de sus pies y mantener esa posición por tanto tiempo como fuese necesario para completar la comunicación.

Cristo habló varias veces desde su cruz: una hazaña notable. Una de esas siete exclamaciones fue para asegurarse de que su madre sería cuidada tras su muerte. La dio a su amigo Juan, y le dio Juan a ella. Más aún, nos dio a ella para ser también nuestra madre.

Que la oración de Santa. Gema Galgani pueda convertirse en nuestra propia oración: «Eres mi madre celestial. Serás hacia mí como cualquier madre hacia sus hijos... ¡Oh Madre mía, no me abandones! ¡Mi queridísima Madre, no me abandones!»

¿Estoy dispuesto a compartir mi familia con otros?
¿Me aseguro de que mi familia sea cuidada cuando no puedo estar con ella?

AMAR A OTROS ES FÁCIL, PUES SÉ QUE SOY AMADO.

El Espíritu Santo

Todos perseveraban unánimes en la oración, con las mujeres, con María, la madre de Jesús, y con los parientes de éste… Al llegar el día de Pentecostés, estando todos juntos en el mismo lugar… y quedaron llenos del Espíritu Santo.

HECHOS DE LOS APÓSTOLES 1:14, 2:1,4

APARENTEMENTE María recibió el Espíritu Santo junto con los apóstoles en ese primer Pentecostés. Dado que María está tan estrechamente relacionada con Dios, algunas personas la tratan como si ella misma fuera divina. Pero María no es una diosa. Fue y es una de las creaciones de Dios. Ella no tiene poder, no tiene grandeza, no tiene gloria, salvo los que Dios le ha dado. Como dijo San Maximiliano Kolbe, que fue ejecutado en Auschwitz: «Por sí misma, María no es nada, al igual que todas las demás criaturas; pero por don de Dios, es la más perfecta de las criaturas.»

Siendo una criatura —aunque perfecta—, María podía, sin embargo, beneficiarse de recibir los dones del Espíritu Santo (aunque ella indudablemente no los necesitaba tanto como nosotros). Los siete dones que llenaron a María en Pentecostés —sabiduría, entendimiento, consejo, fortaleza, conocimiento, piedad y temor de Dios— pueden llenarnos también a nosotros, dándonos la fuerza y el coraje que necesitamos para llevar a cabo fielmente el trabajo de nuestra vida.

¿Qué don del Espíritu Santo necesito desarrollar más en mi vida? ¿Qué don me es más natural?

LA SABIDURÍA DIVINA ES MI GUÍA DIARIA.

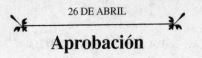

Aprobación

CONTRARIAMENTE a lo que alguna gente piensa, nadie, ni siquiera los católicos devotos, tienen obligación de creer que María se haya aparecido nunca, ni siquiera en las apariciones «aprobadas», como son las de Lourdes y Fátima. Aprobación simplemente significa que, tras una estricta investigación, la Iglesia examinó la aparición y no pudo encontrar nada falso. En otras palabras, la aprobación meramente afirma que la gente es libre de creer si María ha aparecido, no que deban creerlo.

Para algunos, la aprobación de la gente es esencial. Ni siquiera aceptarán la posibilidad de que María pudiera estar apareciéndose hasta que los oficiales de la Iglesia den su visto bueno. Para otros, la aprobación de la Iglesia es superflua. Están dispuestos a creer que María está apareciendo, incluso después de que los oficiales de la Iglesia la hayan públicamente declarado como una visión.

Buscar la aprobación de otros es un poco como tratar de convencer a la gente en uno u otro sentido acerca de las apariciones de María. La gente creerá, o no creerá que María ha aparecido. La gente nos aprobará o no nos aprobará a nosotros y nuestro comportamiento. La clave de la autoaprobación es muy parecida a la clave para enjuiciar las apariciones de María. Si las apariciones de María realmente provienen de Dios, portarán «buen fruto». Los corazones serán ablandados, las vidas cambiadas, las almas salvadas. Si nuestras vidas portan «buen fruto», otros serán alentados, reconfortados e inspirados, ¡en cuyo caso ya no importa quién nos aprueba o no!

¿Deseo que todo el mundo me apruebe a mí y a mis elecciones?

ACEPTO EL HECHO DE QUE NO PUEDO AGRADAR A TODO EL MUNDO EN TODO MOMENTO.

Juicio

TRAS la resurrección, habría sido muy fácil para María volver a Nazaret y decirle a todos esos vecinos que la enjuiciaban, «¡Veis, os dije que era el Mesías!», pero no lo hizo. Por el contrario, nos proporcionó un sobresaliente ejemplo del no enjuiciamiento.

Una de las reglas cardinales de la madurez espiritual es ésta: «No juzguéis y no seréis juzgados.» Puesto de otro modo, «Lo que va, viene.»

De ahí que a menudo descubramos que las cosas sobre las que hemos juzgado más, son las cosas mismas que acabamos teniendo que encarar. Si, por ejemplo, hemos sido críticos con el divorcio de un amigo, podemos finalmente encontrarnos nosotros mismos peleando una separación, deseando desesperadamente gritar y ser comprendidos.

El único modo de no ser juzgados es no juzgar. No enjuiciar no significa abandonar los estándares y la ética, por supuesto. Pero, aunque no hayamos de suponer que toda acción es aceptable y que todas las decisiones sean correctas, tampoco podemos establecernos como juez y parte para el mundo.

En la enseñanza tradicional católica, María siempre es vista como nuestra ayuda, nuestra intercesora, nuestra reconfortadora en tiempos de dificultad. Es a quien acudimos cuando necesitamos los brazos de una madre. Ayuda a todo el que acude a ella. Como dice la gran oración mariana del *Memorare:* «Nunca se supo que nadie que acudiera a tu protección... fuera dejado desasistido.» María —que tenía más derecho a juzgar que nadie en el mundo— nunca juzga. Del mismo modo, nunca debemos juzgarnos los unos a los otros.

¿Alguna vez presto una atención indebida a los asuntos de otra gente?
¿Encuentro fácil o difícil no ser enjuiciador?

DEJO QUE LA GENTE VIVA SU PROPIA VIDA.

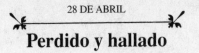

Perdido y hallado

TODOS hemos tenido la experiencia de haber perdido algo valioso. Quizá fueran nuestras llaves o nuestra cartera. Las etapas de la pérdida son las mismas, cualquiera que sea su objeto. Primero nos entra el pánico cuando nos percatamos de que falta algo. Luego hacemos una búsqueda desesperada. A continuación tenemos una descorazonadora sensación de pérdida, unida a una desesperada esperanza de que el objeto perdido de algún modo aparecerá.

María sabe lo que es perder algo, aunque en su caso fue alguien: Jesús, quien permaneció en el Templo cuando tenía doce años de edad. Imaginad su pánico extremo cuando se dio cuenta de que no estaba con los otros muchachos de la caravana. Considerad su búsqueda desesperada, luego su congoja mientras ella y José empezaban a volver sus pasos hacia atrás. ¿Qué pensamientos debieron correr por su mente? No sólo había perdido a su propio hijo, sino que había perdido también al Hijo del Altísimo.

Pero María también sabe lo que es encontrar aquello que se ha perdido. Tras tres días increíblemente frenéticos, ella y José finalmente localizaron a Jesús en el Templo. Dos mil años más tarde, todavía podemos sentir su gran alivio y alegría.

Dado que María sabe tanto lo que es perder como lo que es encontrar a su hijo, su papel es ahora el de ayudarnos a todos a encontrarle a él. Puesto que sabe lo que es buscar diligentemente, nos anima en nuestra búsqueda, permitiéndonos saber que, al final, lo encontraremos, no en el Templo de Jerusalén, sino en el templo de nuestras propias almas.

¿Qué es lo que he buscado con más diligencia en mi vida?
¿He encontrado aquello que estaba buscando, o sigo buscando?

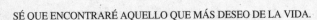

SÉ QUE ENCONTRARÉ AQUELLO QUE MÁS DESEO DE LA VIDA.

Pascua

LA Pascua es el gran festival judío de la libertad y la liberación, conmemorando el éxodo de los judíos de Egipto. Cuando Dios hizo saber que iba a castigar a los egipcios, los judíos marcaron las jambas de sus puertas con la sangre de corderos sin defecto. Esa noche, el Ángel de la Muerte «pasó por encima»*.

Sabemos que la Sagrada Familia celebraba la Pascua, pues se hallaban en Jerusalén para la fiesta cuando Jesús se rezagó en el Templo. Y sabemos que la noche antes de morir, Jesús celebró la fiesta con sus discípulos. Aunque María no es mencionada en el relato del Evangelio sobre la última Pascua, quizá estaba allí, en otra habitación con las otras mujeres.

Oyendo a Jesús hablar, sintiendo su creciente agitación, contemplando cómo Judas partía abruptamente, ¿tuvo María la sensación de madre de que algo iba a suceder? ¿Oró pidiendo un milagro? ¿Imploró que Dios, una vez más, «pasase por encima» y salvase a Jesús? Sabemos que Jesús mismo pidió ser salvado; parece probable que su madre hiciera la misma petición.

¿Cuán a menudo oramos nuestra desesperación? ¿Cuán a menudo nos dirigimos a Dios en total desesperación? ¿Cuán a menudo pedimos ser «pasados por encima» por las pruebas y tribulaciones?

La respuesta que Jesús recibiera —y la respuesta que María habría recibido también— es el mismo mensaje que recibimos nosotros. Podemos no ser salvados milagrosamente, pero se nos garantiza la fuerza para soportar la prueba. Eso ya es bastante respuesta.

¿Qué prueba afronto ahora mismo que quisiera me «pasara por encima»?

SÉ QUE DIOS ME DARÁ LA FORTALEZA PARA ENCARAR TODO DESAFÍO QUE SE CRUCE EN MI CAMINO.

---

* En inglés «passed over», mientras que Pascua se dice «Passover» de sus hogares, ahorrándoles la muerte. (*N. del T.*)

Estrella de la mar

DE todas las designaciones dadas a María, una de las más populares es la de Estrella de la Mar. Desde San Bernardo hasta el papa Juan Pablo II, hombres y mujeres santos de todos los siglos han alabado a María bajo ese título.

Pero ¿qué significa Estrella de la Mar?

En esas pocas palabras se encarna un profundo conocimiento espiritual. María misma no es el final de nuestro viaje; más bien, ella es el modo en que llegamos a entender nuestras necesidades y anhelos espirituales más profundos. Ella es una luz en medio de los tormentosos mares de la vida, un faro entre los arrebatados huracanes de los problemas. Su respuesta a Dios y su ejemplo de vivir lleno de fe, son una inspiración para todo el que busca conocer y entender la verdad. Santo Tomás fue quien mejor lo expuso cuando dijo: «Igual que los marineros son guiados a puerto por medio de una estrella, así los cristianos son guiados hacia el cielo por medio de María.»

Si descubres que tienes que luchar para mantener tu dirección hacia el cielo, ora con estas palabras que dijo el papa Juan Pablo II en Roma, el 14 de junio de 1979: «Os confío a todos a María Santísima, nuestra Madre en los cielos, la Estrella del Mar de nuestra vida: ¡orad a ella cada día, hijos míos! Dad vuestra mano a María santísima, de modo que ella pueda conduciros a recibir a Jesús de un modo santo.»

¿Qué áreas de mi vida parecen las más asoladas por tormentas?
¿Dónde podré encontrar un «puerto seguro»?

NO PONGO MI VISTA EN NADA QUE SEA MENOS QUE EL CIELO MISMO.

Engaño

TRATAR de despistar a otros ya es lo bastante malo, pero el autoengaño es la forma más cruel de todas. Tratar de convencernos a nosotros mismos de que somos quienes no somos, es peor que vivir una mentira: es negar lo que realmente somos.

Todos nacemos con dones y talentos únicos. Cada uno de nosotros tiene algo que podemos hacer mejor que ninguna otra persona en el mundo. En el caso de algunos, el talento es obvio. El difunto Carl Sagan, por ejemplo, podía presentar el pensamiento científico de un modo que fascinaba al lector o televidente medio. Para la mayoría de nosotros, en cambio, los talentos no son tan públicos; pueden ser evidentes tan sólo para las personas de nuestro círculo íntimo.

No obstante, si tratamos de convencernos a nosotros mismos de que *a)* no poseemos ningún don, o *b)* poseemos dones que realmente no tenemos, acabamos siendo incapaces de usar de modo efectivo los talentos que sí tenemos.

María es el ejemplo de una mujer que se conoce a sí misma y sus debilidades («su humilde sierva»), pero también conoce su fuerza («todas las generaciones me llamarán bendita»). Sabe lo que no puede hacer —y lo que sí puede.

Conforme crecemos en sabiduría espiritual, pidamos a Dios que nos ayude a deshacernos de la máscara del autoengaño; oremos, en las palabras del poeta Robert Burns: «¡Oh, que algún Poder el don nos dé, de vernos a nosotros mismos tal como otros nos ven! Eso nos librará de algún serio tropiezo, y de nuestras necias nociones.»

¿Alguna vez he analizado mis dones y talentos de manera sincera y realista? ¿Cuáles tengo por mis mayores fuerzas? ¿Mis mayores debilidades?

ACEPTO MI CARÁCTER ÚNICO.

Íntegramente santo

TODAS las grandes religiones del mundo coinciden en un punto: somos llamados a devenir íntegramente santos. Naturalmente, el modo en que se define la santidad varía. El concepto hindú del Nirvana no es lo mismo que la visión cristiana del cielo, por ejemplo. Sin embargo, por debajo de las diferencias hay un objetivo común: pues la humanidad tiende a enmendar su estado de imperfección.

Esta llamada a sanar la totalidad no se limita al lado espiritual de la existencia. Somos llamados a volvernos integrales tanto en cuerpo como en espíritu. Desgraciadamente, demasiado a menudo recalcamos un aspecto de nuestro ser al tiempo que descuidamos otros. Nos preocupamos por nuestra profesión, por ejemplo, mientras que descuidamos nuestras relaciones. Trabajamos sobre nuestra alma mientras negamos el cuerpo.

Dado que el foco de la Cristiandad ha estado en la siguiente vida durante gran parte de su historia, tendemos a olvidar que encontrar el correcto equilibrio entre el cielo y la Tierra es un objetivo principal de la enseñanza cristiana. María, con su asunción al cielo en cuerpo y alma, muestra claramente que la integralidad es el objetivo de Dios para cada uno de nosotros. Si el lado espiritual fuera la única cosa importante, María no habría necesitado su cuerpo hasta el final de los tiempos. Sin embargo, Dios la permite ser integral en el cielo, a fin de mostrarnos que lo físico y lo espiritual no pueden estar divididos. Nos volvemos íntegramente santos por el uso apropiado de nuestro cuerpo. Es sólo a través de lo físico como podemos venir a entender verdaderamente lo espiritual.

Por qué habría de ser así es un misterio. Que *es* así es una realidad.

¿En qué empleo más tiempo: en desarrollar mi lado espiritual o en desarrollar mi cuerpo físico? ¿Cómo puedo alcanzar un mejor equilibrio a fin de volverme integralmente santo?

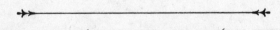

NO SUBRAYO EN DEMASÍA NI LO ESPIRITUAL NI LO FÍSICO, SINO QUE DOY TIEMPO A AMBOS.

Esencia

UNA de las escenas más reveladoras de la vida de María tiene lugar en una fiesta nupcial en el pueblo de Caná.

Durante una celebración nupcial, en aquellos tiempos —una reunión que podía durar hasta dos semanas— el anfitrión debía proveer de alimento y bebida a sus invitados. En esta boda de Caná, alguien hace mal los cálculos, y el vino se acaba al tercer día —un gravísimo *faux pas*.

No está claro porqué María se percata de esta dificultad, pero, en cualquier caso, señala el problema a Jesús, esperando plenamente que (pese al hecho de que su «tiempo aún no ha llegado») se ocupará de ello.

La quintaesencia de María se revela en esta historia. María está profundamente preocupada por las pequeñas cosas de la vida; está preocupada por pequeños asuntos seculares, como el vino en las fiestas, y está preocupada por los sentimientos de los novios. Esa preocupación se empareja con su total confianza en que su hijo hará lo que le pide, que se ocupará de las cosas. En esta ocasión, María muestra su completa fe al abordar a Jesús, incluso acerca de los detalles más pequeños de la vida. Al tratar con los camareros y sirvientes, revela también su positiva confianza.

Si quieres que María te ayude con los problemas de la vida, si deseas entender por qué los santos siempre se han vuelto hacia María en tiempos de necesidad, si deseas saber cómo es realmente María, lee la historia acerca de la boda de Caná (Juan 2:1-11).

¿Creo que María me ayudará con problemas «no espirituales», o creo que sólo se preocupa de asuntos espirituales.

CREO QUE MARÍA CUIDA DE TODOS LOS ASPECTOS DE LA VIDA.

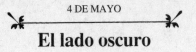

El lado oscuro

EN la trilogía de *La guerra de las galaxias,* Obi-wan Kenobi advierte al joven Lucas Skywalker de los peligros del lado oscuro de la Fuerza. El lado oscuro ya ha seducido al padre de Lucas, convirtiéndolo en ese dechado del mal, Darth vader, y Obi-wan intenta desesperadamente evitar que Lucas sufra el mismo destino.

Este mito moderno reitera una verdad atemporal: todos podemos ser corrompidos. Dentro de cada uno de nosotros acecha un lado oscuro, merodeando como una bestia negra, aguardando la oportunidad de abalanzarse sobre nosotros y devorarnos.

Todos, excepto María, claro está.

La teología enseña que María fue concebida en el vientre de su madre sin un lado oscuro. *Pudo* haber pecado, pero no lo hizo -no porque fuera incapaz de pecar, como pasaba con Jesús, sino más bien porque no era atraída hacia el pecado del mismo modo que el resto de nosotros.

Semejante gracia puede hacer que María parezca estar tan por encima del resto, que no tenemos oportunidad alguna de seguir sus pasos. No obstante, la Inmaculada Concepción de María, como se la llama, fue el resultado de la gracia de Dios operando al máximo en la vida de ella. Dios nos ofrece a todos esa misma gracia. Podemos nacer con un lado oscuro, pero Dios nos ofrece la oportunidad de aniquilar nuestra naturaleza sombría a través del operar del Espíritu Santo —el mismo Espíritu Santo que descendió sobre María y sobre los apóstoles en Pentecostés.

A María le fueron dados ciertos privilegios, fue elevada por encima de nosotros, no para que no podamos nunca confiar en llegar hasta donde ella ha llegado, sino para que pudiera mostrarnos cómo andar por los caminos de la vida.

¿Reconozco mi propio lado oscuro? ¿Le he pedido a María que ore para que yo pueda vencer mis malos deseos?

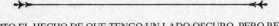

ACEPTO EL HECHO DE QUE TENGO UN LADO OSCURO, PERO REHÚSO DEJARLO TRIUNFAR SOBRE MÍ.

Preocupación

PESE a que Jesús dijera una y otra vez a sus seguidores que no se preocuparan, incluso su madre, aparentemente, se preocupó cuando él se perdió en el Templo. (¿Qué madre no lo habría hecho?) «Hijo mío, ¿por qué nos has hecho esto? Tu padre y yo hemos estado buscándote con gran ansiedad.»

Aunque la preocupación sea una respuesta humana normal ante las dificultades, una vida marcada por la preocupación es una vida malgastada. La solución es a la vez increíblemente simple y frustrantemente compleja: para superar la preocupación, debemos aprender a confiar en que Dios sabe mejor que nadie lo que hacer.

Aprender a confiar en Dios no es fácil. La tarea es complicada por nuestra infancia, nuestra imagen de Dios y nuestras propias debilidades. Si no hemos experimentado la confianza a nivel humano, con personas que podemos ver, ¿cómo vamos a confiar en Dios, a quien no podemos ver?

El único modo de aprender a confiar en Dios es simplemente haciéndolo (según las palabras del lema del famoso anuncio de Nike). No hay que pensar acerca de confiar en Dios. No podemos analizar los pasos que llevan a confiar en Dios. No podemos hacer un diagrama de flujo sobre los pros y los contras de confiar en Dios. ¡Simplemente hemos de hacerlo!

Empieza por poco. Empieza por confiar en que Dios cuidará de un problema menor: encontrar un lugar donde aparcar o un pendiente perdido. Gradualmente, conforme empiezas a ver que Dios se toma un interés activo en los detalles de tu vida, serás capaz de confiar cada vez más.

¿Va a ser fácil? No. ¿Va a merecer la pena? ¡Indudablemente!

¿Creo realmente que Dios tiene en mente lo que más me conviene?

POR HOY SOLAMENTE, NO ME PREOCUPARÉ.

Virtudes

EN las reflexiones clásicas sobre María, los escritores frecuentemente mencionan que vivió en un área geográfica muy limitada, y no estuvo expuesta al «gran mundo», para seguir siendo una humilde doncella de una pequeña aldea.

Bueno, ¿y qué hay de ese viaje a Egipto para escapar de la cólera del rey Herodes?

Egipto era uno de los grandes centros cosmopolitas del mundo. Dado que José era carpintero y habría estado trabajando durante el trayecto para ganarse la vida, la Sagrada Familia no habría estado viviendo aislada. A fin de que José pudiera encontrar trabajo, habrían tenido que vivir en un centro poblado. Más aún, llegar hasta Egipto habría requerido pasar por muchos territorios nuevos y diferentes.

No, María no era un mero personaje del hogar. Había viajado y experimentado más, en el sentido de las cosas del mundo, que la mayoría de sus vecinos de Nazaret. Había visto gentes y lugares que sus amistades y vecinos tan sólo podían imaginar. No era una muchacha de una pequeña aldea que nunca partió para la gran ciudad.

Cuando examinamos a María, hemos de tener buen cuidado en no racionalizar sus virtudes falsificando los hechos de su vida. María, indudablemente, fue humilde y modesta; sin embargo, tuvo esas virtudes, no porque no hubiese sido expuesta a una abundancia de oportunidades, sino porque era inherentemente humilde y modesta. Las virtudes que admiramos en María no están ahí porque ella fuera limitada en experiencia, sino porque era ilimitada en lo que realmente importa: el amor.

¿He pensado alguna vez cómo ha debido ser la vida de María en Egipto? ¿Puedo imaginarla?

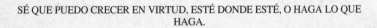

SÉ QUE PUEDO CRECER EN VIRTUD, ESTÉ DONDE ESTÉ, O HAGA LO QUE HAGA.

Soledad

PESE a nuestra plétora de bienes mundanos, los norteamericanos, en palabras de la Madre Teresa de Calcuta, son el grupo de gente más pobre de la Tierra. La pobreza y el hambre de las que habla la Madre Teresa no pueden ser compradas en un paseo por un centro comercial. No pueden ser barridas por un crédito ilimitado en una VISA oro, ni pagados con un billete de lotería premiado. La pobreza y el hambre a las que se refiere la Madre Teresa son una pobreza del espíritu, un hambre del alma, una profunda soledad.

A todo alrededor nuestro la gente está hambrienta de una palabra amable, un contacto amoroso, una palabra de oración. Tras las puertas de costosos hogares, las familias están literalmente muriéndose de falta de amor.

Los estudios científicos han mostrado que una célula aislada, colocada en una placa de Petri, simplemente permanecerá ahí, y finalmente se autodestruirá. Sin embargo, dos o tres células, incluso si se hallan en puntos opuestos de la placa de Petri, empezarán a multiplicarse y a crecer. La lección es clara. Una sola célula, incluso si se le da todo el material que necesita para sobrevivir, no puede hacerlo. Muere de soledad. Pero dos o más células, incluso si no son contiguas, florecerán.

Del mismo modo, los seres humanos no fueron creados para vivir en el aislamiento. Cuando nos encerramos tras las puertas de nuestros hogares, coches y oficinas, nos volvemos como células aisladas en una placa de Petri —muriendo literalmente de soledad.

María continuamente refuerza esta verdad en sus apariciones. Una y otra vez nos dice, en las palabras de su hijo, que somos todos sarmientos de la misma vid, partes del mismo cuerpo. Nos necesitamos el uno al otro, dice María, y cuanto antes aprendamos esa lección mejor nos irá.

¿Estoy solo? ¿Espero que otros me contacten, o voy yo en su busca?

SÉ QUE PARA TENER UN AMIGO DEBO PRIMERO SER UN AMIGO.

Cumplidos

DADO que María ha sido tan reverenciada a lo largo de los años, es difícil imaginar que nadie quisiera criticarla. Pero eso no es cierto. Sus vecinos de Nazaret eran muy críticos. Incluso si no la criticaron directamente, criticaron a su hijo y, como toda madre sabe, duele más que tu hijo sea criticado que el que te critiquen a ti mismo.

Los vecinos de María no gustaban de la idea de que Jesús fuera capaz de predicar y enseñar con autoridad, o de que pudiera curar a los enfermos. Si no hubiese estado predicando, enseñando y curando, podéis apostar que habrían encontrado alguna otra cosa que criticar. Es simplemente la naturaleza humana. Al mismo tiempo, cuando Jesús hacía lo que ellos querían que hiciese, eran igualmente rápidos en ofrecerle sus cumplidos. En cierto modo, ¡no podía ganar perdiendo!

Una cosa que aprendemos conforme nos volvemos más sabios, es que no podemos agradar a toda la gente todo el tiempo. Y no tiene sentido intentarlo. Lo que provoca los cumplidos de una persona, puede muy bien provocar las críticas de otra.

Aprender a recibir tanto los cumplidos como las críticas con el mismo desapego es un primer paso hacia la verdadera libertad interior. En verdad, debemos aprender finalmente a vivir nuestras vidas, no con la intención de ser cumplimentados por otros, sino con la intención de ser cumplimentados por Dios. ¿Qué tipo de acción cumplimenta Dios? El profeta Isaías nos da una pista: «Éste, más bien, es el ayuno que deseo: liberar a los injustamente apresados, desatar las ataduras del yugo; liberar a los oprimidos, romper todo yugo; compartir vuestro pan con el hambriento, cobijar al oprimido y sin hogar; dar de vestir al desnudo cuando lo veis, y no volver la espalda a los vuestros.»

¿Cómo reacciono cuando soy criticado? ¿Cómo reacciono cuando soy cumplimentado?

TOMO TANTO LOS CUMPLIDOS COMO LAS CRÍTICAS CON EL PROVERBIAL GRANO DE SAL.

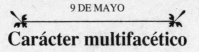

Carácter multifacético

LA Iglesia católica ha establecido numerosos días a lo largo del año para honrar a María. Por añadidura a las principales fiestas (como la Inmaculada Concepción y la Asunción), todo sábado, así como los meses de mayo y octubre enteros, se hallan bajo el patronazgo de María.

Lo interesante respecto a los días y estaciones marianos es que cada uno de ellos refleja un aspecto particular del carácter de María. Por ejemplo, octubre está dedicado a María como Reina del Rosario, mientras que mayo está dedicado a María como Reina de los Cielos.

A lo largo de las edades, cada generación ha tomado algún aspecto de María, y lo ha adoptado como la personalidad última de ella. María ha sido vista, alternativamente, como la doncella humilde y sumisa que dócilmente aceptó la voluntad de Dios, y como la mujer fuerte e independiente que insistió en que su hijo hiciera algo respecto a la situación del vino en la fiesta nupcial de Caná. Ha sido vista como la imperial Reina de los Cielos y como la madre gentil y dócil. Estos variados aspectos de su carácter son tan diferentes, que a veces parece como si fuese más de una persona.

Pero no lo es. Ella es una sola mujer, y una mujer compleja, que exhibe diversos aspectos de su carácter, dependiendo de la situación en que se encuentra. Limitarla a una sola faceta —como el sometimiento o la independencia— es minimizar toda la persona. Y si María nos enseña algo, es que la totalidad es la cosa más próxima a la santidad que podamos experimentar.

¿Soy una persona integral? ¿Qué aspectos de mi carácter tiendo a sobre o subenfatizar?

VEO A MARÍA COMO UNA MUJER DE MUCHAS FACETAS.

Motivos

CUANDO Jesús fue condenado como traidor y sentenciado a muerte de crucifixión, sus discípulos salieron corriendo del área. Pedro, el líder de los doce, negó a Jesús tres veces, y no se le vio por ninguna parte en el Gólgota. Sabemos que el discípulo Juan se hallaba atisbando en algún lugar de entre la multitud, puesto que Jesús lo llamó desde la cruz, pero aparentemente la única gente que realmente permaneció al lado de Jesús hasta el amargo final fueron su madre María, la hermana de ésta y María Magdalena —quien, si no era una prostituta reformada, había sido poseída por demonios.

María estaba allí porque… bueno, ¿qué madre *no* estaría presente mientras su amado hijo moría? Es imposible imaginar a María lejos de ahí.

Por qué estaba la hermana de María resulta algo desconcertante. Pudo haber estado presente debido a su devoción a Jesús, pero es igual de razonable suponer que estaba presente debido a la devoción por su hermana. Nunca sabremos sus motivos a este lado del cielo.

Los motivos de María Magdalena, por otro lado, son totalmente claros. Estaba allí porque amaba a Jesús total, completa y apasionadamente. Lo amaba tanto que no podía soportar estar separada de él, incluso volviendo luego a su tumba.

El comportamiento de alguna gente no tiene sentido para nosotros. Meneamos nuestra cabeza ante sus acciones, preguntándonos qué los ha poseído para comportarse del modo en que lo hacen. Si, sin embargo, pudiéramos penetrar en sus cabezas y comprender plenamente sus motivos, aprenderíamos que la mayoría de la gente no actúa meramente por capricho; lo hace de una manera consistente con sus premisas operativas.

La premisa operativa de María era el amor.

¿Cuál es la tuya? ¿Cuál es para mí la cosa más importante del mundo?

MIS ACCIONES SON CONSISTENTES CON MIS CREENCIAS.

La más bendita entre las mujeres

CUANDO Isabel vio a María allegándose a su casa por el camino, exclamó: «¡La más bendita tú eres entre todas las mujeres!» Advierte que no dijo: «Bendita tú eres entre todas las mujeres», sino que llamó a María «la más bendita». La salutación indica correctamente la posición de María, pero también porta un significado para todas las otras mujeres. Si María es *la más* bendita, entonces es que otras mujeres también son benditas. Pueden no ser tan benditas como María, pero son benditas en cualquier caso.

¿Te sientes bendito? Si no es así, quizá no has echado la cuenta de tus bendiciones. Un modo de empezar a reconocer las bendiciones de tu vida es el de hacer una lista de bendiciones. Algunas personas prefieren anotar las bendiciones un determinado día de la semana; otras hacen una lista maestra de bendiciones y le añaden conforme las ideas surgen; y aún otras establecen un cierto número de bendiciones —digamos, cien— y siguen con ello hasta alcanzar ese número.

Cualquiera que sea el modo en que decidas establecer tu lista, apuntar todo lo que te bendice será una bendición en y por sí mismo. Empezarás a ver bendiciones que no habías reconocido antes. Empezarás a caer en la cuenta de que todo —incluso la adversidad— puede ser una bendición.

Cuanto más cuentes tus bendiciones, más bendiciones tendrás para contar. ¿A qué aguardas? ¿Por qué no empezar a contar ahora mismo?

¿Alguna vez una situación difícil o triste acabó siendo una bendición para mí al final? ¿Cuándo fue la última vez que conté mis bendiciones?

SÉ QUE SOY BENDECIDO DESMESURADAMENTE.

Talento

CUANDO hablamos del talento solemos estar refiriéndonos a una capacidad o don particulares. Podríamos, por ejemplo, decir que una persona tiene talento para tocar el piano o para patinar sobre hielo. Muchos padres observan hoy en día a sus hijos atentamente, tratando de determinar qué talentos ocultos se esconden en sus retoños. Si atisban un don particular —digamos, para la gimnasia o el fútbol— inmediatamente tienen visiones de becas y subvenciones. Si ahí hay un talento, debe ser desarrollado, urgen estos padres —aunque el niño carezca de interés por ser gimnasta olímpico o jugador en la Copa del Mundo de fútbol.

María debió de ver numerosos talentos en su hijo: tanto humanos como divinos. Debió de reconocer, conforme los años pasaban, que Jesús podía haber sido cualquier cosa que hubiera querido. Y sin embargo, durante treinta años, fue un simple carpintero.

Caryll Houselander escribe: «Otras madres, viendo dones tan singulares como los que Cristo debió de tener... se habrían sin duda preocupado si un hijo así no mostrara mayor ambición, no se hubiese labrado un nombre por sí mismo, ¿por qué habría él de ser un humilde carpintero?»

Para María, el hecho de que Jesús «estuviera al tanto del trabajo de su padre» era suficiente. No tuvo que planear la vida de él; fue capaz de dejarlo desarrollarse a su propio modo y a su propio ritmo.

¡Ojalá que quienes somos padres hagamos lo mismo con nuestros hijos.

Si tengo hijos, ¿trato de planificar sus vidas por ellos? ¿Cómo de activos creo que deberían ser los padres en dar forma al futuro de sus hijos?

ESTOY DISPUESTO A NO METER MANO EN LA VIDA DE OTRAS PERSONAS.

Humor

¿TENÍA María sentido del humor? Es difícil de decir, puesto que los escritores del Evangelio no creyeron conveniente mencionar nada al respecto, ni en uno ni en otro sentido. Adentrándonos en el reino de la pura especulación, sin embargo, podemos suponer que María *debió* tener sentido del humor, pues Dios no habría querido que Jesús fuese criado por una persona amargada y triste. Sin embargo, a veces tenemos la noción de que la piedad requiere solemnidad; pensamos que la santidad es sinónimo de seriedad, mientras que la superficialidad es señal de inmadurez espiritual.

Muchos de los mayores santos tuvieron un vivo sentido del humor. Los dos libros favoritos de San Felipe Neri eran la Biblia y un libro de chistes. San Juan Bosco (Don Bosco) era bien conocido por sus bromas. Santa Teresa de Ávila, una de las dos únicas mujeres que son doctores de la Iglesia católica, se sabe que oró: «De los santos aburridos, líbrame, oh Señor.» El Beato Pier Frassatti, que murió de polio a los veinticuatro años de edad, dijo que el gozo es el asunto serio del cielo.

Ver el humor en cualquier situación es una de las mayores gracias de la vida. Nos permite salir de nuestro egocentrismo, y ver que mucho en la vida es realmente gracioso. Más aún, nos permite ver que mucho de lo que hacemos es realmente gracioso.

Por supuesto, nada de esto prueba nada acerca del sentido del humor de María. Pero ante la ausencia de pruebas, es bonito pensar que ella, probablemente, tuviera un buen sentido del humor.

¿Tengo un buen sentido del humor? ¿Soy capaz de reírme de mí mismo?

NO ME TOMO DEMASIADO EN SERIO A MÍ MISMO.

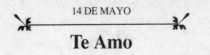

Te Amo

«TE amo.» Ésas son las palabras más poderosas que nadie pueda pronunciar. Decir «te amo» es entrar para siempre en una relación con otra persona. Aunque estamos inclinados a pensar que el amor y el sexo son sinónimos, no lo son. Podemos estar apasionadamente enamorados de alguien y nunca relacionarnos sexualmente.

En la tradición católica se cree que María fue una virgen perpetua. Se dice que ella y José nunca tuvieron relaciones maritales. Sin embargo, aunque no expresaran su amor de una forma física, María y José debieron de estar enamorados uno del otro —aunque sólo fuera porque Dios no habría escogido para criar a su hijo un hogar en el que los padres estuvieran enfrentados entre ellos.

Aunque no estamos acostumbrados a pensar en el amor sin implicaciones sexuales, existen ejemplos inspiradores de amor casto entre los hijos. Considera el caso de San Francisco de Sales y Santa Jane Frances de Chantal, por ejemplo. Jane era una viuda y madre de seis niños, y Francisco su director espiritual. Amigos íntimos, pasaron horas juntos discutiendo teología y temas espirituales. En una de sus cartas, Francisco escribió a Jane estas palabras: «Parece como si Dios me hubiese dado a ti. Estoy más seguro a cada hora que pasa.»

Si nos limitamos a pensar que sólo podemos amar románticamente, nos impedimos experimentar el verdadero poder del amor capaz de transformar la vida.

¿Cuándo fue la última vez que dije «Te amo»? ¿Alguna vez les he dicho a mis mejores amigos cuánto significan para mí?

EXPRESO MI AMOR, TANTO EN ACCIONES COMO EN PALABRAS.

Intercesión

EN 1988 el cardiólogo Randolph Byrd publicó un estudio de diez meses sobre 393 pacientes. Por la mitad de los pacientes se había orado; por la otra mitad no. Los resultados del estudio fueron asombrosos. Los pacientes por los que se había orado (que no sabían que se había orado por ellos) requirieron menos antibióticos, sufrieron menos fallos cardiacos congestivos, y experimentaron menos paradas cardiacas.

La conclusión: la oración intercesoria funciona.

De algún modo, nuestras oraciones tocan a Dios de una forma que puede ser milagrosa (pero no mágicamente), puede librar la curación para los demás. La evidencia científica es clara: la oración constituye una diferencia. Por notable que parezca, podemos interceder («estar en medio») entre las necesidades de otra persona y Dios, pidiendo a Dios que actúe en favor de esa persona.

Eso es exactamente lo que María hace por nosotros cuando le pedimos sus oraciones. La diferencia principal entre la intercesión de María y la nuestra, sin embargo, es que María (porque está en el cielo) conoce más claramente la voluntad de Dios. Ella no necesita pedir con la «fe ciega» que hemos de emplear nosotros. Podemos, por tanto, ir a María con confianza, sabiendo que sólo llevará a Dios esas peticiones que son mejores para nosotros y para los demás.

¿Hay algo que quiero ahora mismo, y que estoy dispuesto a confiar a la intercesión de María?

ORO POR QUIENES PIDEN MIS ORACIONES.

Hacer un diario

MANTENER un diario requiere compromiso, dedicación, y persistencia. Por añadidura, requiere sinceridad personal. A fin de que un diario sea algo más que una anotación de nuestras actividades cotidianas, hemos de ahuyentar la crítica: el «observador» que se sienta sobre nuestro hombro y juzga nuestro trabajo. Debemos de estar dispuestos a exponer nuestros sentimientos y emociones más profundos.

Hacer un diario es parecido a donar sangre gota a gota. El proceso no parece tan doloroso en su momento, pero cuando echamos la vista atrás, caemos en la cuenta de cuánta energía vital se ha vertido en esas páginas.

Si somos honrados en nuestros diarios, nos revelamos la verdad a nosotros mismos incluso cuando —quizá *especialmente* cuando— no quisiéramos reconocerla. En las páginas de nuestros diarios nos exponemos nosotros mismos a nosotros mismos. Ésa es una de las razones por las que leer de nuevo un diario puede ser a la vez instructivo y doloroso. Con la claridad de la visión en retrospectiva, podemos ver no sólo adónde fuimos, sino adónde deberíamos haber ido.

Cada día, María escribe su diario en los corazones de quienes siguen a su hijo. Ella anota el amor que siente por la humanidad, el deseo que tiene de gracia y redención para las vidas de quienes escuchan sus palabras de sabiduría y tratan de hacerlas realidad en sus propias vidas. Una y otra vez, repite la misma cosa que dijo en la fiesta nupcial hace tanto tiempo: «Haced cuanto él os diga.» María puede estar escribiendo las palabras en nuestros corazones, pero a nosotros corresponde leerlas en voz alta.

¿Estoy dispuesto a hacer «cuanto él me diga»? ¿Sé lo que Jesús me está diciendo que haga en este mismo momento?

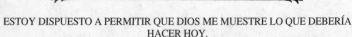

ESTOY DISPUESTO A PERMITIR QUE DIOS ME MUESTRE LO QUE DEBERÍA HACER HOY.

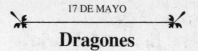

Dragones

Una gran señal apareció en el cilo: una mujer vestida del sol, con la
luna bajo sus pies, y en su cabeza una corona de doce estrellas; estaba
encinta y gritaba por las angustias y los dolores del parto. Y otra gran
señal apareció en el cielo: un gran Dragón, color de fuego, con siete
cabezas y diez cuernos y sobre las cabezas siete diademas; su cola
arrastraba un tercio de las estrellas del cielo y las arrojó sobre la
tierra. El Dragón puso delante de la mujer que iba a dar a luz con
ánimo de devorar al niño cuando hubiera dado a luz.

APOCALIPSIS 12:1-4

TRADICIONALMENTE se cree que la mujer que encara al dragón
en el Apocalipsis es María. Su niño es Jesús, y el dragón se identifi-
ca con Satanás. Aunque la imaginería del último libro de la Biblia es
metafórica y poética, el sentido de un mal inminente es real.

Toda época tiene sus dragones. Desde la Peste hasta el SIDA, desde
Atila el Huno hasta Hitler, desde las Glaciaciones hasta la Era Atómica,
los dragones aguardan a devorarnos. A finales del siglo cuarto, San Gre-
gorio Nacianceno escribió palabras que resuenan en nuestras almas seis-
cientos años más tarde: «¡Ay, querido Cristo, el Dragón está aquí de
vuelta! ¡Ay, está aquí: el terror y el miedo se han apoderado de mí.»

Es natural, en vista de los dragones que acechan, que seamos presa
del terror. Pero el mensaje que nos trae María no es de temor, sino de
amor. María nos dice que, pese a las apariencias, no tenemos nada que
temer, pues en las palabras de las Escrituras: «No hay temor alguno en
el amor, sino que el amor perfecto ahuyenta el temor.» Si amas, no tienes por qué tener miedo de dragones, dice María.

¿De qué tengo más miedo? ¿Qué dragón está resoplando fuego en mi
vida ahora mismo?

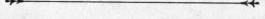

ESCOJO EL AMOR ANTES QUE EL TEMOR EN ESTE DÍA.

El mes de María

AL compositor de la famosa canción *Abril en París* le preguntaron en una ocasión por qué pensaba que abril en París era tan maravilloso, cuando de hecho era a menudo más bien frío y asqueroso. Respondió que sabía que París era mucho más bello en mayo, pero que mayo no pegaba con la letra.

Mayo es el mes de María. Es pertinente que uno de los meses más adorables del año sea dado a la Flor del Cielo.

Una costumbre católica favorita durante este tiempo es la de hacer un «altar de Mayo». Dada la forma de ser de los cultos, ésta es un estudio sobre la simplicidad. Se coloca una estatua de María en un puesto de honor y enfrente se colocan flores frescas. Todo lo demás es opcional. Algunas personas rezan diariamente el Rosario delante de la estatua. Otras dicen una breve oración cada vez que pasan por delante. Y aun otras se contentan con acordarse de cambiar las flores cuando les place.

Lo principal del altar de Mayo no está en añadir otra cosa más a un horario ya bastante apretado, y ciertamente que no en convertir a María en una casi-diosa con su culto subsiguiente. No, la clave está en recordarnos que María presenta un modelo de aliento, consuelo, inspiración y fe. También está para ayudarnos a recordar que María no es sólo la madre de Jesús; es también nuestra madre. Como una vez dijera el papa Pablo VI: «Pensemos en la indescriptible buena fortuna de ser capaces de llamarla madre, de estar relacionados con ella... compartimos el hábito del niño de volverse hacia su madre en todo momento y de contarle todo.»

Este mayo volvámonos hacia nuestra madre en nuestras necesidades, confiados en que nos escuchará con oído de madre.

¿Pienso en María como mi madre, o sólo como la Madre de Dios?

CUANDO NECESITO EL AMOR DE UNA MADRE, ME VUELVO HACIA MARÍA.

La María «real»

EN los Evangelios nadie dice un simple hola a María. El ángel Gabriel la saluda con: «¡Dios te Salve, María!» Su prima Isabel dice: «La más bendita entre todas las mujeres». Incluso Jesús, al encontrarse con ella en Caná, dice: «Mujer, ¿en qué me afecta tu preocupación?»

De algún modo, parece adecuado que las salutaciones a María sean tan insólitas. Después de todo, ella es única entre las mujeres.

¿Quién es esta María? ¿Qué creemos de ella?

Sabemos, basados estrictamente en la información bíblica, que era un virgen que vivía en Nazaret. Estaba prometida a un carpintero llamado José. Debido a un censo ordenado por el gobernador de Siria, tuvo que viajar estando encinta hasta Belén, donde dio a luz a su primogénito. Vivió por un tiempo en Egipto con su familia. Su hijo Jesús, que creció hasta convertirse en un predicador e instructor, fue ejecutado como traidor a Roma. Acabó viviendo con uno de los amigos de su hijo: un hombre llamado Juan.

Considerando el hecho de que todos los cristianos tienen la misma información bíblica básica, el espectro de sentimientos acerca de María resulta asombroso. Desde algunos católicos (que han elevado el afecto por ella casi hasta el punto de la Mariolatría) hasta algunos protestantes (que la han relegado a un carácter muy pequeño en la historia de Jesús), María ha generado prácticamente todo sentimiento posible.

Pero ¿quién es María realmente? ¿Cuáles *deberían* ser nuestros sentimientos respecto a ella? ¿Qué lecciones tiene para enseñarnos? Éstas no son preguntas que otro pueda responder por nosotros. Debemos buscar las respuestas nosotros mismos, leyendo los pasajes sobre María en las Escrituras, leyendo lo que otros han escrito acerca de ella, y pidiendo a María misma que venga a nuestras vidas de un modo real y profundo. Entonces, y sólo entonces, podremos llegar a entender quién es María, y qué papel debería jugar en nuestras vidas.

¿En dónde caigo yo dentro del espectro de sentimientos hacia María? ¿Es María importante para mí?

BUSCO LA VERDAD, NO IMPORTA ADÓNDE ME CONDUZCA MI BÚSQUEDA.

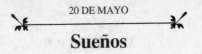

Sueños

CUANDO María había de recibir un mensaje de Dios, era visitada por un ángel. Cuando José necesitaba guía divina, tuvo un sueño. Aunque pueda parecer que las entregas de María llegaron por vía urgente mientras que José tuvo que conformarse con el correo ordinario, la mayoría de nosotros, si somos sinceros, preferiríamos recibir un mensaje en sueños que por «ángel exprés».

Los sueños son más seguros que los ángeles —por no mencionar que más aceptables socialmente. Después de todo, puedes hablar de un sueño que tuviste la noche pasada. En el momento en que empiezas a discutir de visitantes celestiales, en cambio, la gente empieza a espantarse.

Los sueños son una de nuestras fuentes más valiosas de conocimiento interior. Los sueños a menudo revelan nuestros conflictos interiores y nuestros anhelos más profundos, así como soluciones a nuestros problemas presentes. Lo difícil de los sueños, sin embargo, es que el mensaje frecuentemente viene revestido de simbolismo e imaginería.

Considera el caso de la mujer que soñó varias noches seguidas que perdía su reloj. Finalmente, comprendió que su sueño estaba tratando de decirle que estaba perdiendo el tiempo al continuar con una relación en punto muerto. Sólo después que hubo descifrado los símbolos, dejó de tener el sueño.

Aunque hay libros que tratan del simbolismo de los sueños, tú eres tu propio mejor guía para tus sueños. Si deseas saber qué mensajes te están enviando tus sueños, guarda un cuaderno en tu cama, y que lo primero que hagas por la mañana sea anotar cualquier sueño que recuerdes. Busca patrones, imágenes repetidas y temas recurrentes. Pregúntate qué parece estar diciéndote el sueño. Finalmente, el mensaje aparecerá claro.

Oh, y mientras estás en ello, podrías pedir la ayuda de José. ¡Él tuvo bastante experiencia descifrando sueños!

¿Qué mensajes he recibido a través de mis sueños? ¿Están mis sueños tratando de decirme algo ahora mismo?

SOY CONSCIENTE DE LA POSIBILIDAD DE QUE MENSAJES CAPACES DE CAMBIAR LA VIDA ME VENGAN A TRAVÉS DE SUEÑOS.

Dolor de corazón

SER padre es experimentar dolores de corazón. Eso es tan cierto como los pañales con caca y las noches sin dormir. No tiene nada que ver con lo terroríficos que sean tus niños. Incluso los mejores niños causan dolor de corazón a sus padres en alguna ocasión.

Jesús no era una excepción. María y José sintieron la congoja de corazón cuando Jesús se perdió tras su viaje a Jerusalén. Cualquier padre lo habría sentido: un niño de doce años perdido, Dios (literalmente) sabe dónde. El pánico no sirve ni para empezar a describir los sentimientos de María y José antes de que encontraran a Jesús en el Templo.

Pero ese episodio fue sólo el preludio al dolor de corazón que sintió María en la Crucifixión. Ahí estaba su muchachito (todo hombre sigue siendo un muchachito para su madre, por mayor que sea él), herido y sufriendo. Ella sabía que él no había hecho nada equivocado, pero ese conocimiento no importaba. No había corte de apelación. No había segundo juicio. No había clemencia. Sólo la cruz.

La comprensión de María de lo que significa sufrir la convierte no sólo en un modelo de imitación, sino en una fuente de gran consuelo. Siempre puedes decir cuándo los esfuerzos de alguien por consolar provienen de la experiencia personal, o si provienen de la mera extrapolación de los hechos. Es sólo cuando una persona ha experimentado las profundidades del dolor cuando verdaderamente puede consolar a otro.

El consuelo de María proviene de su propio corazón roto. Ella utiliza su corazón roto para darnos solaz. Al igual que ella, podemos coger nuestros propios corazones rotos y usarlos para consolar a quienes nos rodean. Podemos dejar que nuestro dolor absorba algo del dolor de las vidas de otros. Lo irónico es que, al hacerlo así, no aumentamos nuestro propio dolor; al contrario, lo disminuimos, pues la pena siempre es reducida cuando se vierte en más de un corazón.

¿Quién necesita hoy mi consuelo? ¿Estoy dispuesto a permitir que mi dolor sea utilizado como solaz para otros?

CREO QUE PENA COMPARTIDA ES PENA DIVIDIDA.

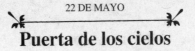

Puerta de los cielos

PUERTA de los Cielos es otro de los títulos tradicionales de María. Esto no significa, sin embargo, que ella esté engarzada sobre el Portal de Perlas de Pedro. Por el contrario, el título se refiere al papel de María como medio a través del cual podemos entrar en relación con su hijo.

Protestantes y católicos se hallan a menudo en desacuerdo sobre este punto. Los protestantes, arguyendo que podemos ir directamente hacia Dios, alegan que no hay necesidad alguna de ir a través de María. Esto, desde luego, es absolutamente cierto. Sin embargo, una historia contada por San Luis de Montfort ayuda a clarificar el papel de María en la enseñanza católica. San Luis habla de un pobre granjero que sólo tenía una manzana horadada por los gusanos que presentar al rey como renta por su granja. El granjero sabía que su manzana era imperfecta, inadecuada para la realeza. El granjero llevó la manzana a la reina, que era amiga suya, y le pidió que se la diese al rey. La reina, por amor al granjero, cortó los trozos malos de la manzana, la puso en una bandeja de oro y la rodeó de flores. El rey, viendo la manzana en tan adorable presentación, estuvo contento en aceptarla como pleno pago por la granja.

De manera similar, podemos llevar nuestras necesidades y deseos, por descoloridos e imperfectos que puedan ser, a María, pidiéndole que los presente a su hijo de nuestra parte. Igual que el rey no rechazaría la manzana procedente de su reina, así también Jesús no hará a un lado nuestras peticiones cuando sean presentadas por María.

¿Podemos ir directamente a Dios con nuestras peticiones? Desde luego. ¿Siempre hemos de hacerlo así? No mientras tengamos a María de amiga.

Si se me pudiera conceder una petición, ¿cuál sería? ¿He pedido a María que acerque a Dios mi petición en favor de mí?

DESEO TENER A MARÍA COMO AMIGA.

Reina de la paz

ANTES de ser llevado al cielo, Jesús dijo a sus seguidores que iba a dejarles el don de la paz.

¿Qué significa la *paz* en este contexto? No simplemente la ausencia de conflictos, pues la ausencia de la hostilidad activa (o «guerra disfrazada», como lo llamó John Dryden) puede ser una tapadera para un enorme estrés. Considera las inestables treguas que existen en diversas partes del mundo hoy en día, por ejemplo. Pero *paz* tampoco significa el total acuerdo. Pon dos personas en relación, y salvo que una sea un completo felpudo, tendrán sus desacuerdos.

Entonces, ¿qué quiere decir Jesús al hablar de *paz*, y por qué María es a menudo llamada Reina de la Paz?

La paz incorpora cualidades como la armonía, la concordia, la buena voluntad, el silencio, la tranquilidad, la serenidad, la relajación, el contento y la quietud. Es un oasis para el alma, un estado del ser en el que sentimos la armonía fundamental que subyace en la creación. Es aquello que anhelamos, aquello para lo que fuimos creados.

María es llamada Reina de la Paz porque, de todas las criaturas, fue la que más se acercó a vivir en la perfección originalmente creada por Dios. Sin ser corrompida por la tendencia hacia el pecado durante sus años en la Tierra, fue capaz de experimentar la unidad con Dios de una manera sin precedentes. A diferencia de nosotros, no simplemente tuvo *atisbos* de serenidad y armonía; estuvo *infundida* de ellos.

Desde luego, no dejó de experimentar momentos de pena, frustración y dolor. No habría sido humana en otro caso. Pero el amor trascendental de Dios la elevó por encima del dolor.

Cuando nos encontramos pillados en el bullicio de la vida, sólo necesitamos recordar que María fue capaz de vivir en paz porque trajo la Paz al mundo. Porque la Paz reina, también nosotros podemos vivir en paz.

¿Cuándo me he sentido más en paz? ¿Qué puedo hacer hoy para crear un «oasis» para mi alma?

NO DEJO QUE LOS ASUNTOS PASAJEROS DEL MUNDO PERTURBEN MI ARMONÍA INTERIOR.

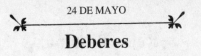

Deberes

*D*EBERES. Qué palabra tan aburrida. Conjura imágenes realmente aburridas de gente realmente aburrida haciendo trabajos realmente aburridos. Y cuando la gente dice: «La obligación antes que la devoción», a menudo quiere decir: «Los deberes *en vez* del placer.»

Pero el deber no tiene por qué significar esclavitud. María cumplió con su deber, pero claramente encontró tiempo para asistir a fiestas nupciales y comprobar la provisión de vino. Jesús cumplió con su deber, pero obviamente no era aburrido, o sus enemigos no lo habrían tildado de glotón y borracho.

Básicamente, nuestro deber es hacer aquello que estamos llamados a hacer en un momento dado. El deber de un doctor es el de cuidar de los enfermos. El deber de un escritor es el de producir palabras. El deber de un padre es el de criar hijos. Todo deber es serio, pero no todo deber es solemne. El deber de un comediante, por ejemplo, es el de hacer que la gente se ría.

Cuando estamos haciendo nuestro verdadero deber —el deber al que nos llaman nuestros corazones—, estamos llenos de gozo. Nos sentimos llenos de energía y creativos, estemos auditando informes fiscales o pintando una obra maestra. Es sólo cuando tratamos de hacer el deber que otros nos imponen, cuando el deber se convierte en esclavitud.

María nos muestra claramente lo que significa definir nuestro propio deber. Si hubiese preguntado a sus amigos y familiares lo que debía hacer tras la aparición del ángel Gabriel, podrían haberle dicho que su deber era convertirse en la esposa de José, y dejar que fuese otro quien salvase el mundo. Si hubiese preguntado al camarero que servía el vino en Caná si era su deber obtener más vino, indudablemente le habrían dicho que se cuidara de sus propios asuntos. Sin embargo, María sabía cuál era su deber real —y haciendo su deber, encontró su gozo.

Si te estás sintiendo hundido y deprimido, ¿podría ser porque estás permitiendo que otros definan tu deber por ti?

¿Cuál es mi deber ahora mismo? ¿Me trae gozo mi deber? Si no es así, ¿estoy seguro de que es realmente mi deber?

SIEMPRE HAGO MI DEBER, MI DEBER REAL.

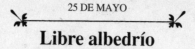

Libre albedrío

S I la gente fuera a crear un mundo, la mayoría de nosotros votaríamos por que se suprimiera el libre albedrío. Después de todo, el libre albedrío simplemente complica las cosas. Permite a la gente tomar malas decisiones, hacer daño y perjudicar, destruir sus propias vidas y las vidas de otros. Un mundo sin libre albedrío, donde todo el mundo fuera amable y amoroso, y tuviera que hacer lo correcto, sería mucho mejor. Pero sería superficial. Si no tuviéramos otra elección que amar a todo el mundo y a toda cosa, ese amor tendría poco valor.

Dios no podría crear un mundo así. Un lugar en el que la gente tiene que ser buena, amable y amorosa está poblado por robots, y Dios no quería robots. Dios quería hijos, y los hijos vienen con el libre albedrío en el mismo paquete.

Incluso los más próximos a Dios tienen libre albedrío. María escogió libremente decir que sí a Gabriel. Jesús escogió libremente decir que sí al Calvario.

El libre albedrío es el don más grande que Dios nos haya dado. Es lo que nos hace humanos. Más que la capacidad de crear herramientas, más que el lenguaje, más que el fuego, más que ninguna de las otras cosas que según los antropólogos nos separan de los otros primates, el libre albedrío es nuestro derecho de nacimiento. Sólo nosotros, entre todos los animales, tenemos la capacidad de escoger entre el bien y el mal. Podemos (y a menudo lo hacemos) escoger el mal —San Pablo, en su carta a los romanos, dijo: «No hago el bien que quiero, pero hago el mal que no quiero»—, pero también podemos elegir el bien. La capacidad de ver la cosa correcta —y de elegirla, pese a nuestras inclinaciones naturales— es lo que nos permite amar a Dios libremente, y lo que permite a Dios amarnos libremente.

¿Dejo a otros ejercer su libre albedrío?

DOY GRACIAS POR MI LIBRE ALBEDRÍO.

Ecumenismo

AUNQUE la Bendita Virgen María sea una parte importante de la enseñanza y la tradición católicas, ella no es patrimonio únicamente de los católicos. Es mencionada cuarenta y dos veces en el Corán, fue vista y honrada por muchos musulmanes en una aparición en Zeitoun, Egipto, y está empezando a ser discutida seriamente en círculos teológicos protestantes.

Pese a haber constituido una barrera a la unidad entre cristianos durante siglos, María se ha convertido recientemente en un puente hacia el ecumenismo. Aunque se mantienen muchas diferencias, centradas en enseñanzas católicas como la Inmaculada Concepción y la Asunción, tanto protestantes como católicos coinciden en el papel esencial de María como la *Theotokos,* o madre de Dios. En esa área, al menos, María, en palabras de Martin Luther, «está elevada por encima de toda la humanidad».

Ciertamente, María misma busca la unidad de todos los creyentes, como señala Charles Dickson, un pastor protestante, en *Un pastor protestante mira a María:*

> La agonía que experimenta una madre cuando sus hijos están peleando y luchando entre ellos puede ser una buena analogía para describir la agonía que debe experimentar la Bendita Virgen María entre las disputas que dividen a los discípulos de su Hijo. A la vista de esto, no es sorprendente que el obispo de Osnabrück, en Alemania, haya sugerido que María sea considerada la «patrona» del ecumenismo, el punto de encuentro donde cristianos de todas las tendencias pueden hallar unidad, objetivos comunes y amor mutuo.

Creamos lo que creamos de María, nunca debemos permitir que nuestras creencias personales se conviertan en un punto de enfrentamiento.

¿Estoy dispuesto a dejar que otros crean lo que quieran sobre María? ¿Busco activamente establecer buenas relaciones con quienes se encuentran fuera de mi propia fe?

DOY A OTROS LA MISMA LIBERTAD DE CREENCIA QUE DESEO QUE ELLOS ME DEN A MÍ.

Humanidad frente a Divinidad

MARÍA es piedra de tropiezo para muchos no católicos, pues el honor que se le otorga parece fronterizo con la adoración. Muchos no católicos correctamente afirman que muchas veces se le dan alabanzas tan elevadas que parece que sólo debieran dirigirse a Dios. Incluso algunos católicos tienen problemas con oraciones como la de Santo Tomás de Aquino: «Virgen, plena de bondad, Madre de misericordia, te confío mi cuerpo y mi alma, mis pensamientos, mis acciones, mi vida y mi muerte.»

No es culpa de María que se carguen sobre ella frases tan exaltadas. Hombres y mujeres le hacen elogios como el de llamarla «corredentora», tratando de expresar una idea inexpresable: la posición única que tiene María como madre de Dios y madre de la humanidad.

Sin embargo, nunca debemos de perder de vista el hecho de que María fuera una mujer *humana*. Como escribiera el papa Pablo VI: «Nuestra Señora depende de Cristo para todo lo que posee.» Es cierto que fue escogida para convertirse en madre del Salvador, y ese honor por sí solo es suficiente para otorgarle nuestra mayor alabanza. En verdad, es precisamente por ese honor por lo que tantos hombres y mujeres han recurrido a la hipérbole.

Empero, si no te ves capacitado para usar frases elocuentes y floridas para alabar a María, no pasa nada. Honrarla como Madre de Dios es suficiente, pues en esa alabanza se contiene la gloria más grande dada a ningún ser humano.

¿Tengo dificultad para relacionarme con María como ser humano real, o tengo más dificultad para relacionarme con ella como Reina de los Cielos?

DOY A MARÍA EL HONOR QUE SE LE DEBE.

Espontaneidad

¿ERES de las personas que actúan sin pensárselo dos veces, o eres un planificador detallista? ¿Deseas tener tu ruta marcada sobre un mapa, o te gusta coger cualquier camino que se te cruce por delante?

Es difícil decir en qué categoría habría caído María, pero dado que estuvo dispuesta a decir que sí a un ángel sin apenas vacilación, a partir aceleradamente a ver a Isabel, y a recoger los bártulos y partir hacia Egipto basándose en en el sueño de José, parece probable que tuviera al menos una veta de espontaneidad en su constitución.

¿Cuándo fue la última vez que hiciste *tú* algo de manera completa y totalmente espontánea? ¿*Alguna vez* has hecho algo genuinamente espontáneo? Si no es así, quizá sea ahora el momento. No tienes por qué hacer algo tan radical como coger el siguiente vuelo hacia Viena; puedes introducirte en la espontaneidad con algo tan pequeño como es comprar una manzana de aspecto particularmente apetitoso la próxima vez que pases ante un puesto de frutas, o dar un abrazo a alguien que te importa —simplemente porque te apetece.

La espontaneidad le añade chispa a la vida. Es burbujas de champán, risitas de bebé, ronroneos de gatitos, meneos de cachorrillos, besos de amantes. Sin espontaneidad, la vida diaria se vuelve, pues eso, *diaria*. Más aún, permitir un poco de espontaneidad en tu vida da a Dios espacio para conferirte algunas bendiciones inesperadas. ¡Si no consigues poner la espontaneidad en su lugar, puedes estar perdiéndote más de lo que crees!

Si pudiera ahora mismo hacer cualquier cosa que quisiera,
¿qué haría? ¿Qué me detiene?

ESTOY ABIERTO A LA CELEBRACIÓN DE LA VIDA.

Tiempos finales

EN el siglo pasado, María se ha aparecido más veces que en todos los demás siglos juntos. Se dice que en sus supuestas apariciones en Medjugorje ha anunciado que éstas serán sus últimas apariciones sobre la Tierra. Virtualmente todos los visionarios han recibido mensajes secretos relativos al capítulo final de la historia. Casi todos creen que el Tercer Secreto de Fátima, sin revelar todavía, contiene información acerca del fin del mundo.

¿Señalan las apariciones de María los tiempos finales? Mucha gente afirma que así es, apuntando a la urgencia en los mensajes de María como una señal de que nos queda muy poco tiempo. Pero el hecho es que no sabemos lo cerca que estamos del final. Tal vez estemos a un solo día del Apocalipsis, pero las Escrituras dicen que para Dios un día es como mil años, y mil años como un día.

Los mensajes de María son urgentes, sin duda, pero no más que los de Jesús. Nada que haya dicho María nunca es nuevo o diferente del mensaje original de su hijo: arrepentíos, dedicad vuestras vidas a Dios, orad, ayunad, tened esperanza.

Puesto que María no añade ninguna nueva información al mensaje básico del Evangelio, no tenemos nada que temer de sus apariciones. Sin embargo, hemos de atender a sus advertencias. Como ella misma dijera a Lucinta en Fátima: «Es necesario que enmienden sus vidas y pidan perdón por sus pecados.»

Si hoy fuera tu último día sobre la Tierra, ¿qué harías? Si supieras que sólo te queda un mes más de vida, ¿qué cambiarías?

VIVO CADA DÍA COMO SI FUERA MI ÚLTIMO DÍA.

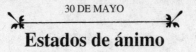

Estados de ánimo

TODOS tenemos estados de ánimo. Sin estados de ánimo, seríamos como Data en la serie televisiva *Star Trek - La siguiente generación,* incapaces de experimentar emoción. Pero Data anhelaba tanto experimentar los sentimientos humanos, que se le implantó un chip de computador para permitirle sentir la emoción. Hecho esto, aprendió una lección cardinal: no podemos tener emociones sin tener estados de ánimo.

Hay, sin embargo, una gran diferencia entre tener estados de ánimo y andar caprichoso.

Los estados de ánimo son mojones en el camino hacia el crecimiento espiritual. Algunos de los estados de ánimo que todos experimentamos incluyen asombro, pasmo, determinación, tristeza, ansiedad, felicidad, nerviosismo, gozo y excitación. Puesto que los estados de ánimo son meramente estados de la mente, no necesariamente requieren una acción de nuestra parte. Necesitamos reconocerlos, sin embargo, e intentar figurarnos qué tratan de decirnos sobre nuestras vidas y nuestras relaciones.

Andar caprichoso, en cambio, es una señal de que tenemos trabajo del alma que hacer. Nos dice que nuestra brújula espiritual no apunta al cielo. Nos avisa de que somos atraídos hacia abajo por senderos peligrosos de autoindulgencia, egocentrismo y egoísmo.

Sabemos muy poco sobre los estados de ánimo de María. Sabemos que se sintió «turbada» cuando Gabriel la visitó, y «ansiosa» cuando Jesús desapareció en el Templo, pero poco más. Podemos suponer, sin embargo, que sintió todo el espectro de las emociones humanas (y sus acompañantes estados de ánimo).

Sin embargo, una cosa que sabemos seguro es que María nunca fue caprichosa, pues su brújula espiritual siempre apuntaba en dirección al cielo.

¿Alguna vez me han llamado caprichoso?

ACEPTO MIS ESTADOS DE ÁNIMO, PERO ME ESFUERZO POR NO SER NUNCA CAPRICHOSO.

La visitación a Isabel

INMEDIATAMENTE que supo que iba a devenir la madre del Salvador, se encaminó hacia las colinas a visitar a su prima Isabel, a quien también el ángel Gabriel había dicho que estaba preñada. ¿Por qué emprendió María ese viaje en las primeras etapas de su propio embarazo, cuando —si era como la mayoría de las mujeres— se sentiría con náuseas y fastidiada?

Algunas personas piensan que es porque quería ayudar a su prima, y su preocupación tal vez jugara un papel en esto. Después de todo, Isabel era vieja para los patrones de la época —preñada «en su vejez»— y María sin duda podía ser de ayuda. Pero con seguridad había otras mujeres que podían haber ayudado a Isabel durante sus últimos meses de embarazo.

Quizá la decisión de María de visitar a Isabel fue motivada tanto por la curiosidad natural humana como por su deseo de servir. Quizá deseaba estar absoluta y positivamente segura de que lo que el ángel la había dicho era cierto. Si Isabel estaba preñada, entonces María tendría la prueba positiva de que lo que ella sentía era realmente el Mesías creciendo en su seno, y no sólo en su imaginación.

Cuán a menudo pensamos que si tuviéramos la fe de María seríamos capaces de creer con facilidad. Pero la fe y la necesidad de verificación no son incompatibles. No disminuiría en nada la profunda aceptación, por parte de María, del operar milagroso de Dios en su vida, el que quisiera una pequeña prueba concreta. Después de todo, la verdad siempre puede soportar la investigación rigurosa.

¿Alguna vez me siento culpable cuando ansío la evidencia del operar de Dios en mi vida? ¿Alguna vez pienso que mi natural duda humana es un signo de incredulidad?

ME PERMITO PEDIR A DIOS VERIFICACIÓN Y DIRECCIÓN CUANDO ME SIENTO DUBITATIVO O DESCONFIADO.

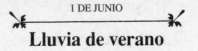

Lluvia de verano

LA diferencia entre la lluvia de invierno y la lluvia de verano es casi tan grande como la diferencia entre el invierno y el verano mismos. La lluvia de invierno es destructiva; la lluvia de verano es refrescante. La lluvia de invierno nos aporrea; la lluvia de verano nos alivia. La lluvia de invierno es tomar; la lluvia de verano es dar.

La esencia de la lluvia de verano se siente más profundamente una vez que las nubes han pasado: todo cobra una nueva claridad, y la tierra se siente renovada. Es como si la vida hubiese recibido un nuevo comienzo.

En un mundo batido tan a menudo por tormentas invernales, las apariciones de María son como lluvia de verano. Ella viene con mensajes de amor, trayendo esperanza y aliento a todo el que quiera escucharla. Quienes experimentan su presencia son dulcemente lavados por su compasión. Pero el don real de María, como la lluvia de verano, sólo se ve después de que nuestra visión de ella se ha desvanecido en la memoria.

Si atendemos a los mensajes que nos trae, nuestra existencia cobra nueva claridad. Conforme empezamos a entender sus mensajes universales de amor, perdón y arrepentimiento, ellos pueden literalmente cambiar nuestras vidas.

¿Qué es exactamente lo que María pide? En todas sus apariciones, en toda palabra que haya pronunciado nunca, en todo mensaje que haya enviado nunca, dice la misma cosa: «¡Ama!» Ama a tu prójimo, ama a tu familia, ama a quienes te odian, ama a aquellos a los que preferirías odiar. Por encima de todo, dice María, ama a tu Dios.

Es una de las mayores verdades de la creación que, una vez que somos llenados del amor de y hacia Dios, empezamos a ver a todas las otras criaturas vivientes a través de los ojos de Dios. Una vez que eso sucede, no sólo somos más capaces de amar a todo el mundo y a toda cosa, sino que virtualmente somos forzados a hacerlo.

¿Estoy actualmente experimentando tormentas en mi vida?
¿Soy alguna vez responsable de crear tormentas en la vida
de otra gente?

EN TODA VIDA DEBE CAER UNA PEQUEÑA LLUVIA.
DOY LA BIENVENIDA A LA LLUVIA EN MI VIDA.

Estrella de la mañana

CUANDO el planeta Venus se halla visible al amanecer, se le conoce como la estrella de la mañana. (Cuando es visible al atardecer, se le llama estrella vespertina, pero eso es simplemente un capricho celestial.) Los pueblos antiguos, no entendiendo de órbitas planetarias, pensaron que las apariciones y desapariciones de Venus resultaban de acciones de los dioses.

Se creía que el planeta Venus se hallaba bajo el control de Venus, la diosa del amor, posiblemente porque la estrella de la mañana es uno de los cuerpos celestiales más brillantes y adorables. De algún modo, parece apropiado que a María a menudo se la denomine Estrella de Mañana. Venus, la primera estrella, representa a María, la primera persona en creer que el Mesías había de nacer, la primera en experimentar el milagro de Jesús, la primera en unirse a Jesús en cuerpo y alma.

Las palabras mismas Estrella de la Mañana exhalan un aroma poético. Lo compacto de ellas, refleja la poesía esencial de la vida de María. Aunque María sea el último verso del poema creativo de Dios de la humanidad, todos somos versos. ¿Has pensado alguna vez acerca de lo que dice tu verso —no lo que otros creen que debería decir tu verso, sino lo que sabes que Dios ha escrito en las profundidades de tu alma?

A menudo, debido a las presiones de la vida y a la insistencia de los demás, ocultamos los versos de nuestra alma (igual que Emily Dickinson mantuvo a cubierto su poesía durante su vida). Pretendemos que los versos que otros nos han asignado son los versos que habríamos escrito para nosotros mismos. Pero ése puede no ser el caso. A fin de ocupar nuestro lugar apropiado en el canto y poema que es el universo, debemos primero saber qué debería decir nuestro verso, y entonces empezar a escribirlo en nuestros corazones, e incorporarlo en nuestras vidas, como hizo María al convertirse en la Estrella de la Mañana.

¿Estoy haciendo lo que deseo hacer con mi vida?
¿Si pudiera hacer algo o ser alguien, qué haría o sería?

SOY UNA CREACIÓN ÚNICA.

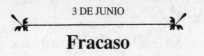

Fracaso

IMAGINAD la escena, de vuelta a Nazaret, tras el juicio y crucifixión de Jesús. Dado que las noticias —especialmente las malas noticias— corren rápido, los vecinos de María probablemente habrían oído que Jesús fue arrestado por traición a Roma y conducido a la muerte. Los rumores quemarían sin duda muchas lenguas por los punzantes comentarios que compartirían: «¿Sabías que el hijo de María fue arrestado? ¿Y crucificado? Supe todo el tiempo que acabaría mal. Siempre fue un tipo raro. ¡Esto lo prueba!»

Para quienes se hallaban en el mundo de María, Jesús sería considerado como un fracasado; y en virtud de las asociaciones, su madre sería considerada también una fracasada. ¡Después de todo, si tu hijo es ejecutado por el gobierno, debes de haber hecho algo mal en su crianza!

Qué propensos estamos a juzgar el éxito o el fracaso conforme a los patrones del mundo. Si alguien alcanza riqueza, poder y posición, lo llamamos triunfador. A quien carece de trabajo, pensión y futuro lo catalogamos de fracasado.

Pero los patrones de Dios para el fracaso y el éxito son bien diferentes de los nuestros. Considera el caso de la madre soltera que tiene que atender dos trabajos de bajo salario para alimentar y vestir a su hijo. El padre que declina un gran ascenso porque significaría pasar mucho tiempo lejos de su familia. El ejecutivo que abandona la cúspide empresarial para hacerse sacerdote o ministro. De acuerdo con las valoraciones del mundo, esas personas se consideran perdedores. En la revisión de Dios, en cambio, son auténticos vencedores. ¡Nunca olvidemos que, en el caso de Jesús, tras el fracaso de la Crucifixión vino el triunfo de la Resurrección!

¿Cuál es la persona de más éxito que conozco?
¿Cuál considero el éxito más grande en mi propia vida?

UTILIZO LOS PATRONES DE DIOS AL EVALUAR MI VIDA.

Satisfacción

TODO el mundo tiene su propia idea de lo que constituye la satisfacción completa. Quizá se trate de una empresa creativa, como escribir un poema o pintar unas acuarelas. Quizá sea algo más objetivo, como pintar una habitación o arreglar el jardín. O quizá tenga que ver con una visión más amplia, como criar una familia o alcanzar una meta profesional.

Los sentimientos de satisfacción nos vienen muy fácilmente cuando nos gusta lo que estamos haciendo. Desgraciadamente, la mayoría de nosotros no llegamos a hacer exactamente lo que queremos todo el tiempo. De hecho, hemos de hacer cosas que preferiríamos no hacer demasiado tiempo. Ante esa necesidad, ¿es posible experimentar la satisfacción no sólamente de vez en cuando, sino en todo momento?

Aunque María no ha hablado de la satisfacción en sus diversas apariciones, y el Evangelio no haga mención de ello, podemos estar seguros de que ella estaba satisfecha con su vida, pues obviamente siguió esta regla simple: si no puedes hacer lo que quieres, entonces quiere lo que haces. María probablemente tenía planes para su vida que fueron interrumpidos por Gabriel. Sin embargo, está claro que una vez que fue establecida la nueva dirección, ella abrazó su vida plena y gozosamente. También nosotros podemos tener planes para la vida que son interrumpidos por personas y eventos fuera de nuestro control. Pero nosotros, como María, siempre tenemos la opción de gustar de lo que hacemos, se trate de lo que se trate.

¿Estoy haciendo lo que me gusta? ¿Me gusta lo que hago?

ESCOJO QUE ME GUSTE LO QUE HAGO (¡AL MENOS LA MAYOR PARTE DEL TIEMPO!)

Inmaculado Corazón

E N dos lugares de su Evangelio, Lucas habla de que María guardaba ciertos sucesos y recuerdos «en su corazón». Es a partir de estas dos referencias como ha surgido la devoción al Inmaculado Corazón de María.

La devoción al Inmaculado Corazón de María surgió durante la Edad Media, cuando el simbolismo religioso y el fervor espiritual se hallaban en su máximo. San Bernardino de Siena, a veces llamado Doctor del Corazón de María, reflejaba que en el corazón de María podemos ver siete hornos ardientes con siete llamas, que representan los siete actos de amor que se muestran en las siete «palabras» de María en los Evangelios. Esa devoción continuó ganando seguidores a lo largo de los siglos, hasta que finalmente, en 1944, la Fiesta del Inmaculado Corazón entró a formar parte del calendario universal de la Iglesia Católica.

Aunque muchos que aman a María encuentran particular gozo e inspiración en la devoción al Inmaculado Corazón, no es para todos el modo favorito de verla. Los no católicos, en particular, a menudo lo encuentran desconcertante o desagradable (¡o ambos!).

Sin embargo, la devoción al Inmaculado Corazón es uno de los grandes tesoros de María, pues nos muestra que María se presenta de modos que apelan a todos los tipos de personalidades y de personas. Como la madre que es, María hace su amor y su mensaje accesible a nosotros en cualquier modo que mejor aceptemos —sea como una humilde doncella en Nazaret, o en los sublimes tonos teológicos del Inmaculado Corazón.

¿Tiendo a ver la vida de un solo modo? ¿Estoy atrapado en una rutina en mi modo de pensar sobre cómo debería ser presentada María al mundo?

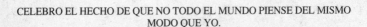

CELEBRO EL HECHO DE QUE NO TODO EL MUNDO PIENSE DEL MISMO MODO QUE YO.

Legado

SI los cristianos fueran llamados a probar la existencia de María a través de evidencias arqueológicas, sería poco menos que imposible. Ella no construyó un monumento, ni se le puso una placa en su pueblo natal. No escribió nada. Vivió y murió oscuramente, sin dejar apenas huellas de pruebas físicas que demuestren que existió. Sin embargo, su legado ha pervivido a lo largo de los siglos, tanto en la persona de su hijo Jesús como en el ejemplo de ella misma.

La mayoría de nosotros dejará muy pocas evidencias (si es que dejamos alguna) que pudieran utilizar los arqueólogos para probar nuestra existencia. Sin embargo, cada uno de nosotros, como María, dejará un legado, no necesariamente en retoños, sino en el modo en que nuestras vidas han afectado a otra gente.

Nuestras vidas son como piedras arrojadas al lago de la humanidad. Ninguna piedra, por pequeña que sea, puede ser arrojada al lago sin causar algún cambio. Si la piedra es suficientemente grande, perturba toda la superficie y crea entonces una alteración del fondo cuando se deposita. Pero incluso el más pequeño guijarro, una vez que sus ondas han remitido, lleva al lago a estar más cerca de desbordarse del todo por sobrellenado, secarse y devenir un prado.

Podemos pensar que lo que hacemos o decimos no tiene mucho efecto, pero nunca se sabe. El tiempo que empleamos escuchando a un amigo que se encuentra en las dificultades de los problemas maritales puede parecer una gran roca, y sin embargo tener poco efecto, o no ser éste duradero, mientras que la diminuta china de una palabra amable y una sonrisa al empleado de una tienda puede convertirse en un punto de inflexión en la vida de esa persona.

Dado que no podemos saber en qué modo nuestras acciones pueden cambiar las vidas que contactamos, es nuestra responsabilidad (y nuestro privilegio) vivir como si todo lo que hacemos tuviera consecuencias eternas.

¿Cómo me siento acerca de mí mismo hoy día?
¿Me veo a mí mismo como una parte esencial de la humanidad?

TRATO A TODO AQUEL CON QUIEN ME ENCUENTRO DEL MISMO MODO EN QUE QUISIERA SER TRATADO YO.

Ocasiones festivas

¿**POR** qué las bodas son tan universalmente populares? La respuesta obvia es que son ocasiones inherentemente gozosas, celebrando, como lo hacen, el optimismo y la esperanza de una nueva vida. Pero más aún que eso, las bodas son populares porque nos dan una razón legítima para tener una fiesta.

Reunirse con los amigos, reír, comer, beber, bailar, charlar: estas actividades son los proverbiales buenos momentos de la vida. ¡Y las bodas nos proporcionan una buena razón para disfrutar de estas actividades!

Resulta irónico que tantas celebraciones religiosas en honor de María sean más parecidas a funerales que a bodas. (En verdad, el Rosario se reza como parte de la mayoría de los funerales católicos). Es irónico, porque el relato de los Evangelios que nos da la imagen más viva de María, no como esposa o como madre, sino como mujer, describe una fiesta nupcial. María no pudo ser tan seria o aburrida, o no habría advertido —y lo que es más importante, atendido a— la falta de vino en esa boda.

Dado que la religión y la espiritualidad tienen que ver con asuntos eternos, tendemos a considerarlos como asuntos solemnes y serios. Y a menudo lo son: en verdad, leyendo la mayoría de los textos teológicos nos convenceríamos de que la religión es una de las cosas más secas y aburridas de la Tierra.

Realmente, sin embargo, la religión y la espiritualidad deberían ser gozo antes que aburrimiento. Ciertamente, las cosas de las que trata no deben ser tomadas a la ligera, pero buscar a Dios debería ser una celebración tanto como una solemnidad. Si María pudo conseguir que su hijo realizara su primer milagro en una fiesta, ¿quiénes somos nosotros para ponerle sordinas a la vida?

¿Tiendo a considerar la religión como un asunto serio a realizar únicamente en la iglesia los domingos?

SÉ CUÁNDO SER SERIO Y CUÁNDO SER JUGUETÓN.

Empatía

EN un clásico episodio de *Star Trek*, el doctor McCoy se encuentra en compañía de de un verdadero «empatizante» alguien capaz de no sólo simpatizar con los apuros de otro, sino de realmente sentir lo que la otra persona está sintiendo. En dicho episodio, el empatizante acaba literalmente compartiendo el dolor del doctor McCoy.

¿Acaso no nos gustaría eso —conocer a alguien que no sólo simpatizara con nosotros, sino que realmente compartiera nuestras luchas?

Para muchos de nosotros, María puede convertirse en nuestro empatizante. No hay lucha, no hay pena, que ella no haya experimentado. Por consiguiente, puede compartir nuestras dificultades de un modo particular y personal. Sin embargo, no podemos simplemente volcar nuestros problemas sobre María y salir a bailar a la puesta del sol. Una vez que hemos experimentado el consuelo que proviene de saber que nuestras luchas son compartidas, estamos obligados a coger esa comprensión y utilizarla en beneficio de otros.

En uno de los grandes misterios de la vida, cuando estamos dispuestos no sólo a escuchar cuando alguien habla de su dolor, sino a permitir que el dolor de esa persona se convierta también en nuestro dolor, Dios nos concede el privilegio. Si nuestro deseo es grande, podemos empezar a sentir realmente lo que otro está sintiendo.

Aunque sea cierto que nunca podremos volvernos empatizantes completos, podemos acercarnos a ello mucho más de lo que creemos. San Juan Bosco (Don Bosco) una vez oró que le fuera dada la enfermedad que estaba padeciendo uno de los muchachos de su escuela, porque el chico tenía un papel principal que representar en una obra. Su petición le fue concedida, y San Juan Bosco se sintió más enfermo de lo que se había sentido en mucho tiempo. Más tarde comentó jocosamente que si hubiera sabido cómo iba a ser la cosa, no habría orado con tanto interés. Así que ten cuidado cuando te ofrezcas a compartir el fardo de otro: ¡podrías obtener más de lo que esperabas!

¿Estoy dispuesto a compartir tanto el dolor como la alegría de aquellos a quien amo?

PERMITO A MI FAMILIA Y A MIS AMIGOS QUE ME «UTILICEN» (EN EL MEJOR SENTIDO DE LA PALABRA).

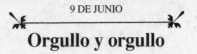

Orgullo y orgullo

DE los siete pecados capitales, el Orgullo siempre ha sido considerado el más grave (¿el más letal?) Fue el Orgullo el que hizo que Satanás fuera arrojado de los cielos, y el Orgullo ha sido el abismo de muchos en la historia de la humanidad.

Debido a todas las advertencias contra el vicio del Orgullo (con *P* mayúscula), muchos tenemos dificultades con la virtud del orgullo (con *p* minúscula). El Orgullo es pecador, pero el orgullo es digno de alabanza. El Orgullo hace sentirse importante, pero el orgullo expresa el respeto a uno mismo. La diferencia más grande, sin embargo, es que mientras que el *Orgullo* se tiene, el *orgullo* se siente.

Está claro que María sentía orgullo, pero ni una tilde de Orgullo se evidencia en su vida. Su respuesta a Isabel es prueba de eso: «Mi alma proclama la grandeza del Señor; mi espíritu se regocija en Dios mi salvador. Pues él ha contemplado la humildad de su sierva; he aquí que de ahora en adelante todas las generaciones me llamarán bendita. El Poderoso ha hecho grandes cosas por mí.»

María entendió que reconocer los cumplidos y la posición —incluso si se trata de reconocer una posición *especial*— no es un problema siempre y cuando se entiendan estos dos puntos: 1) se nos conceden dones de realización o posición, no porque seamos especiales en y por nosotros mismos, sino porque Dios tiene un propósito especial para nosotros, y 2) todas las cosas buenas que tenemos vienen finalmente de Dios.

Si somos capaces de tener presentes estos dos puntos, podremos tener un legítimo orgullo de nuestras acciones sin caer en la trampa fatal del Orgullo.

¿Cómo reacciono cuando alguien me hace un cumplido?
¿Puedo aceptar la alabanza tan fácilmente como acepto la crítica?

TENGO *orgullo* DE MI TRABAJO, PERO NUNCA CAIGO EN EL *Orgullo* EN MIS LOGROS.

Perdón

«ERRAR es de humanos; perdonar, es divino.» Este antiguo aforismo contiene una interesante verdad subyacente. Cuando decidimos perdonar a quienes nos lastiman, nos elevamos por encima de nuestra naturaleza humana para participar de la propia naturalezas de Dios.

No es extraño que María nos diga una y otra vez que perdonemos.

El perdón no es algo que se dé naturalmente en ninguno de nosotros, ni siquiera en María. Ella debió de sentir oleadas encendidas de ira cuando veía a su hijo golpeado, herido y profanado, muriendo sobre una cruz romana. Como madre, su primer instinto debió ser el de fustigar a quienes se atrevían a hacer daño a su hijo. Pero María era capaz de perdonar, igual que su hijo era capaz de perdonar, porque reconocía primero que se había hecho un mal.

A veces tenemos la extraña idea de que podemos perdonar a la gente sin reconocer primero su culpa. Sin embargo, no podemos perdonar a alguien por hacer algo que rehusamos reconocer que sucedió. Por ejemplo, digamos que abusaron de ti cuando eras niño. No puedes perdonar a quien abusó de ti hasta que reconozcas que abusaron de ti, que quien abusó hizo mal y merece ser castigado. Si no reconoces que algo malo ha pasado, ¿qué es lo que tienes que perdonar?

Debido a que el reconocimiento de nuestras heridas es algo tan doloroso, a menudo tratamos de pasar de largo esa parte del perdón, saltando directamente al buen sentimiento de la magnanimidad, diciendo: «Está bien.» Sin embargo, por el modo en que funcionan las cosas en este mundo, debemos primero reconocer que lo que nos sucedió no está bien. Considera el caso de Jesús. No trató de glosar el trato que recibió. Sólo tras reconocerlo como horrendo, pudo decir: «Padre, perdónalos, porque no saben lo que hacen.»

¿Hay alguien a quien haya tratado de perdonar,
pero no haya sido capaz?
¿He reconocido (al menos para mí mismo) la naturaleza de la ofensa,
antes de intentar conceder el perdón?

PERDONO A LOS QUE ME HAN OFENDIDO
(PERO EL PERDÓN NO ME IMPIDE RECONOCER QUE ESTOY OFENDIDO).

Reina la Paz

EL papa Pablo VI resumió un punto fundamental acerca de la paz, cuando dijo: «Si quieres paz, trabaja por la justicia.» La paz es mucho más que el mero cese de la lucha. Es una totalidad, algo completo, una justicia para toda la humanidad. En verdad, no podemos tener paz sin justicia, pues la injusticia es una de las principales causas de guerra y de lucha.

Cuando llamamos a María la Reina de la Paz, estamos simultáneamente llamándola Reina de la Justicia. Una de las apariciones de María, no aprobada pero muy respetada, es la de Medjugorje, en lo que se llamaba Yugoslavia —una parte del mundo desgarrada por la pugna política, religiosa y étnica, mucha de ella causada por la injusticia—. Uno de los mensajes dados por María allí fue: «Amad a vuestros hermanos y hermanas musulmanes. Amad a vuestros hermanos y hermanas serbios ortodoxos. Amad a quienes os gobiernan.»

De un modo indirecto, María estaba diciendo lo mismo que el papa Pablo VI. Si amamos a quienes nos rodean, nos encontraremos incapaces de hacer decisiones que los dañen. Escogeremos opciones que eliminan la injusticia, y en consecuencia promoveremos la causa de la paz.

Promover la paz y la justicia no requiere de nosotros que hagamos piquetes enfrente de los edificios del gobierno, o que escribamos cartas a las organizaciones internacionales (aunque esas respuestas sean válidas). Cada uno de nosotros puede empezar a trabajar por la paz y la justicia en su propio hogar, su propio vecindario, su propia ciudad. Un buen lugar para empezar es examinando nuestras actitudes hacia los pobres. No basta con tener una preocupación intelectual por quienes son menos afortunados; necesitamos preguntarnos a nosotros mismos: 1) qué estamos haciendo para ayudar a eliminar la pobreza en nuestra ciudad, y 2) qué más podríamos y deberíamos estar haciendo.

Podemos emplear toda nuestra vida orando en abstracto por la paz, o podemos trabajar de un modo concreto por la justicia. La elección es nuestra.

¿Qué estoy haciendo para promover la justicia en mi parte del mundo?
¿Qué creo que haría María si estuviese viviendo hoy en mi ciudad?

PORQUE DESEO LA PAZ, TRABAJO POR LA JUSTICIA.

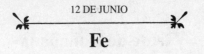

Fe

LA palabra fe se menciona más de 250 veces en el Nuevo Testamento. Es precisamente acerca del papel de la fe como Martín Lutero inició un discurso que dividiría a la Iglesia cristiana. Incluso hoy en día, católicos y no católicos andan con sutilezas sobre la distinción entre salvarse sólo por la fe, y salvarse por la fe unida a las obras.

Dar el salto de la fe requerida para creer en Dios puede ser difícil. Después de todo, poner tu futuro en manos de un Dios invisible, que hace promesas acerca de la vida y de la felicidad eterna, se sostiene mal ante la razón. Sin embargo, a fin de que la fe reine, debemos abandonar la razón y adentrarnos en lo desconocido. Eso es precisamente lo que hizo María cuando afrontó a Gabriel: abandonó la razón; abandonó el conocimiento de la cabeza, que dice que un niño es el resultado de la unión sexual entre un hombre y una mujer, que Dios no se allega a la gente ordinaria, y que los milagros simplemente no suceden. Al abandonar la razón, nos permitió a todos venir a la fe.

Aunque la fe sea importante, no lo es tanto como una de las otras virtudes. Como dijera San Pablo, «Si tengo fe como para mover montañas pero carezco de amor, no soy nada.»

María tuvo fe, con toda seguridad. Hubo de tener una enorme fe para creer el mensaje de Gabriel, para confiar en que las promesas de Dios estaban haciéndose reales a través de ella. Su fe fue el gran regalo de Dios para ella. Sin embargo, no es su *fe* lo que nos atrae de ella; es más bien su amor.

Cuando tengas dificultades para creer, recuerda que la fe es un don proveniente de Dios, pero el amor es una decisión. Si no puedes creer, decide amar.

¿Envidio alguna vez a la gente que parece tener más fe que yo?
¿Cómo puedo hacer hoy una elección en favor del amor?

PUESTO QUE EL AMOR ES UNA DECISIÓN, DECIDO AMAR.

Gente de la mañana

EL mundo está dividido entre gente de la mañana y gente de la noche. Por algún motivo, la gente de la mañana generalmente alega una superioridad moral inherente en virtud de que se levantan temprano. Parecen creer (¡y no lo neguéis, chicos de la mañana!) que simplemente porque sus mentes están alertas a las cinco de la madrugada, tienen alguna conexión especial con el cielo, de la que carecen quienes trasnochan.

La gente de la mañana toma por credo el poema de Benjamín Franklin:

> Los gallos cantan por la mañana para decirnos que nos
> levantemos,
> pues quien se acuesta tarde nunca será sabio.
> Pues irse pronto a dormir, y pronto despertarse
> hace a un hombre saludable, rico y sabio.
> El que quiera prosperar debe levantarse a las cinco,
> el que ya ha prosperado puede descansar hasta las siete,
> y el que no quiera prosperar nunca puede quedarse descansando
> hasta las once.

Obviamente, la mayoría de la gente que ha asignado títulos a María ha sido gente de la mañana: ella es conocida como Estrella de Mañana, Aurora de la Nueva Creación y Estrella que Trajo al Sol, por ejemplo. A pesar de esos títulos, sin embargo, no sabemos si María era una alondra o un búho. Quizá sea el momento de que la gente de la noche dé a María unos pocos títulos que resuenen con más fuerza en la oscuridad silenciosa. ¿Qué tal Estrella de la Medianoche, Consuelo del Ocaso o Madre de las Madrugadas? (Quién sabe: quizá María fue una persona noctámbula y apreciaría algunas nuevas referencias).

¿Soy una alondra o soy un búho? ¿Cuándo hago mejor mi trabajo?
¿Trato alguna vez de hacer que mi familia siga mi esquema,
simplemente porque yo lo prefiero así?

SÉ QUE LA VIRTUD NO DEPENDE DE LOS RITMOS BIOLÓGICOS.

Realidad

AL tratar de explicar la naturaleza del universo, los científicos nos dicen que incluso lo que parece sólido es realmente una infinidad de espacio. Se nos dice que entre los átomos, las partículas y las partículas subatómicas nada es como parece. ¡Lo que vemos no es lo que obtenemos!

Mientras que la ciencia está acabando de llegar a esa conclusión, la espiritualidad siempre lo ha sabido. La realidad no es lo que podemos tocar, oler y degustar; la realidad es Dios. Y Dios no es en modo alguno como nos lo imaginamos. Dios no es una luz brillante o una voz venida de nadie sabe dónde. Dios no es un Supermán vestido con una capa celestial, ni un viejo de barba blanca sentado en un trono hecho de nubes, en algún lugar de «ahí arriba».

Aunque nosotros no sepamos cómo es Dios, María sí lo sabe. En sus apariciones a lo largo de los siglos, ella ha venido a la Tierra a ayudarnos a entender la naturaleza de Dios. Ella conoció a Dios como su hijo humano en la Tierra, y ahora conoce a Dios en gloria trina y una. Más aún, desea que experimentemos la realidad de Dios en nuestras vidas, pues ella sabe que una vez así suceda, seremos transformados para siempre.

Si tienes dificultades para relacionarte con Dios, María puede ayudarte. Como dijera San Maximiliano Kolbe: «Dios nos envía a aquella que personifica el amor: María, la esposa del espíritu —un espíritu de amor maternal—, inmaculada, toda bella, sin mancha alguna, incluso si es nuestra hermana, una verdadera hija de la raza humana, Dios confía a ella la comunicación de su misericordia para con las almas.»

Si deseas conocer a Dios, conoce a María.

¿Estoy dispuesto a aceptar una nueva visión de la realidad?
¿Estoy dispuesto a deshacerme de viejas ideas?

EXPERIMENTO HOY EN MI VIDA LA REALIDAD DE DIOS.

Pesar

EN su revolucionaria investigación, Elisabeth Kübler-Ross introdujo al mundo a las etapas del pesar. Señaló que quienes están muriendo pasan por etapas claras e identificables de negación, ira, regateo, aceptación y finalmente paz. Más aún, afirmó que cualquiera que esté lamentándose de una pérdida —sea grande o pequeña la pérdida— pasa por etapas similares. Incluso si todos expresamos las etapas a nuestro propio modo, parecemos seguir un esquema innato para el pesar.

De todas las pérdidas que experimentamos, la muerte de un ser querido es con mucho la más devastadora. Como advirtiera Dylan Thomas: «Tras la primera muerte, ya no hay otra.» Una vez que hemos experimentado la muerte en todo su horror, somos cambiados para siempre. Es en ese momento cuando podemos empezar a reconocer el pesar como lo que es: el analgésico de Dios por lo que de otro modo sería insoportable.

Pese a su elevada posición como Madre de Dios, María experimentó el dolor de la muerte de aquellos a quienes amaba. La muerte de sus padres y de su marido, José, ciertamente, pero probablemente hubiera otras. De algún modo, quizá esas muertes ayudaron a prepararla para la muerte de su hijo. Y sin embargo, como sabe todo aquel que ha perdido a un ser amado, por preparado que estés, el pesar no deja de destrozar tu corazón y te hace sentirte como si tú mismo te fueras a morir.

Cuando estamos lamentándonos, María entiende. Ella entiende lo que es perder un padre, tu cónyuge un hijo. Ella sabe lo que es sentir que el corazón se desangra de dolor. Si estás lamentando la pérdida de un ser querido, María siempre está ahí para consolarte por medio de su ejemplo, y con su amor.

¿He experimentado la «primera muerte» de la que habla
Dylan Thomas?

DOY GRACIAS DE QUE EL PESAR NO DURE SIEMPRE.

La Letanía de Loreto

LORETO, Italia, es el hogar de uno de los santuarios marianos más antiguos y venerados. Según a una antigua tradición, la casa de María en Nazaret fue transportada (trasladada es el término oficial) de manera milagrosa a una colina de Loreto, en 1291. Desde su aparición ahí, Loreto ha sido el destino de peregrinos —incluyendo al papa Juan XXIII y al papa Juan Pablo II— de todo el mundo.

Sin embargo, el aspecto mejor conocido del santuario no es la casa; es más bien la oración asociada con ella: la Letanía de Loreto. Consistente en una serie de títulos y la petición de las oraciones de María, es una de las más antiguas y queridas devociones a María.

Santa María, ora por nosotros.
Santa Madre de Dios,
Santa Virgen de las Vírgenes,
Madre de Cristo,
Madre de la Gracia Divina,
Madre purísima,
Madre castísima,
Madre inviolada,
Madre inmaculada,
Madre queridísima,
Madre admirabilísima,
Madre del buen consejo,
Madre de nuestro Creador,
Madre de nuestro Salvador,
Virgen prudentísima,
Virgen venerabilísima,
Virgen renombradísima,
Virgen muy misericordiosa,
Virgen fidelísima,
Espejo de la justicia,
Trono de sabiduría,
Causa de nuestro gozo,
Vaso espiritual,
Vaso de honor,
Vaso único de devoción,
Rosa mística,
Torre de David,

Torre de marfil,
Casa de oro,
Arca de la Alianza,
Portal del Cielo,
Estrella de la Mañana,
Curación de enfermos,
Refugio de pecadores,
Consuelo de los afligidos,
Ayuda de los cristianos,
Reina de los ángeles,
Reina de los patriarcas,
Reina de los profetas,
Reina de los apóstoles,
Reina de los mártires,
Reina de los confesores,
Reina de las vírgenes,
Reina de todos los santos,
Reina concebida sin pecado original,
Reina ascendida al cielo,
Reina del santísimo Rosario,
Reina de la paz ...
Ora por nosotros, santa Madre de Dios, para que seamos dignos
de las promesas de tu hijo Jesucristo.

¿Qué titulo de María me atrae más?

————————————————————

PIDO A MARÍA, LA MADRE DE DIOS, QUE ORE POR MÍ.

Experiencias en lo alto de la montaña

EN su gran discurso de la libertad, el doctor Martín Lutero King, Jr., habló de estar en lo alto de una montaña y ver la tierra prometida. Para él, la posibilidad de una igualdad de derechos para hombres y mujeres de todos los colores era una experiencia de lo alto de la montaña.

También María tuvo experiencias de lo alto de la montaña (¡pese a las apariciones que se dice han tenido lugar en lo alto de las montañas!). Cuando ascendió la colina para contarle a Isabel la visita de Gabriel, cuando subió al Monte de los Olivos, viendo cómo Jesús era llevado a los cielos —ésas debieron ser experiencias de lo alto de la montaña, tanto literal como figuradamente.

Al igual que el doctor King y la Virgen Bendita, todos tenemos experiencias de lo alto de la montaña —sucesos que nos conforman y cambian tanto que nada sigue siendo lo mismo después de eso.

La tentación, después de tales experiencias, es la de desear permanecer con nuestra cabeza en las nubes. De hecho, eso es exactamente lo que le sucedió a Pedro, Santiago y Juan cuando Jesús los llevó a la montaña y se apareció ante ellos envuelto en gloria junto con Moisés y Elías. Pedro quiso poner tres tiendas y acampar para siempre en esa cima montañosa.

Sin embargo, no podemos permanecer en lo alto de la montaña. La vista es magnífica, pero las cumbres son lugares peligrosos. Los seres humanos no están destinados a vivir en la cima. Sólo podemos visitar las cumbres, beber de su gloria, y luego traer el recuerdo y la promesa de esa gloria de vuelta con nosotros a nuestros hogares del valle.

Sin las experiencias en lo alto de la montaña, la vida no merece la pena de vivirse, pero debemos recordar también que la vida no puede ser vivida en ese alto.

¿Cuándo fue la última vez que estuve en lo alto de la montaña?
¿Qué traje de vuelta al valle a partir de esa experiencia?

DOY GRACIAS POR LAS MONTAÑAS Y LOS VALLES DE MI VIDA.

Amigos

CUANDO imaginamos a María (excepto si pensamos en la Anunciación), tendemos a verla en la compañía exclusiva de Jesús y de José. Incluso cuando la vemos en la fiesta nupcial de Caná, generalmente la imaginamos teniendo una charla con Jesús; no la vemos en compañía de sus amigas, discutiendo el traje de la novia. Y raramente la imaginamos en circunstancias aún más ordinarias: riendo mientras ella y otras mujeres sacaban agua del pozo, por ejemplo, o regateando con un mercader mientras visita los mercados de Jerusalén en la época del festival.

Sin embargo, intuitivamente sabemos que María hubo de tener amigos. Edward Young llama a la amistad «el vino de la vida», ¡y todos sabemos qué valor puso María en el vino!

¿Quiénes fueron, pues, los amigos de María? Aunque generalmente suponemos que María estaba próxima a Isabel (a la que visitó nada más marcharse el ángel Gabriel) y a su hermana (que permaneció junto a ella en la Crucifixión), no podemos saber si María estaba próxima a esta gente simplemente porque eran familiares suyos o porque además se habían hecho amigas.

Todos tenemos la opción de volvernos amigos de María. Como sucede con todas las amistades, no obstante, debemos tomarnos tiempo para conocer a nuestra nueva amiga y alimentar la amistad pasando tiempo con ella. Uno de los mejores modos de pasar el tiempo en compañía de María es rezando el Rosario. La cualidad meditativa del Rosario, así como su enfoque en las vidas de María y Jesús, lo vuelve ideal para empezar o continuar una relación estrecha con María.

¿Quiénes son mis amigos más próximos?
¿Hago lo necesario tanto para hacer como para mantener amigos?

NO SÓLO TENGO BUENOS AMIGOS, SINO QUE SOY UN BUEN AMIGO.

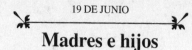

Madres e hijos

LAS relaciones entre madres e hijos tienen algunas cualidades universales. En primer lugar, cualquiera que sea la edad del hijo, sigue siendo el «pequeño» de su madre. En segundo lugar, sea lo que sea que se muestre en la vida de él, un hijo siempre tendrá un lugar especial para su madre en su corazón. Pese a la fuerza del vínculo madre-hijo, sin embargo, madres e hijos no siempre tienen relaciones dichosas y pacíficas. En verdad, a veces los desacuerdos pueden volverse muy profundos.

Ni siquiera María y Jesús se hallaban por encima de las tensiones normales del comportamiento madre-hijo. Piensa en la fiesta nupcial de Caná: María quiso que Jesús hiciera algo acerca de la situación con el vino, pero Jesús, claramente, no mostraba mucha excitación ante esa perspectiva.

Como dijera M. Basil Pennington: «Las cosas no estaban transcurriendo exactamente como Él las había planeado: "Después de todo, Madre, ¿es que deseas dejar anotado en la historia que la primera señal que el Hijo de Dios obró en su misión salvadora fue el de sacar más aguardiente para los chicos, después de que ya hubiesen dejado la casa seca?"»

Aunque Fr. Pennington no responde a la pregunta, está claro cuál habría sido la respuesta de María: «Sí querido, eso es exactamente lo que quiero.» Y podemos oírla añadir: «Y le llamamos *vino,* querido, no *aguardiente.*»

A menudo es mucho más sencillo ser educado con los extraños que con nuestra propia familia. Con los miembros de la familia tenemos eso, *familiaridad.* Sin embargo, ser educados y respetuosos con aquellos con quienes tenemos relaciones más frecuentes es un distintivo del verdadero amor. Aunque Jesús cuestionó la interferencia de su madre, finalmente hizo lo que ella le pedía (¡y suponemos que lo haría de manera educada!).

¿Soy alguna vez brusco o rudo con los miembros de mi familia?
¿Pongo para los extraños una cara diferente que para la familia?

TRATO A TODO EL MUNDO CON AMABILIDAD Y RESPETO.

Hogar

El hogar es la morada del corazón.

ELBERT HUBBARD

¿A qué llamaba María su hogar? ¿A Nazaret, donde vivió de niña? ¿A Belén, donde nació su hijo y su marido tenía familiares? ¿A Egipto, donde vivió como joven novia y madre? ¿A Éfeso, donde se cree que vivió los últimos años de su vida?

Es difícil decirlo. El hogar no es tanto un lugar físico como una atadura emocional; es realmente «el lugar donde se encuentra el corazón». Aunque muchos de nosotros tenemos un profundo apego por el lugar en el que crecimos, el lugar que entona un canto de sirena para nuestro corazón podría ser otro que ni siquiera hemos visitado nunca. Cuando vemos fotos o reportajes televisivos de esa área, nuestro corazón grita: «¡Ahí, ése es mi *hogar*!» Algo de ese lugar resuena profundamente en nuestro ser y nos crea un poderoso anhelo.

Esté donde esté el lugar que reconocemos como hogar, será meramente un reflejo de nuestro hogar celestial. Nos recuerda que no vivimos realmente aquí en la Tierra, que somos meramente viajeros de un viaje cósmico, y que aguardamos, al final de nuestro viaje, nuestro hogar real con su fuego salutador y calentito. Es precisamente porque un lugar en el que nunca hemos estado puede recordarnos el hogar, por lo que podemos estar seguros de que cuando entremos en el cielo estaremos completa, total y plenamente en nuestro hogar.

Si pudiera vivir en cualquier parte, ¿dónde lo haría?
¿Qué tipo de sitios hacen cantar a mi corazón?

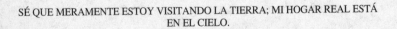

SÉ QUE MERAMENTE ESTOY VISITANDO LA TIERRA; MI HOGAR REAL ESTÁ EN EL CIELO.

Felicidad

«NO hay tarea que estimemos menos, que la de ser felices», escribió Robert Louis Stevenson.

La mayoría de nosotros no consideramos el ser felices como una tarea. Por lo general, lo tenemos por un evasivo objetivo, con énfasis en la palabra *evasivo*. Pero la razón por la que consideramos la felicidad tan evasiva puede ser la de que la buscamos en todos los lugares equivocados.

Tendemos a equiparar felicidad con adquisición. Pensamos que cuanto más hagamos y tengamos, más felices devendremos. Sin embargo, si queremos ser felices, debemos vivir esta paráfrasis de la famosa cita del presidente John F. Kennedy: «No preguntes qué puede darte la vida, sino qué puedes darle tú a la vida.» La verdad es que la felicidad tiene muy poco que ver con *sacarle* el máximo a la vida. Tiene todo que ver, en cambio, con *darle* todo lo que podamos a la vida.

Irónicamente, cuando empezamos a dar libre y gozosamente, sin expectativas de devolución, descubrimos que cuanto más damos, tanto más recibimos. Cuando nos implicamos en la vida plenamente, la vida empieza a implicarse con nosotros. Cuando amamos sin letra pequeña, descubrimos que somos amados incondicionalmente.

María se muestra como un ejemplo de la regla fundamental de la felicidad: a fin de ser felices, debemos primero ser capaces de verternos nosotros mismos y nuestros talentos para los demás, sin esperar nada a cambio. Entonces, y sólo entonces, descubriremos que la felicidad no es algo que encontramos; al contrario, es algo que nos encuentra a nosotros.

¿Soy feliz? ¿Qué cosa pensaba me iba a hacer feliz, y no fue así?
¿Cuándo fue el tiempo más feliz de mi vida?

ME HAGO A LA IDEA DE SER FELIZ HOY.

Cometidos opuestos

LOS dos cometidos por los que honramos más a María parecen a primera vista diametralmente opuestos entre sí. ¡Después de todo, maternidad y virginidad no se consideran compatibles por lo general! Más aún, si como enseña la tradición católica, María no sólo era virgen en el momento del nacimiento de Cristo, sino que fue una virgen *perpetua* (aunque casada), entonces la contradicción es aún más profunda.

Es tentador despachar la situación de María como única en la historia de la humanidad —¡y desde luego que lo es!—, pero la vida de María contiene también una lección para cada uno de nosotros.

Su vida nos enseña que, aunque seamos incapaces de reconciliar en nuestra vida las contradicciones, Dios no sólo *puede* hacerlo, sino que lo *hace*. Uno de los grandes misterios de Dios es el de ser capaz de permitir que coexistan simultáneamente dos realidades enteramente diferentes. Apenas podemos vislumbrar algo así. De hecho, la respuesta de María a Gabriel: «¿Cómo puede ser esto?», es también nuestra pregunta. Dado que la visión de Dios de lo que puede ser es tan radicalmente diferente de la nuestra, no podemos empezar a concebir dos realidades simultáneas, no más de lo que María podía concebir ser a la vez virgen y madre (¡con todos sus juegos de palabras!).

Las realidades que crea Dios no son las de los universos de la ciencia-ficción. Incluyen la realidad de una pareja profundamente lastimada por la infidelidad, que es capaz de perdonar y olvida. La realidad de un niño agonizante que irradia gozo a todo su alrededor. La realidad de un hombre erróneamente ejecutado que exclama desde su cruz: «Padre, perdónalos, porque no saben lo que hacen.»

¿Alguna vez he experimentado dos realidades coexistiendo en mi propia vida? ¿Qué contradicciones me gustaría que Dios me ayudase a reconciliar ahora mismo?

CREO QUE NADA ES IMPOSIBLE PARA DIOS.

Cruces

L A mayoría de quienes fuimos criados en un hogar cristiano estamos familiarizados con la frase «Coge tu cruz». Aplicada a las cargas y responsabilidades, la frase está destinada a alentarnos en las situaciones difíciles. Así pues, ¿por qué hay algunas personas que encuentran mucho más fácil portar las cruces que otras?

Quizá porque una cruz sólo es una cruz si no quieres asumirla.

Los maderos que hicieron la cruz de Jesús no eran más pesados que muchas de las vigas que habría transportado en el curso de su trabajo como carpintero. Su peso emocional era mucho mayor, sin embargo, pues iban a ser empleados en una crucifixión. Cuando María vio a Jesús llevando vigas en una construcción, seguramente que no tuvo la misma reacción que cuando le vio portando una como parte de su cruz. No era la madera lo que había cambiado; era la percepción que María tenía de ella.

Del mismo modo, las cruces diarias que hemos de asumir son cruces sólo si las vemos como tales. Aunque Helen Keller nunca minusvaloró el inconveniente de ser ciega, escribió que ser sorda era más difícil para ella. Podríamos decir que el ser muda fue más una cruz para ella que ser ciega.

Una vez que estamos dispuestos a abrazar nuestras cruces, su peso es automáticamente aligerado; somos capaces de portarlas con mucha mayor facilidad. Es sólo cuando nos resistimos a asumirlas cuando resultan demasiado aplastantes para soportarlas.

¿A qué cruces me estoy resistiendo en mi vida? ¿Qué pienso que pasaría si fuera a aceptar esas cruces sin resistencia?

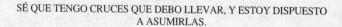

SÉ QUE TENGO CRUCES QUE DEBO LLEVAR, Y ESTOY DISPUESTO A ASUMIRLAS.

Juan el Bautista

TRAS haber estado cerca durante su nacimiento, ¿alguna vez meneó María su cabeza ante la persona que Juan el Bautista —el hijo de Isabel— había llegado a ser? Si él y Jesús estuvieron juntos de jóvenes, ¿se preocupó alguna vez por la influencia de Juan sobre Jesús? Dada la persona que fue de adulto —alguien que se marchó al desierto a comer bayas silvestres, atosigó a las clases gobernantes y en, general, se convirtió en tal fastidio que consiguió que le cortaran la cabeza—, no hace falta ser muy astuto para darse cuenta de cómo debía ser ya de joven y de adolescente.

Es enteramente posible que María e Isabel se reunieran en las fiestas familiares con las otras madres, para hablar de sus chicos y de lo que suponía sacarlos adelante. No es improbable que discutieran el hecho de que la maternidad no había resultado exactamente como esperaban.

Nunca sucede con la maternidad.

Tener un hijo (o hijos) ata a todas las mujeres con un lazo común. Una madre de Japón, una madre de Australia, una madre en Estados Unidos y una madre en África saben todas lo que es dar a luz, cuidar de un bebé, habérselas con la adolescencia. Las diferencias culturales crean algunas variaciones, pero puesto que las mamás son mamás y los chicos chicos en todo el mundo, tenemos más similitudes que diferencias. Y una de las grandes similitudes es que lo que proyectamos que va a ser la vida como madre, no es lo que la vida como madre resulta en realidad. En ciertos sentidos, desde luego, es mucho más maravilloso de lo que podíamos haber imaginado. En otros sentidos, es mucho más difícil. Puesto que María e Isabel eran mamás reales, deben de haberse sentido del mismo modo —¡al menos de vez en cuando!

¿Cómo me siento cuando el futuro no resulta como imaginaba que iba a ser? ¿Estoy dispuesto a vivir en el presente, y dejar que el futuro cuide de sí mismo?

VIVO EN EL AQUÍ Y AHORA.

Metas

LAS metas son una cosa divertida: una vez que las has alcanzado, desaparecen. Incluso si trabajas durante meses o años por conseguir algo, tan pronto como se convierte en una realidad, de repente tienes un nuevo objetivo. Parte de la razón por la que tenemos sentimientos tan ambivalentes acerca de las metas y logros en este país es que la cultura occidental no está hecha para saborear el logro, está hecha para saborear la *búsqueda* del logro. Se nos dice que nunca debemos estar satisfechos. Siempre debemos alcanzar más y más. Bueno, si no hay límite para lo que hemos de alcanzar, entonces una meta es simplemente una meseta, con el siguiente nivel surgiendo amenazador delante nuestro. No es de extrañar que saquemos tan poca satisfacción de la vida.

Un antídoto contra esta disposición mental orientada a la búsqueda del logro es la de establecer metas espirituales en vez de terrenales.

No sabemos cuáles serían las metas de María durante su vida terrenal. Hacer que Jesús se criara hasta convertirse en adulto tuvo que ser una, desde luego. Pese a todas las promesas sobre el Mesías, la vida en los tiempos antiguos era difícil. Jesús pudo haber muerto de cualquier cosa, desde una neumonía hasta de un capricho de Herodes. María probablemente tuviera otras muchas metas diarias, menos sustanciales; quizá cosas como acabar de cardar la lana y tejer otra túnica para Jesús o José. Tales metas eran transitorias, por su propia naturaleza.

Ahora, en cambio, la meta de María es completamente espiritual: esparcir el mensaje de su hijo a lo largo del mundo. Tal objetivo durará hasta que acabe el tiempo mismo. Si queremos obtener algo más que un pasajero sentimiento de logro, debemos suplementar las metas que podemos alcanzar en el aquí y ahora, con metas cuyo punto final sea la eternidad.

¿Son las metas que he establecido para mí mismo una mezcla del aquí y ahora y de lo eterno?

ME TOMO TIEMPO PARA ESTABLECER LAS METAS DE MI VIDA.

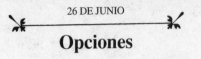

Opciones

¿CUANTAS veces le has oído decir a alguien: «No tengo elección»? Tal afirmación es simplemente falsa. En toda situación tenemos opciones, si bien pueden no gustarnos las opciones que tenemos. Piensa, por ejemplo, en el caso de personas atrapadas en trabajos infames. Pueden decir que no tienen otra alternativa que aguantarlos, pero no es el caso; tienen la opción de dejarlos (incluso si encuentran esa opción inaceptable). En un caso así, decir: «No tengo opción», significa realmente: «No me gustan las elecciones que tengo.»

María tuvo elección cuando se le apareció el ángel Gabriel. Pese a su afirmación algo impositiva («He aquí que concebirás y darás a luz a un niño, y le pondrás de nombre Jesús»), María pudo haber dicho: «No, no lo creo.» Así que tuvo la opción de rehusarse. La historia de la humanidad se habría visto alterada, el plan de salvación de Dios habría sido diferente; pero María *pudo* haber dicho que no. Es una bendición para nosotros que dijera un sí resonante.

Cuando te encuentres en una situación que parezca no dejarte elección, sigue el ejemplo de María. María hizo a Gabriel algunas pertinentes preguntas antes de aceptar quedarse embarazada. Del mismo modo, podemos tomarnos el tiempo que necesitamos para valorar las opciones de que disponemos. Habiéndolo hecho, podemos decidir que todas nuestras opciones, menos una, son inaceptables. Aunque una sola opción viable pueda parecer lo mismo que no tener elección, en realidad es algo muy diferente: al examinar nuestras opciones consciente y deliberadamente, y luego seleccionar libremente la que sabemos que es mejor (incluso si no nos gusta), estamos en mejores condiciones de vivir nuestra elección sin rencor ni remordimiento.

¿Creo que siempre tengo una opción, cualquiera que sea la situación?

SÉ QUE SIEMPRE TENGO OPCIONES, INCLUSO CUANDO NO LO PARECE.

Oración

¿ALGUNA vez oraste y oraste pidiendo algo, para no recibir sino una respuesta totalmente inesperada… una respuesta que, incluso si no te decepcionó, fue completamente imprevista?

En tal caso, quizá lo que se respondió fue «la oración por debajo de la oración».

La oración por debajo de la oración es aquello que *realmente* deseamos que suceda. Sólo si somos totalmente sinceros, y a veces únicamente en retrospectiva, podemos reconocer este deseo subyacente. Supongamos, por ejemplo, que a uno de tus amigos más íntimos se le ofrece cambiarse a otra parte del país. Tú rezas con todo tu corazón que no tenga que marcharse, y sin embargo la comitiva parte un día, y tu amigo se va. Sin embargo, seguís estando en contacto después de su partida, quizá a través del correo electrónico. Pasados unos meses, ambos acabáis en la misma ciudad para una convención, y disfrutáis de estar juntos durante toda una semana. Si examinas con cuidado qué es lo que realmente querías que hubiese sucedido cuando oraste pidiendo que tu amigo no se marchara, verás que confiabas en mantener la amistad. *Y eso es lo que sucedió.* A pesar de la distancia, seguisteis siendo amigos íntimos. La oración por debajo de la oración fue contestada.

Las palabras de Jesús: «Pedid y se os dará» significan que se nos concederá lo que realmente queremos, aunque no sepamos expresarlo. Por eso obtenemos lo que pedimos *de verdad* y no lo que *creíamos* desear.

Aprender a rezar la oración por debajo de la oración es ser completamente honrados con nosotros mismos y con Dios. En las pocas conversaciones de María con Jesús que se han registrado, ella era totalmente honrada. No le quitó hierro al asunto. Cuando estaba alterada en el Templo, lo dijo. Cuando deseaba más vino, lo pidió. María obtuvo lo que pidió, y también lo obtendremos nosotros —si aprendemos a orar por debajo de nuestras oraciones.

¿Trato de engañar a Dios para que me dé lo que quiero, pretendiendo querer otra cosa?
¿Alguna vez doy a mis conversaciones con Dios una «pátina sagrada»?

SOY SINCERO CON DIOS EN MIS ORACIONES, INCLUSO CUANDO NO PARECE «SANTO» LO QUE ESTOY DICIENDO.

Elecciones profesionales

LOS planificadores de carreras profesionales nos dicen que, a fin de ir adelante, hemos de decidir lo que queremos hacer, establecer un plano y luego ejecutarlo. Debemos planificar el curso de nuestras propias vidas, dicen, o seremos derribados por los vientos del destino.

La vida de María nos da un modelo muy diferente. María dice que en vez de forzar nuestro camino (cualquiera que sea) en una dirección particular, hemos de estar dispuestos a navegar a favor del viento del Espíritu, permitiendo ser llevados a nuevas e inesperadas direcciones.

La tradición antigua nos dice que María había planeado ser una virgen dedicada. Ella y José pueden haber sido jóvenes idealistas que planeaban servir juntos en el Templo, o tal vez (como sugieren algunos relatos) José fuera un hombre mucho mayor, que se casaba con María a fin de preservar su virginidad. En cualquier caso, la tradición nos cuenta que la maternidad no figuraba en el futuro de María. Dios, obviamente, tenía otras ideas, y hoy en día María es honrada por encima de todo como Madre de Dios.

Todos necesitamos estar abiertos a nuevos senderos de la vida, especialmente conforme las expectativas de vida siguen subiendo de nivel. Ya no tenemos por qué decidir lo que queremos hacer a los dieciocho años, y permanecer con esa elección hasta la fecha de nuestra muerte. Nunca es demasiado tarde para un nuevo comienzo o una nueva profesión. Quizá estés dándole vueltas a este asunto ahora mismo: sintiendo el impulso hacia una nueva dirección, pero creyendo que es demasiado tarde para que hagas ya un cambio, que has invertido demasiado como para intentar ahora algo nuevo. Si es así, pregúntate si serás más feliz dentro de diez años si no haces lo que ahora quieres hacer. Si la respuesta es no, entonces no tienes nada que perder por intentar una nueva dirección.

¿Busco alguna vez las razones por las que no puedo cambiar ahora mismo?
¿Estoy dispuesto a asentarme por algo que no sea lo que realmente quiero, simplemente por conveniencia?

ESTOY DISPUESTO A INTENTAR NUEVAS COSAS, Y A BUSCAR NUEVAS DIRECCIONES.

Sometimiento

LOS escritores espirituales han alabado, a lo largo de los siglos, muchas de las virtudes de María, incluido su sometimiento. Es tenida como modelo de aquiescencia y flexibilidad, con sus palabras a Gabriel —«Hágase en mí según tu palabra»— como prueba positiva de ello.

De acuerdo, sí, María era sometida en todos los sentidos correctos de la palabra. Permitió que Dios le mostrase el camino a recorrer. Permitió a Dios trabajar a través de ella y con ella para cumplir las promesas de salvación. Puso su voluntad bajo la voluntad de Dios.

Ahora bien, demasiado a menudo el sometimiento de María se ha empleado como excusa para la dominación; y eso es erróneo.

María estuvo sometida a Dios, perro no *dominada* por Dios. Dios no obligó a María a hacer nada. Dios no pisoteó a María en un felpudo colocado ante el Portal de Perlas. Dios pidió a María que libre y voluntariamente abandonase sus propios deseos a fin de poner en acción el plan divino. Con su sometimiento, Dios elevó a María de tal modo que ella devino los Portales del Cielo mismos.

El verdadero sometimiento nunca significa correr con la bandera blanca, tirarse al suelo y rendirse. El verdadero sometimiento significa cambiar tu corazón y tu mente, de modo que estés dispuesto a hacer lo necesario para servir a un bien mayor.

Si crees que tus derechos están siendo negados y tu ser mismo está siendo obstaculizado, no estás siendo sometido; estás siendo dominado. Y si María es la prueba positiva de *algo,* es la de que, aunque Dios nos llama a ser sometidos, nunca nos pide ser dominados.

¿Pienso que he de abandonar mi ser mismo a fin de someterme a Dios?
¿Dejo alguna vez que otra gente me domine?

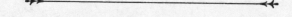

ME SOMETO A LA AMOROSA INTERVENCIÓN DE DIOS EN MI VIDA.

Promesas

DEMASIADO a menudo, promesa hecha promesa rota. Siendo la vida como es, no tenemos mucha experiencia de promesas mantenidas. Como resultado, a menudo esperamos que una promesa será, si no rota, al menos algo doblada. Esto es especialmente cierto para las promesas cuyo cumplimiento se sitúa en un futuro lejano. A veces supones que la promesa del tipo «Algún día...» es meramente un sueño nostálgico o ilusorio. Es difícil creer en promesas a largo plazo, pues no hay confirmación alguna de que se cumplirán hasta que realmente ocurren.

María debió de tener similares experiencias. Sabía de la promesa, proveniente de edades pasadas, de que vendría un Mesías, por ejemplo, pero esa promesa había estado vigente durante siglos. No había nada que mostrase que la promesa iba a fructificar en su propio tiempo —y *ciertamente* nada había que indicase que ella sería el medio de poder cumplir la promesa.

La gente ha especulado durante generaciones sobre por qué María fue la escogida. Por supuesto, no tenemos manera de saber por qué Dios la escogió a ella, pero pudo haber sido porque, de entre todas las mujeres, era la que más creía, completa y totalmente, en la promesa de salvación de Dios. Quizá más que nadie, ella confiaba en que la palabra de Dios sería cumplida. Dado que estaba tan abierta a Dios, Dios fue capaz de obrar a través de ella el más grande los milagros. Quizá no fuera escogida porque esperaba que Dios cumpliría la promesa, sino porque sabía que Dios lo haría.

¿Creo —no sólo espero— que las promesas de Dios se harán realidad?

MANTENGO TODAS LAS PROMESAS QUE HAGO.

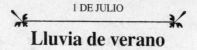

Lluvia de verano

«DIOS te salve, María, llena eres de gracia. El Señor es contigo.» Estas palabras —la salutación de Gabriel a María— sirven de línea de apertura del Ave María, sin duda la segunda oración más famosa de la Cristiandad (siendo, desde luego, el Padrenuestro la primera). Incluso los no católicos, la mayoría de los cuales no se sentirían a gusto orándole a María si sus vidas dependieran de ello, la han oído mencionar.

Pero ¿qué significan realmente esas palabras? Más específicamente, ¿qué significa que María estuviera «llena de gracia»?

A lo largo de los siglos se han escrito innumerables textos sobre el asunto de la gracia —de hecho, algunos estudiosos han empleado toda una vida en tratar de descifrar sus misterios—, de manera que está claro que se carece de una fácil respuesta. Sin embargo, destilada hasta su esencia, la frase «llena eres de gracia» significa «completamente llena de la presencia de Dios». A diferencia del resto de nosotros, María carecía de recovecos de pecado oscuros, lóbregos y llenos de telarañas. El alma de María estaba totalmente iluminada por el amor de Dios.

Aunque no se nos haya dado la especial infusión de gracia que le fue concedida a María, también nosotros podemos estar llenos de vida, luz y amor. Es lo que Dios desea para cada uno de nosotros, aquello para lo que fuimos creados —para ser llenos de gracia.

Ese llenado, sin embargo, no es como poner un vaso bajo el grifo. Requiere que cooperemos con el plan de Dios, a base de volver nuestras mentes y corazones hacia lo bueno y positivo, rechazando aquellas cosas que son destructivas y negativas. Significa que debemos escoger a diario, a veces incluso cada hora, hacer lo que sabemos correcto, a fin de abrir los canales a través de los cuales pueda entrar en nuestras vidas la gracia de Dios.

¿En qué modos puedo volverme hoy más lleno de gracia?
¿Qué elecciones puedo hacer para afirmar la vida en vez de destruirla?

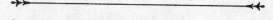

SÉ QUE DIOS QUIERE QUE YO SEA LLENADO DE GRACIA.

Reflejando a Dios

¿QUÉ aspecto tiene Dios? Los artistas han intentado, durante siglos, y con grados variables de éxito, crear representaciones visuales de Dios. Algunos han optado por un anciano de larga barba blanca; otros, por imágenes más abstractas, por ejemplo, un triángulo con un ojo central o incluso tan sólo una luz brillante.

Así pues, ¿cuál es el aspecto de Dios? El primer libro de las Escrituras hebreas, el Génesis, dice que fuimos creados a imagen de Dios. Esto no significa, sin embargo, que si fuéramos a ver a Dios veríamos una figura humana. Aunque algunas religiones han tratado de convertir a Dios en una persona de carne y hueso, la imagen de Dios a cuya semejanza fuimos hechos no es física; es más, bien, la *esencia* misma de Dios.

Dado que todos fuimos creados a imagen esencial de Dios, todos reflejamos a Dios, uno cara al otro, en cierto grado. Sin embargo, el espejo último de Dios —esto es, la persona que más se asemeja a Dios— es María. Cuando vemos a María, no sólo vemos lo mejor que la naturaleza humana es capaz de producir, sino también lo que significa ser creado a imagen de Dios.

En María vemos atributos divinos como el amor incondicional, el perdón, la misericordia y la compasión. Sin embargo, es importante recordar que aunque María refleja a Dios más perfectamente que cualquier otra persona, ella no es divina. El hecho de que sea tan humana como cualquiera de nosotros, debería darnos grandes ánimos de que también nosotros podemos llegar a reflejar a Dios más perfectamente.

Cuando la gente me ve, ¿qué aspectos divinos ve?
¿Qué aspectos divinos quisiera yo que vieran?
¿Qué puedo cambiar, de modo que refleje más claramente
a Dios ante los demás?

REFLEJO A DIOS ANTE TODOS AQUELLOS CON QUIENES ME ENCUENTRO.

Adoración

UNA de las siete maravillas del mundo antiguo fue la inmensa estatua de Zeus en Olimpia. No sólo los locales adoraban allí, sino que turistas de todo el mundo conocido iban a contemplar con respeto esa maravilla. Naturalmente, surgieron historias acerca de sucesos asombrosos que se suponían habían tenido lugar allí. Indudablemente, al menos algunos de los que fueron a ver la estatua confiaban en una cura milagrosa para una enfermedad, la restauración de una relación fallida o algún otro favor de Zeus.

Por supuesto, la estatua carecía de todo poder inherente, y si tuvo lugar algún milagro en respuesta a las peticiones del corazón, sería por el favor del único Dios verdadero, no del dios Zeus.

La tentación de asignar poderes milagrosos a algo o alguien distinto de Dios todavía se halla con nosotros. Desgraciadamente, María es una de las dianas favoritas. La línea entre la devoción mariana y la adoración mariana se vuelve algo confusa a veces. Lo que debería ser un honor apropiado se convierte en idolatría cuando María es adorada, no como Madre de Dios, sino como una suerte de diosa ella misma.

María es indudablemente burlada porque la gente la adore. Su vida entera la empleó en señalar el camino hacia Jesús y su mensaje. Que la gente se centre en ella antes que en su hijo debe agraviarla como nada (supuesto, desde luego, que la gente del cielo pueda ser agraviada).

Honrar a María como madre de Jesús (y por extensión, nuestra madre), alabarla por su ejemplo y virtud, pedirle intercesión y oración: éstas son acciones buenas y apropiadas. Pero cuando María se vuelve más importante que Jesús para nosotros, deberían ponerse en marcha las señales de alerta. El amor a María debería ser parte del sendero hacia Jesús, no un destino en y por sí mismo.

¿Cómo de importante es María para mi vida espiritual?
¿Me veo tentado alguna vez a pensar que puede obrar milagros
ella misma?

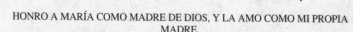

HONRO A MARÍA COMO MADRE DE DIOS, Y LA AMO COMO MI PROPIA MADRE.

Libertad religiosa

UNO de los artículos de la Constitución de EE.UU. es el de la libertad religiosa. A los estadounidenses se les garantiza por ley el derecho a practicar su fe según crean conveniente. De hecho, los Estados Unidos fueron fundados por inmigrantes que escapaban a la persecución religiosa en sus propios países nativos.

Con mucha frecuencia, sin embargo, interpretamos la libertad religiosa como la libertad para tratar de hacer que otra gente crea del mismo modo que nosotros. No sólo las diferentes religiones se hallan en pugna, sino que gente que pertenece a la misma fe discute entre sí.

En la tradición católica, las apariciones marianas son un foco de desacuerdo. Algunas personas no pueden imaginarse viviendo una vida católica cristiana sin creer que María se ha aparecido y continúa apareciéndose a lo largo del mundo. Otros católicos viven toda su vida sin conceder un solo pensamiento al itinerario de viaje de María. Los desacuerdos entre ambas facciones pueden volverse bastante enconados. Quienes creen, piensan que no creer es como insultar a su madre; quienes no creen, piensan que la creencia demuestra credulidad.

Ningún lado parece ser capaz de convencer al otro, ni deberían intentarlo. Es de eso de lo que se trata cuando hablamos de libertad religiosa: el derecho a estar de acuerdo en no coincidir en temas que no son centrales a la salvación. Ciertos temas, como el nacimiento virginal y la Resurrección de Jesús, son esenciales para ser cristiano. Cuándo, dónde, e incluso si María está apareciéndose hoy en día, no lo son.

Sea lo que fuere que creamos personalmente acerca de las apariciones de María, la libertad religiosa demanda que permitamos a otra gente hacerse su propia idea sin nuestra interferencia.

¿Me siento personalmente afrentado cuando alguien no cree lo mismo que yo acerca de las apariciones de María hoy en día en el mundo?

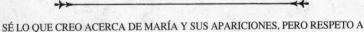

SÉ LO QUE CREO ACERCA DE MARÍA Y SUS APARICIONES, PERO RESPETO A QUIENES NO ESTÁN DE ACUERDO CONMIGO.

Trigales

HAY algo imperecedero en los trigales que ondulan suavemente con una cálida brisa de atardecer. Las emplumadas cabezas y los ricos tallos dorados se remontan a la aurora de la agricultura, cuando nuestros remotos antepasados abandonaron por vez primera la caza y se hicieron granjeros. Los trigales que vemos hoy en día, a pesar de algunas mejoras genéticas, son básicamente los mismos que María habría visto durante su vida.

Si tienes dificultades para sentirte cerca de María, un modo de conectar es el de pensar en ella cuando experimentas alguna de las cosas ordinarias y cotidianas que ella debió experimentar.

La siguiente vez que contemples un campo de trigo, un viñedo, ovejas punteando la ladera de una colina: piensa en María. La siguiente vez que huelas el heno recién cortado, las uvas caldeadas por el sol, los espectaculares narcisos: piensa en María. La siguiente vez que oigas el batir de las olas en las orillas de un lago, el canto de un pichón, el rugido del viento: piensa en María. La siguiente vez que pruebes un pan recién horneado, un buen vino rojo, una miel todavía en la colmena: piensa en María. La siguiente vez que toques una pieza de lana finamente tejida, un recipiente de arcilla hecho a mano, la mejilla de un bebé: piensa en María, y sabe que a lo largo de los siglos, a través de las barreras del tiempo y del espacio, ella está contigo.

¿Cuándo me siento más conectado con María?
¿Cuándo me siento más conectado con otra gente?
¿Cuál de los cinco sentidos me evoca recuerdos más fuertes?

ME DELEITO EN LO ORDINARIO.

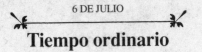

Tiempo ordinario

EN la tradición católica, las estaciones litúrgicas reciben nombres particulares. El tiempo antes de Navidad, por ejemplo, es llamado Adviento. Los cuarenta días antes de Pascua se designan como la Cuaresma. Los días posteriores a Pascua se llaman la Estación de Pascua. Sin embargo, no todo día del año tiene un acontecimiento especial conectado con él. Esos momentos del año -por ejemplo, el verano- se denominan Tiempo Ordinario.

A primera vista, parece irónico que muchas de las grandes fiestas de María tengan lugar durante el Tiempo Ordinario: Nuestra Señora de Lourdes, la Anunciación, la Visitación, la Inmaculada Concepción, la Asunción, María Reina y Nuestra Señora del Rosario, por nombrar sólo unas pocas. María, la mujer más extraordinaria de todos los tiempos, queda a menudo atrapada en mitad del Tiempo Ordinario.

Cuando pensamos sobre ello, sin embargo, vemos que María *pertenece* a lo ordinario. Después de todo, es en los momentos ordinarios de nuestras vidas —esos momentos temibles y diarios de levantarse por la mañana, ir a trabajar, volver a casa— cuando tendemos a perder de vista el plan eterno. Es fácil verse tan abrumado por los detalles diarios, que olvidemos que esta vida es sólo parte del viaje cósmico a la eternidad. Es entonces cuando María y su ejemplo se vuelven esenciales. Durante su vida, María no obró milagro alguno. Alcanzó su santidad caminando todos los días ordinarios en compañía de Dios. Al hacerlo así, no sólo se transformó ella misma, sino que transformó el curso del mundo entero.

¿Estoy loco por la excitación? ¿Me aburro con facilidad?
¿Alguna vez corro riesgos, simplemente para «tensar la cuerda»?

RECONOZCO LA IMPORTANCIA DE LO ORDINARIO EN MI VIDA.

Madurez

UNA de las grandes herejías que ha asolado a la Cristiandad casi desde el comienzo afirma que Jesús no pudo ser plenamente humano puesto que era divino. Incluso hoy en día esa herejía tiene cierto atractivo. Estamos inclinados a ver a Jesús a través de su filtro divino, olvidando que también era humano en todos los sentidos del término.

Piensa en la historia de Jesús que se queda rezagado en el Templo tras la Fiesta de Pascua.

María obviamente pensó que Jesús se encontraba en alguna parte de la caravana, quizá con José y los otros hombres. José obviamente pensó que Jesús estaba con María y las mujeres o con los otros chicos.

Y Jesús obviamente pensó... bueno, no es obvio lo que pensó. Pudo haber pensado que a María y José no les importaría que se rezagase. Pudo haber pensado que alguno de los otros chicos diría a sus padres dónde se encontraba. O simplemente es posible que no pensara en absoluto. Después de todo, por aquel entonces sólo tenía doce años, y los chicos de doce años son notables por su pensamiento claro y astuto en lo que concierne a sus padres, incluso si están destinados a ser el Mesías.

El hecho de que Jesús pudiera haber actuado antes de pensar cuando era un muchacho no le detracta su divinidad. Después de todo, no hay pecado alguno en simplemente ser inmaduro. Y Jesús, en su momento, fue inmaduro. De hecho, el Evangelio de Lucas dice que, tras el incidente del Templo, «Jesús avanzó en sabiduría, edad y favor ante Dios y ante los hombres».

Cuando actuemos sin pensar, deberíamos consolarnos en la comprensión de que incluso Jesús cometió unos pocos errores en el camino hacia la madurez plena.

¿Me culpo a mí mismo excesivamente por mis errores cuando me juzgo?
¿Tiendo a poner los errores en la misma categoría que los pecados?

COMPRENDO QUE DEBO CRECER EN MADUREZ TODOS LOS DÍAS DE MI VIDA.

Tacto

L A *Pietá* de Miguel Ángel es una de las grandes obras maestras de arte de todos los tiempos. Mostrando a María y Jesús justo después de bajar el cuerpo de Jesús de la cruz, captura el pesar de María y la humanidad de Jesús de un modo que sólo puede dejar sin conmover al espectador más endurecido de corazón.

Quizá una de las razones para que la *Pietá* sea tan conmovedora es que muestra el tierno tacto con el que María sostiene a su hijo. Todos los seres humanos necesitan ser acariciados. Los bebés que son privados del contacto físico no pueden sobrevivir, incluso si sus otras necesidades son satisfechas. Más aún, hay estudios que demuestran que los niños que crecen en hogares en los que el afecto es mostrado por medio de caricias, abrazos y otros contactos no sexuales, tendrán menos probabilidades de verse envueltos en experimentaciones sexuales prematuras. Dado que su necesidad humana innata de ser tocados ha sido satisfecha, estos niños son más capaces de diferenciar entre el amor y el sexo.

Desgraciadamente, la cultura moderna se ha vuelto tan obsesa con el sexo, que incluso el más inocente contacto puede ser malinterpretado. Algunos padres conscientes en exceso se refrenan de tocar demasiado a sus hijos por miedo a ser acusados de molestarlos. Los amigos mantienen sus distancias por temor a ser considerados demasiado íntimos. Los compañeros de trabajo evitan cualquier contacto físico por temor a ser acusados de acoso. El resultado es una sociedad que tiene demasiado sexo y poco tacto.

Aunque nadie sugeriría que fueras tocando a todo aquel con quien te encuentres, practicar un «tacto seguro» en forma de una caricia, una palmada en el hombro o un frote por la espalda es un modo de «alimentar al hambriento» en la sociedad de hoy.

¿Cómo me siento cuando alguien a quien no conozco me toca?
¿Cómo me siento respecto a tocar a otra gente de maneras
no sexuales?

NO TENGO MIEDO DE ALLEGARME A ALGUIEN Y TOCARLO.

Juego

¿CUÁNDO fue la última vez que saliste a jugar? No a participar en un evento deportivo organizado, sino simplemente a jugar: a correr por la playa, a inflar globos en la brisa, a soltarte y hacer algo total y completamente frívolo.

Si eres como la mayoría de los adultos, hará bastante tiempo. Uno de los muchos motivos por los que dejamos de jugar es el de que no parece algo digno de una persona madura. Otro motivo, para algunas personas, es el de que el juego no parece «santo». Después de todo, compara el número de veces que has visto un cuadro de Jesús o María rezando con las veces que has visto un cuadro de alguno de ellos jugando. La diferencia se hallará próxima a diez mil contra cero.

Aunque sea cierto que no tenemos documentos directos que hablen de Jesús o María jugando realmente, ¿qué crees que sucedía en los banquetes nupciales en su tiempo? A modo de arranque, habría cantos, baile, buena comida y buen vino (¡al menos en una boda!).

El juego es un modo en el que aprendemos a despertarnos a la excitación de la vida, a ver las cosas de una forma nueva y refrescante, a reconectarnos con el niño que llevamos dentro. Aunque ponemos mucho énfasis en la importancia de ser adultos, Jesús tiene una idea diferente. Dice a sus seguidores: «Y además, os digo, que quien no acepte el reino de Dios como un niño, no entrará en él.»

Aunque Jesús ciertamente no está condonando el infantilismo, está diciendo que necesitamos darnos permiso a nosotros mismos para ver la vida a través de los ojos de un niño, para celebrar la maravilla de la creación: ¡sí, para *jugar*!

¿Cuándo fue la última vez que salí a jugar?
Si pudiera pedir a alguien que jugase conmigo, ¿a quién se lo diría?

SÉ CUANDO TRABAJAR, PERO TAMBIÉN SÉ CUÁNDO JUGAR.

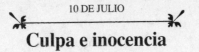

Culpa e inocencia

EL sistema judicial norteamericano se basa en la presunción de inocencia: una persona es inocente hasta que se prueba que es culpable. La demostración de las pruebas no corresponde al acusado sino al acusador. Aunque lo que trata el sistema es de asegurar que ningún inocente sea accidentalmente declarado convicto, tiene otro efecto menos deseable: cuando una persona es hallada «no culpable», ese veredicto no significa necesariamente que la persona sea inocente; puede significar meramente que la acusación no pudo probar el caso. Puede, por tanto, haber una enorme diferencia entre no ser culpable y ser inocente.

Poncio Pilatos reconoció el hecho de que los acusadores de Jesús no habían probado el caso cuando dijo: «No le hallo culpable de ningún crimen capital.» Sin embargo, Jesús no sólo es que fuera «no culpable», es que era total y completamente inocente.

Qué difícil debe de haber sido para María saber que su hijo era inocente, verlo declarado «no culpable», y *sin embargo* verlo condenado a muerte. La extrema ignominia y burla de la justicia deben de haber pesado fuertemente en su alma, pero no leemos que pronunciara una sola palabra de protesta.

¿Por qué? ¿Por qué María no habló a favor de su hijo?

La respuesta obvia es que, puesto que era una mujer, no habría sido escuchada por los hombres del juzgado; pero ésa no es toda la historia. María no habló por que sabía que la equidad de Dios prevalecería. Incluso si no comprendía exactamente por qué su hijo debía de morir, tenía fe en que se haría la voluntad de Dios, y la justicia sería finalmente servida. Ojalá nosotros, cuando nos vemos injusta o desigualmente tratados, pudiéramos tener la mitad de la confianza que tenía María.

¿Qué hago cuando soy víctima de una injusticia?

CONFÍO EN QUE LA JUSTICIA PREVALECERÁ AL FIN.

Emociones negativas

¿ALGUNA vez te has preguntado qué emociones negativas experimentó María? Se nos dice que se hallaba muy turbada cuando se le apareció el ángel. Sabemos que estaba ansiosa cuando Jesús se perdió en Jerusalén, y suponemos que tenía el corazón destrozado cuando fue llevado a la muerte. Sin embargo, ira, frustración, enojo, decepción: éstas emociones no solemos asociarlas con María, quizá por su Inmaculada Concepción. No obstante, el hecho de que naciera libre de la inclinación natural a pecar no significa que nunca experimentara otras emociones negativas que no fueran el pesar.

Pensemos en la decepción, por ejemplo. Es natural sentir decepción cuando las cosas no van como deseamos o esperamos. Indudablemente María sentía decepción cuando su pan no se inflaba como ella quería, o cuando llovía el día en que había planeado tender la colada.

O pensemos en la frustración. Si una oveja saltaba tres veces la valla en una mañana, y María tenía que expulsarla, probablemente se sentiría un poco frustrada con la bestia. Si llamaba a José y a Jesús a comer, y no venían pronto, probablemente se sentiría frustrada al ver cómo se enfriaba la sopa de lentejas.

Como todos los otros sentimientos, los sentimientos negativos no son ni buenos ni malos. Simplemente *son*. Es lo que hacemos con nuestros sentimientos negativos lo que los hace buenos o malos. Golpear a la oveja o pegar gritos a Jesús y José habría sido impensable para María. Pero sentirse frustrada o enojada, eso es simplemente parte de la naturaleza humana.

¿Tiendo a juzgar mis sentimientos o los sentimientos de otros?
¿Alguna vez digo: «No deberías sentirte de ese modo»?

TENGO PERMISO PARA MIS SENTIMIENTOS.

En busca de la calidad y la cantidad

A VECES, cantidad y calidad se manifiestan como polos opuestos: la calidad del tiempo frente a la cantidad de tiempo, por ejemplo. Pero en realidad, calidad y cantidad no necesitan estar enfrentados; hay un momento y un lugar para cada uno. Un granjero necesita una cantidad de semillas a fin de producir una cosecha para el mercado, por ejemplo. Una semilla de calidad no puede ocupar el lugar de la necesaria cantidad de semillas. Sin embargo, a veces la calidad es más importante que la cantidad. Una chaqueta cara y bien diseñada te permitirá salir adelante en la mayoría de las situaciones sociales, mientras que un vestidor repleto de ropa barata y a la moda te asegurará no estar adecuadamente vestido para *ninguna* ocasión.

También en nuestra vida de oración, tanto la calidad como la cantidad tienen su lugar. Una y otra vez, en sus apariciones, María nos pide: «Orad siempre.» Tal advertencia señala claramente la necesidad de la oración en *cantidad*. Con la oración constante e insistente, incluso las guerras y los desastres naturales pueden ser evitados, dice ella, urgiendo a sus seguidores a asistir a Misa frecuentemente y a rezar el Rosario a diario.

Al mismo tiempo, María señala la necesidad de la oración de *calidad*. En una de sus apariciones se cree que dijo: «No necesito doscientos Padrenuestros. Es mejor orar uno, pero con el deseo de encontrar a Dios.» En otra ocasión ofreció este consejo: «Cuando oréis, no andéis mirando vuestro reloj.»

María entiende que necesitamos tanto la oración de calidad como su cantidad, si hemos de conocer, amar y servir a Dios, igual que necesitamos la comunicación, tanto de calidad como de cantidad, en cualquier relación con sentido.

¿Disfruto orando?
¿Encuentro más fácil hablar con Dios o recitar oraciones
preestablecidas?
¿Tengo algún momento especial del día en que oro?

HAGO DE MI VIDA ORACIÓN Y DE LA ORACIÓN MI VIDA.

Fuerza de voluntad

A PESAR de sus fantásticos titulares y sus trucos de mercadotecnia engañosos, la mayoría de las dietas se basan en una sola cosa: la fuerza de voluntad. Aunque una dieta recurra a la capacidad para quemar grasas que tienen las uvas o las berzas, a la importancia de veinte minutos de ejercicio al día, o a la magia de las bebidas bajas en calorías, al final todo se reduce a una sola cosa: tener la fuerza de voluntad de comer menos y hacer más ejercicio. Puesto que la fuerza de voluntad nos es dada a pocos como algo natural, la mayoría de las dietas están condenadas al fracaso. Hacer las cosas por nuestra propia fuerza de voluntad significa generalmente pender de un hilo. Si nos dejamos ir por un instante, estamos perdidos. Esto puede verse mejor que nada con los alcohólicos. Quienes dependen enteramente de su propia fuerza de voluntad para permanecer sobrios suelen caerse del vagón tarde o temprano. Quienes no caen, se vuelven a veces tan atados y rígidos por la necesidad de mantener el control que son incapaces de vivir la vida en su plenitud.

La respuesta al dilema de la fuerza de voluntad es simple: deja de intentar hacerlo solo. María no dependió de su propia fuerza de voluntad para pasar por la vida. Permitió a Dios que manejara las cosas que Dios maneja mejor. Por ejemplo, cuando se trataba de dar a conocer su embarazo a José. María ni siquiera trató de explicarlo. Dejó que Dios se hiciera cargo de la situación, mientras ella visitaba a su prima Isabel.

Dejar que Dios se haga cargo en lugar de nuestra propia fuerza de voluntad va en contra de la naturaleza humana. Es difícil confiar en que Dios realmente nos ama tanto como para hacerse cargo de nuestras situaciones difíciles. Pero hasta que no aprendamos a abandonar y dejar entrar a Dios en escena, estaremos condenados a una interminable lucha contra nuestra propia falta de fuerza de voluntad.

¿Estoy dispuesto a confiar en Dios con mis luchas más difíciles?

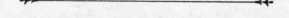

HAGO TODO LO QUE PUEDO, Y DEJO QUE DIOS HAGA EL RESTO.

Estrella de la Mañana

MARÍA es tradicionalmente llamada Estrella de la Mañana porque una nueva aurora de la creación comenzó con su aceptación de la llamada de Dios. Sin embargo, también podría ser llamada Estrella de la Mañana porque, aunque brilla como un brillante lucero en los cielos, permanece en lamento hasta que toda la creación se haya reunido bajo su hijo.

Estamos empezando a descubrir el lamento como un *proceso*. No es algo que pueda cumplirse en un tiempo establecido, y ciertamente no puede ser encajado en los tres días tradicionales que asignamos entre una muerte y un funeral.

A diferencia del pesar agudo, que tiene ciertas etapas definidas, el lamento crece y mengua, a veces a lo largo de toda una vida. Podemos continuar lamentándonos mucho tiempo después de que nuestro intenso pesar haya remitido. Aunque lamentarse es parte del modo en que afrontamos las pérdidas, también es algo que nos alerta del hecho de que aún tenemos cierto trabajo emocional o espiritual que hacer en nuestras vidas. Una vez que hayamos completado ese trabajo, no tendremos la necesidad interior de lamentarnos.

Si actualmente te hallas en lamentaciones, tómate algún tiempo para adivinar qué lecciones de la vida está tratando de enseñarte tu lamento. Si, por ejemplo, te lamentas de la muerte de un padre, quizá estés siendo gentilmente empujado a aprender cómo volverte tu propio soporte, sustentador y reconfortador. Siempre hay una lección subyacente al lamento, igual que, subyaciendo al lamento de María, se encuentra el deseo de que todos los hijos de Dios se reúnan en el lazo común del amor.

*¿Estoy actualmente lamentándome de la pérdida de algo o de alguien
importante en mi vida?
¿Qué lecciones se supone que debo aprender justo ahora?*

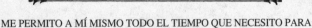

ME PERMITO A MÍ MISMO TODO EL TIEMPO QUE NECESITO PARA
LAMENTARME.

Confiar

«¡CONFÍA en mí en este asunto!» En cuanto que oyes esas palabras, lo mejor que puedes hacer es salir corriendo a las montañas. Cuando alguien te pide que confíes en él o en ella, lo más probable es que acabes deseando no haberlo hecho. Puesto que todos hemos tenido mucha experiencia de ser traicionados, aprender a confiar en Dios puede no resultarnos fácil. Y es lógico: si no podemos confiar en la gente que conocemos y vemos, ¿cómo empezar a confiar en un Dios al que *no* podemos ver?

Si algo nos enseña María es a confiar en Dios. Ella confió en Dios cuando la Anunciación, confió en su hijo en Caná, confío en la Resurrección. A todo lo largo de su vida confió incluso cuando la lógica exigía que dudara.

¿Cómo aprendió María a confiar en Dios? Del mismo modo en que lo hacemos cada uno de nosotros: simplemente haciéndolo. No hay secreto alguno. No puedes mezclar dos partes de esperanza, una parte de conocimiento y tres partes de confianza, para llegar a una fórmula mágica que te permita fiarte. No puedes preguntarle a otra gente cómo lo hizo, y luego copiar su técnica. El único modo de confiar en Dios es el de *confiar en Dios*.

¿Es fácil? Desde luego que no.

¿Es aterrador? Más que *Parque Jurásico* y *Pesadilla en Elm Street* combinadas.

¿Es posible? Absolutamente.

Si te ves indeciso de confiar en Dios, pide a María que ore para que tengas coraje para dar el necesario salto de fe. Pídele que comparta su propia inamovible confianza en el poder de Dios. Pídela que te ayude a tener la confianza de dejarte caer en los amorosos brazos de Dios.

¿Confío en Dios? ¿Porque sí, o porque no? ¿Alguna vez he intentado confiar en Dios sin reservas?

CONFÍO EN TI, DIOS. AYUDA MI DESCONFIANZA.

Monte Carmelo

CONOCIDO en hebreo como Ha-Karmel, el Monte Carmelo es una montaña sagrada del noroeste de Israel. Desde el siglo sexto d. de C. ha estado asociado a la veneración de María. Monjes griegos establecieron allí una iglesia y un monasterio hacia el año 500, y la orden de los Carmelitas se fundó allí hacia el 1154. Según la leyenda, María se apareció a San Simón Stock en Cambridge en 1251 y declaró que quienes portaran el escapulario marrón carmelita serían salvados del infierno y llevados al cielo por ella el primer domingo después de su muerte. Aunque la Iglesia católica nunca ha confirmado la leyenda como cierta, la devoción del escapulario es una de las más antiguas devociones de María.

El escapulario marrón carmelita es uno de los dieciocho escapularios utilizados en la Iglesia católica. Aunque los sacerdotes y hermanas carmelitas llevan una larga prenda que se dobla sobre la cabeza y hombros, extendiéndose casi hasta los pies por encima de pecho y espalda, los laicos portan alrededor del cuello una versión muy modificada, consistente en dos pequeñas piezas de tela —una por delante, y otra por detrás— conectadas por dos largos cordeles.

Aunque un escapulario sea en y por sí mismo meramente un trozo de tela, simboliza el deseo de quien lo porta, de unirse en mente y propósito con María, y con todos los que dedican sus vidas a llevar a efecto la llamada del Evangelio. Igual que un anillo de matrimonio simboliza la unidad entre marido y mujer, así un escapulario indica la unidad espiritual de los creyentes. No es un talismán o un amuleto de buena suerte, sino un símbolo privado y personal de la fe, y un recordatorio íntimo de que hemos de vivir esa fe en la vida diaria.

Si alguien mirara en mi casa, ¿encontraría símbolos que indican mis creencias religiosas o mi compromiso espiritual?

NO TEMO MOSTRAR MI FE.

María como feminista

LA palabra *feminista* se ha ganado una mala reputación. Una feminista es a menudo vista como una aporreadora de varones, una rebelde, una radical que rechaza toda tradición y que lleva la igualdad entre los sexos a conclusiones ilógicas.

Dada esa interpretación, no sorprende que María no sea alabada como feminista. Y sin embargo, en el sentido más verdadero del término *feminista,* ella es exactamente eso.

Una verdadera feminista no es alguien que busque destruir los cometidos tradicionales o que niegue las diferencias, dadas por Dios, entre hombres y mujeres. Más bien, una verdadera feminista buscar liberar al espíritu humano a través de la expresión de lo que es mejor tanto en hombres como en mujeres. Desde esa perspectiva, María fue y sigue siendo una ardiente feminista.

El mensaje de María a lo largo de los siglos y a toda la gente —hombres y mujeres por igual— ha sido el de volverse individuos totales, creativos, únicos. Ella no nos pide que nos ajustemos a papeles predefinidos. En vez de eso, nos alienta a encontrar nuestros propios dones especiales y a utilizarlos para el bien de la creación. Piensa simplemente en unos pocos santos que han tenido una profunda devoción a Nuestra Señora. No podrías encontrar dos individuos más radicalmente distintos que San Maximiliano Kolbe, que dio su vida en lugar de otro prisionero en Auschwitz, y Santa Gertrudis la Grande, abadesa y erudita del latín que vivió en el siglo trece. O Santo Domingo Sabio, el muchacho místico, y San Felipe Neri, el juglar. O incluso el papa Juan XXIII, el alegre campesino, y el papa Pablo VI, el acreditado erudito.

María no quiere que nos volvamos fotocopias uno de otro; más bien quiere que descubramos quiénes somos y qué hacemos mejor que cualquier otra persona que haya vivido nunca. En su deseo porque cada uno de nosotros dé cumplimiento a sus capacidades otorgadas por Dios, María es un ejemplo de verdadera feminista.

¿Quién soy yo? Si pudiera ser algo o alguien cuando me haga mayor, ¿quién querría ser?

SÉ QUE SOY ESPECIAL Y TENGO DONES QUE COMPARTIR CON OTROS.

Llanto

En la cruz, ocupando su lugar,
se hallaba la pesarosa madre llorando,
cerca de Jesús hasta el final.

(*Stabat Mater Dolorosa*, de Jacopone da Todi)

NO hace muchos años, era bastante común (y aceptable) que las mujeres llorasen, y muy infrecuente (e inaceptable) para los hombres. En años recientes, sin embargo, conforme las mujeres han pasado a posiciones tradicionalmente mantenidas por hombres, las lágrimas femeninas se han vuelto cada vez menos aceptables socialmente. Hoy en día, en que el llanto se ve en general como un signo de debilidad, es poco común, *tanto* para hombres como para mujeres, llorar en público.

¡Qué pérdida! La capacidad de llorar es uno de los grandes presentes que Dios nos ha dado. Cuando la gente dice que se siente mejor después de un buen llanto, están diciendo la verdad. Pese a los ojos rojos y la nariz sofocada, tendemos a sentirnos mejor después de haber llorado.

Y no es sólo nuestra imaginación. Los científicos han descubierto que las lágrimas que lloramos de pena tienen una composición química diferente a las lágrimas que lloramos de vergüenza, apuro, ira o risa. Las lágrimas del pesar tienen realmente un efecto catártico: ayudan a limpiar nuestros cuerpos de las sustancias químicas que producimos cuando nos hallamos bajo un intenso estrés.

La próxima vez que te veas abocado a las lágrimas, no mantengas los proverbiales labios apretados y trae de vuelta tus sentimientos. Deja que las lágrimas corran, sabiendo que con ellas vendrán también el consuelo y la curación.

¿Cuándo fue la última vez que tuviste un buen llanto?
Cuando alguien llora cerca de mí, ¿cómo me hace sentirme?

NO ME AVERGÜENZO DE MIS EMOCIONES.

Salud

S ANTIDAD y salud no van de la mano. Muchos de los santos pade-
cieron graves enfermedades, e incluso quienes disfrutaron de buena
salud no se ahorraron el normal desgaste de la vida. Parece, por tanto,
enteramente posible que María haya padecido artritis, bursitis, o alguna
de las otras afecciones que a menudo acompañan al envejecimiento.
Quizá, siendo la Madre de Dios, no estuvo sometida a las fragilidades
normales de la condición humana, pero no hay pruebas que sugieran
que fue milagrosamente inmune a resfriados, virus y otras infecciones.
Pensar que el cuerpo de ella no obedeció a las mismas leyes de la naturaleza que todos los demás cuerpos (imaginar, por ejemplo, que no se le
produjo una inflamación al ser picada por una abeja, o que no tuvo que
resguardarse de la infección si se cortaba accidentalmente con un trozo
de cerámica), la eleva a una condición sobrenatural.

Aunque es verdad que ella era *sobrehumana,* encarnando todo lo
que la humanidad puede y debiera ser, ella no era *sobrenatural.* El
hecho mismo de que ella sea humana la convierte en el ejemplo ideal
para nosotros. No podremos nunca esperar emular a criaturas sobrenatu-
rales como los ángeles, pues no fuimos creados con sus dones o capacidades. Pero María es una de nosotros. Perfecta, protegida y elevada, sin
duda alguna: pero una de nosotros de todos modos. Ella sabe lo que es
ser miserable y estar herido; por eso siente una compasión tan intensa
por los enfermos y lastimados. Ella sabe lo que es la congoja; por eso
puede ser consuelo de los afligidos. Ella sabe lo que es ser plenamente
humanos; por eso ella puede enseñarnos a desarrollar nuestro potencial.

*¿Me permito a mí mismo experimentar el pleno rango
de la experiencia humana?*

CAIGO EN LA CUENTA DE QUE LA BUENA SALUD ES UN DON DE DIOS.

Madre e Hijo

CUANDO los artistas desean presentar una imagen cálida y amorosa de María y Jesús se suele representar a Jesús como bebé. Dependiendo de las convenciones de la época del artista, Jesús puede ser cualquier cosa, desde un adulto de tamaño de niño a un bebé retozón, pero raramente se le retrata mayor de uno o dos años.

Lo que casi nunca vemos es a Jesús de adolescente, y con buen motivo. ¿Quién se ablandaría y volvería sensiblero a la vista de un chico de barba incipiente y espinillas en la cara? Un bebé adorable es una imagen mucho más agradable de lo que podría nunca esperar tener ningún adolescente.

Pero Jesús tuvo que pasar por la adolescencia, con todos sus cambios físicos y emocionales. No dio un salto desde el establo al Templo y de ahí al trabajo de su vida. Pasó por todas las etapas normales que atravesamos todos: incluida la adolescencia.

Todos los niños crecen. Es lo que se supone que han de hacer. No podemos mantenerlos atrapados para siempre en su molde de bebés. Más aún, permitiendo a Jesús que crezca en nuestras mentes también permitimos a María que madure; le permitimos convertirse en una mujer sabia en vez de una virgen adolescente.

¿Por qué es tan importante que dejemos a María crecer? Porque a fin de aceptar a María como nuestra madre en todas las etapas de nuestra vida, estamos obligados a crecer nosotros mismos. Si vemos a María sólo como la madre de un bebé, somos incapaces de aceptarla como nuestra madre una vez que nosotros mismos empezamos a crecer más allá de la infancia de la fe.

Cuando pienso en María como mi madre, ¿de qué edad me imagino a mí mismo?

SÉ QUE NECESITO CRECER Y DESARROLLARME EN LA FE.

Estrellas

¿ALGUNA vez María, de niña, confió sus deseos a una estrella? No tenemos modo se saberlo, por supuesto, pero sabemos que cuando contemplamos el cielo nocturno vemos prácticamente lo mismo que María debió ver.

Uno de los aspectos más asombrosos de la contemplación de las estrellas es el de que lo que vemos no es el presente, sino el pasado. Dado que la luz procedente de soles distantes tarda miles de años luz en llegar hasta nosotros, lo que vemos es el universo tal como era en el pasado. Sin que tengamos manera de saberlo, las estrellas que vemos actualmente pueden haberse extinguido hace siglos. De hecho, el universo puede haberse acabado ya, ¡y nosotros sin saberlo aún!

En su ensayo La última noche del mundo, C. S. Lewis dice algo similar. Habla de que la vida es similar a una obra de teatro. Señala que aunque creemos conocer el guión, no es así. No sabemos en qué acto nos encontramos, no sabemos quién corre con el papel principal, y no tenemos ni la menor idea de cuándo va a acabar la representación. De hecho, ni siquiera estamos seguros de saber si reconoceremos el final cuando llegue. «Cuando haya acabado, tal vez nos lo avisen», dice Lewis.

Como no podemos conocer el futuro, es imperativo que vivamos en el presente. Confiar nuestros deseos a una estrella es una cosa; vivir con nuestra cabeza en las nubes, otra muy distinta.

¿Me preocupa el fin del mundo?
Si ésta fuera la última noche del mundo, ¿estaría listo para ello?

VIVO CADA DÍA COMO SI FUERA MI ÚLTIMO DÍA.

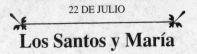

Los Santos y María

AUNQUE muchas iglesias católicas se llamen Santa María, la Virgen Bendita no suele nombrarse así en la conversación católica ordinaria. De hecho, si fueras a decir que Santa María se apareció en Fátima o en Lourdes, sonaría bastante extraño a los oídos católicos. La gente podría incluso preguntarte de quién estabas hablando.

Pero, por estricta definición, María es en verdad una santa. Según el *Diccionario Católico*, los santos son:

1. Esas personas del cielo, canonizadas o no, que vivieron vidas de gran caridad y heroica virtud. Ahora viven parasiempre con Dios, y participan de Su gloria.
2. Esas personas, según San Pablo, que siguen a Cristo (cf. Colosenses 1:2).

Puesto que María no sólo vivió una vida de gran caridad y siguió a Cristo, sino que se sabe que está en el cielo (en virtud de su Asunción), ella es claramente una santa.

Aunque pocos de nosotros llegaremos a ser Santos canonizados, con *S* mayúscula, todos somos llamados a volvernos santos con una *s* pequeña. Todos somos llamados a llevar vidas caracterizadas por la caridad y la virtud, y todos somos llamados a seguir los pasos de Cristo; incluso si, como María, no se hace referencia a nosotros en la terminología de la santidad.

¿Cómo creo que son los santos?
¿Alguna vez he pensado en mí mismo como santo?

EMPLEO TIEMPO TODOS LOS DÍAS DESARROLLANDO MI VIDA ESPIRITUAL.

Trasplante de corazón

CUANDO María y José presentaron al niño Jesús en el Templo, el profeta Simeón dijo a María que su corazón sería atravesado. María habría sabido lo que suponía atravesar el corazón, pues un lanzazo al corazón era la acción final de la crucifixión romana (y las crucifixiones eran relativamente comunes en el Israel del siglo primero). En verdad, es enteramente posible que María hubiera sido realmente testigo de una acción así. Pero detalles aparte, la profecía de Simeón no era simplemente una advertencia del pesar que le aguardaba. Explicó *por qué* el corazón de María sería atravesado: «De manera que los pensamientos de muchos corazones sean revelados.»

Si Simeón fuera a dar su profecía a María el día de hoy, en vez de predecir que su corazón sería atravesado por una espada, quizá prediciría que sería donante para un trasplante de corazón «de manera que las vidas de muchos otros pudieran ser salvadas.»

Un trasplante de corazón es una imagen con la que podemos relacionarnos más fácilmente que con el *coup de grâce* de una ejecución romana. Todos hemos leído sobre trasplantes de corazón o visto documentales televisivos. Pese a que la mayoría de nosotros no seremos ni donante ni receptor de un verdadero trasplante de corazón, cuando nos arriesgamos a formar relaciones íntimas con otros tomamos parte en un trasplante de corazón de un tipo diferente. Cuandoquiera nos enamoramos, conectamos con un alma gemela, damos a luz a un niño, o formamos una relación profunda e íntima, entregamos nuestro corazón, o al menos parte de él. A veces el trasplante agarra y recibimos de vuelta tanto como damos; otras veces los tejidos no concuerdan lo suficiente, y acabamos malheridos. La mayoría de las veces, sin embargo, la recompensa del amor es suficiente para que merezca la pena todo el riesgo y dolor.

¿Tengo miedo de amar? ¿Qué creo que sucedería si me permitiese amar y ser amado?

ESTOY DISPUESTO A ARRIESGARME A AMAR.

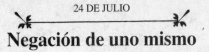

Negación de uno mismo

VIVIMOS en una cultura autoindulgente. La única área en la que estamos dispuestos —y en verdad ansiosos— a expresar la autonegación es en la física. Estamos decididos a negarnos alimento, placer, relajación, y a veces incluso relaciones, a fin de tener cuerpos delgados y tonificados. Podemos creer que estamos negándonos a nosotros mismos, pero en realidad estamos siendo indulgentes con nosotros mismos, pues nuestro motivo primario somos nosotros, y más específicamente nuestros cuerpos. Nuestra autonegación es meramente autoindulgencia levemente disfrazada.

La autonegación genuina tiene «otro» foco. Abandonamos algo que queremos a fin de que otra persona tenga algo. María podría ser llamada la Reina de la Negación de Sí Misma. Ella negó los sueños que tenía para su vida a fin de volverse la madre de Jesús. Aunque no sepamos cuáles fueron sus sueños, sabemos que estuvo dispuesta a negarse a sí misma por el bien de toda la humanidad.

A menudo tenemos miedo a que Dios nos exija demasiado, a que Dios nos coja el brazo si le ofrecemos la mano. Sin embargo, sólo raramente pide Dios el supremo sacrificio del martirio, e incluso en esos casos Dios da a sus creyentes la fuerza y la gracia para soportarlo. Para la mayoría de nosotros, los sacrificios son mucho menos onerosos: negarnos a nosotros mismos una cerveza con nuestro café, a fin de dar una moneda a un niño que pide en la calle, rehusarnos a comprar un vestido que realmente nos gusta porque fue hecho en un taller de explotación del Tercer Mundo, olvidarnos de nuestro programa favorito de televisión a fin de pasar tiempo con un familiar anciano.

¿Qué me pide Dios que abandone hoy? ¿Tengo miedo de que Dios me exija más de lo que estoy dispuesto a dar?

ESTOY DISPUESTO A NEGARME A MÍ MISMO POR EL BIEN DE OTROS.

Despego

APRENDER a diferenciar entre desapego y desinterés es una de las lecciones más difíciles de la vida adulta. Todos sabemos lo que es sentir desinterés, pero el desapego es otra historia. Abandonar el apego emocional por el resultado, al tiempo que se preocupa uno apasionadamente por el proceso, parece una contradicción en sus términos. ¿Cómo puedes implicarte por entero en algo, y, sin embargo, mantenerte apartado del resultado? ¿Cómo puedes querer ser contratado para un trabajo que sabes que te encantará, por ejemplo, y sin embargo ser capaz de desear sin reservas que se contrate a la persona más cualificada para ese trabajo (incluso si no eres tú)?

No es fácil, pero es posible, con la ayuda de Dios. Dios desea enseñarnos el modo de permanecer desapegados del resultado final, al tiempo que trabajamos lo más posible por conseguirlo. Es el modo en que operó Dios en la vida de María, y es el modo en que Dios opera hoy en día.

María se cuidó profundamente de que las promesas hechas por Dios a los antiguos profetas llegaran a su cumplimiento. Estaba dispuesta a hacer todo lo que pudiera para ayudar a que tuvieran lugar, y, sin embargo, estaba dispuesta a dejar que Dios produjera su cumplimiento de acuerdo con su propia medida del tiempo y a su manera. Ella estaba apasionadamente implicada en criar a su hijo, pero fue capaz de dejarlo marchar a cumplir su destino.

Demasiado a menudo pensamos que ser desapegados significa no preocuparse. Eso no es cierto. *Desinterés* significa que nos despreocupamos; *desapego* significa que nos preocupamos tanto, que estamos dispuestos a dejar que Dios haga las elecciones por nosotros. Es una distinción que puede llevar toda una vida realizar.

¿Alguna vez he sido capaz de experimentar la liberación proveniente de dejar que Dios haga la elección correcta por mí?

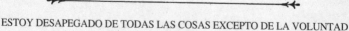

ESTOY DESAPEGADO DE TODAS LAS COSAS EXCEPTO DE LA VOLUNTAD DE DIOS.

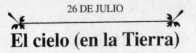

El cielo (en la Tierra)

¿DONDE está el cielo? La mayoría de nosotros creemos que está en algún lugar «ahí arriba». Un periódico sensacionalista aparecido recientemente publicaba fotos de una supuesta ciudad del espacio exterior atisbada por cosmonautas rusos. El artículo sugería que la ciudad que aparecía en las nubes podría ser el cielo.

En varias de sus apariciones, María ha indicado que el cielo no es un lugar en alguna parte «ahí fuera», sino un lugar dentro de cada uno de nosotros. Jesús dijo poco más o menos lo mismo cuando contó a sus discípulos que el reino de los cielos está al alcance de la mano.

La mayoría de nosotros tenemos pocos vislumbres del cielo en la Tierra: en los ojos de un niño, en las palabras de un amante, en los acordes de una sinfonía. Pero tales vislumbres son breves y pasajeros. Demasiado pronto tornamos de vuelta a nuestra rutina ligada a la Tierra.

Si deseamos experimentar el cielo en la Tierra del que hablaron María y Jesús, no podemos esperar que otra gente cree el cielo por nosotros. Debemos buscar el cielo en nuestras propias almas, pues el cielo no es tanto un *lugar* como un *estado del ser* —un estado marcado por la paz, la tranquilidad y la fe.

Una y otra vez, María nos dice que si hemos de experimentar el cielo, debemos primero cambiar nuestra vida. Debemos alejarnos del pecado y el deseo egoísta, y centrar nuestra atención en la oración y el arrepentimiento. Una vez que así lo hagamos, experimentaremos el cielo en la Tierra por nosotros mismos.

¿Cómo me imagino el cielo? ¿Me doy cuenta de que tengo algún papel en la creación del cielo, al menos aquí en la Tierra?

BUSCO EL CIELO DENTRO DE MÍ, NO EN ALGÚN LUGAR «AHÍ FUERA».

Direcciones inesperadas

DE vez en cuando encuentras una persona que estableció su curso tempranamente en la vida y lo siguió sin desviarse. Para la mayoría de nosotros, sin embargo, la vida es una serie de vueltas atrás y curvas, callejones sin salida y giros en U, con sólo alguna recta ocasional. Lo más a menudo, nos encontramos en un lugar al que no esperábamos llegar, en compañía de gente a la que nunca creímos encontrar.

Si te sientes así ahora mismo, María puede indudablemente empatizar contigo. Su vida tomó ciertamente un giro inesperado cuando apareció Gabriel. Con sólo unas pocas palabras, Dios entró en su vida de un modo nuevo y diferente, y nada fue nunca más lo mismo de nuevo.

Lo que es cierto para María lo es también para nosotros: cuando dejamos a Dios entrar plenamente en nuestras vidas, debemos estar dispuestos a marchar en direcciones inesperadas. Dios nos conducirá por senderos que ni siquiera sabíamos que existían. A lo largo del camino encontraremos retos, penas y luchas, pero también hallaremos gozos inimaginables. Lo que Dios ha planeado para nosotros es mucho más maravilloso que ninguna otra cosa que pudiéramos haber planeado por nosotros mismos.

A fin de experimentar la maravilla de Dios, no sólo hemos de estar dispuestos a ir a lugares que nunca esperábamos, sino que además hemos de estar dispuestos a tener nuestros ojos y oídos abiertos a las señales que indican la dirección en la que deberíamos viajar. Los signos pueden ser sutiles, pero cuando estamos abiertos a la llamada del Espíritu, ¡no nos perdemos!

Cuando he dejado a Dios que llevara la dirección en mi vida,
¿cuál ha sido el resultado?
¿Tengo miedo a dejar que Dios establezca mi dirección?

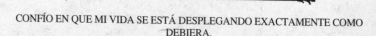

CONFÍO EN QUE MI VIDA SE ESTÁ DESPLEGANDO EXACTAMENTE COMO DEBIERA.

Profecías

LA prensa amarilla disfruta con las profecías, yendo de lo improbable a lo imposible. A menudo las profecías son tan ridículas que es difícil imaginar a nadie creyéndolas; pero alguien debe hacerlo, o los periódicos no seguirían imprimiendo sus atrevidos titulares.

Tendemos a pensar en las profecías como predicciones de sucesos pendientes (por lo general desagradables). Pero las profecías, en el sentido espiritual, no son adivinaciones del futuro en una bola de cristal: son mensajes provenientes de Dios que apuntan en la dirección de una nueva creación.

El mensaje de Gabriel a María es un ejemplo ideal de profecía bíblica. Aunque contenía alguna información sobre el futuro, era más un bosquejo de acciones venideras que una sinopsis detallada. Las noticias reales («Tendrás un hijo») no eran tan importantes como el resto del mensaje («Será grande, y será llamado Hijo del Altísimo, y el Señor Dios le dará el trono de David su padre, y gobernará sobre la casa de Jacob por siempre, y su reino no tendrá fin»).

Dios no da profecías simplemente para que podamos saber qué nos aguarda tras la siguiente esquina de la vida. Dios da profecías de manera que podamos tener una nueva y abundante vida.

En sus apariciones, María nos recuerda algunas de las profecías de Dios a las que podemos aferrarnos en los momentos difíciles. Por ejemplo, la oración puede cambiar el mundo, Dios tiene un plan para cada uno de nosotros, y el amor es la respuesta a todas las preguntas.

Si pudiera, ¿querría conocer mi futuro?
¿Estoy dispuesto a dejar mi futuro en las manos de Dios?

MIRO HACIA DELANTE CON CADA NUEVO DÍA.

Santidad

LA tarea de la vida de toda persona es la de volverse santo. ¡Una afirmación engañosamente simple!

Una de las dificultades estriba en que, aunque cada uno de nosotros está llamado a la santidad, no existe la santidad *per se*. María ejemplifica la santidad, pero es su forma propia y única de santidad. Podemos acudir a María en busca de dirección, podemos requerir su asistencia, pero debemos descubrir qué tipo de santidad quiere Dios para *nosotros*.

Dios no quiere que nos volvamos clones de María. Estamos llamados a devenir nuestro propio yo santo, lo que significa que cada uno de nosotros tiene un sendero diferente que recorrer. Una madre tiene un sendero diferente hacia la santidad que un padre, por ejemplo, incluso si comparten la crianza de sus hijos. Un marido tiene una ruta diferente que su esposa, un trabajador un sendero diferente que un jubilado, una persona rica una camino diferente que una persona pobre. Cada uno de nosotros tiene su ruta única y propia.

Debemos ser santos, sí, pero debemos serlo a nuestro propio modo, si hemos de ser auténticos. Y Dios quiere hijos auténticos, no clones de nadie, ni siquiera de María. Podemos admirar a María, podemos honrar a María, podemos emular a María, pero no podemos volvernos María.

¿En qué modo quiere Dios que me vuelva santo?
¿He pensado alguna vez en cuál es el camino hacia la santidad
que he de seguir?

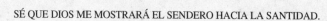

SÉ QUE DIOS ME MOSTRARÁ EL SENDERO HACIA LA SANTIDAD.

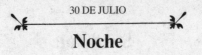

Noche

ANTES del invento del fuego, la noche era aterradora. Nuestros antepasados, débiles y vulnerables, sin colmillos o garras para protegerse, se hallaban a merced de las bestias que merodeaban en la oscuridad. Una vez que se empezó a utilizar el fuego, ante el protector fuego nocturno la noche seguía manteniendo terrores inexplicables. Incluso en términos espirituales, la noche representa el temor y el sufrimiento primordiales. En su gran obra maestra, *La Noche Oscura del Alma,* San Juan de la Cruz habla sobre la «amarga y terrible» noche de los sentidos, y la «horrible y espantosa» noche del alma.

Con el advenimiento de la luz eléctrica, ya no tenemos gran temor de la noche. Sin embargo, incontables generaciones han dejado su impronta en nuestra alma colectiva. La noche sigue siendo el momento en que apagamos y nos volvemos hacia dentro. La noche es el tiempo en que las confidencias se comparten más fácilmente, en que las barreras se rompen con más facilidad, en que se pronuncian más a menudo palabras de amor.

Este anochecer, en vez de tratar de ahuyentar la noche con el deslumbramiento de la televisión, tómate tiempo para apreciar el manto de tranquilidad. Deja que tu alma permanezca en calma, que sea alimentada por las estrellas, los animales nocturnos, los sonidos de tranquilidad que han sido amortiguados por el bullicio del día. Al hacerlo así, piensa en María, quien sin duda pasó tiempo de noche, contemplando el cielo, buscando la estrella que anunciaba el nacimiento de su hijo, preguntándose qué destino les aguardaba exactamente. Luego, finalmente, en la rica plenitud de la noche de verano, bendice la oscuridad igual que ella te bendice con el sueño y la paz.

¿Qué hago cuando soy inesperadamente despertado en medio de la noche? ¿Alguna vez he pasado una noche entera en oración?

SÉ QUE ESTOY A SALVO NOCHE Y DÍA.

Comidas

HAY más de veinte referencias en las Escrituras a una «tierra en la que fluyen la leche y la miel». Para los antiguos, esa tierra era una metáfora de la seguridad y la prosperidad. Pero si piensas sobre ello, un lugar con tanta miel y tanta leche sería pegajoso, desaseado y potencialmente maloliente. De hecho, ¡parece un poco como el suelo de la cocina después de comer con un bebé!

Preparar comidas para los bebés es un trabajo relativamente desagradecido. Si les gusta la comida, tienden a crear un gran caos. Si no les gusta la comida, tienden a crear un gran caos. En realidad, preparar comida para una familia tiende a ser un trabajo relativamente desagradecido, independientemente de la edad de las personas que coman. las comidas son, en fin, *diarias*. Tres veces al día ha de pensar el cocinero en algo que preparar con los ingredientes disponibles. Algunos días la inspiración aparece; otros días nada parece bueno.

Cuando Jesús y José llegaban a la puerta de la casa de Nazaret y preguntaban: «¿Qué hay para comer?», ¿se vio alguna vez María tentada de decir: «No tengo ni idea»? Puesto que la comida rápida aún no había sido inventada, no podía ordenar una comida para llevar. Puesto que probablemente no hubiera ningún establecimiento público de comidas en Nazaret, no podía sugerir que salieran a comer fuera. ¡Quizá, en esos días en que María simplemente no se sentía con ganas de cocinar, sirviera leche y miel, con un poco de pan al lado!

¿Considero las comidas que debo preparar como un modo de servir a quienes viven conmigo, o como una faena que me gustaría evitar?

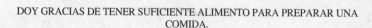

DOY GRACIAS DE TENER SUFICIENTE ALIMENTO PARA PREPARAR UNA COMIDA.

Habiéndolas con el exceso de trabajo

EL verano es una época en la que la mayoría de nosotros se siente como si cantara: «Tanto que hacer, y tan poco tiempo». Todo, desde el jardín a la casa y a la familia, demanda nuestra atención. Para cuando llegamos a agosto, hemos venido a comprender que no vamos a cumplir ni a la mitad de las cosas que habíamos planeado llevar a cabo en verano, incluso si nos dejamos el pellejo en las semanas que anteceden. Más aún, la mayoría todavía tenemos un innato aprecio por el calendario del colegio y nos fastidia tener que trabajar durante el verano.

Cuando nos sentimos abrumados por el trabajo y faltos de tiempo, es fácil volverse malhumorados e irritables. Es natural. Cuando la presión se acumula, expresamos nuestra frustración a la gente más próxima a nosotros: bueno, confiamos en expresar nuestra frustración. Lo que a menudo sucede es que vertemos nuestros sentimientos sobre la gente que nos rodea.

Si el relato del Evangelio de Jesús hallado en el Templo sirve de indicación, María a veces se sintió igual de estresada, agotada y nerviosa como nosotros. Sin embargo, María entendió la diferencia entre expresar sus sentimientos y escupir sus sentimientos. Al ser capaz de decirle a Jesús cómo se sentía (preocupada y ansiosa) exactamente, él recibió el mensaje y fue capaz de responder del modo apropiado (levantándose y volviendo a casa).

En esta época del año, cuando veamos que nos volvemos irritables y nerviosos, pidámosle a María que nos ayude a permanecer reposados, a expresar nuestros verdaderos sentimientos y a reaccionar del modo apropiado.

¿Planifico más cosas de las que puedo realizar?
¿Cómo reacciono cuando me siento bajo presión y atrapado?

HAGO TODO LO QUE PUEDO Y NADA MÁS.

Espabilados

ALGUNAS personas parecen nacer espabiladas, con «astucia calle-jera», mientras que otras sólo llegan a serlo con la práctica. (¡Algu-nas personas no parecen llegar a serlo nunca, pero ésas no cuentan!) Cuando se trata de los asuntos de la fe y de la religión, todos necesita-mos algo de astucia callejera.

A cualquier parte que nos volvamos, los charlatanes tratarán de convencernos de que tienen el mensaje «real» de Dios. A veces los frau-des caen tan bajo como para utilizar a María como parte de sus esque-mas. Alegan haber tenido una visión, escuchado una voz o visto una estatua llorar, y luego tratan de proclamar sus ideas como si proviniesen de María.

Aunque sea cierto que María se ha aparecido en ciertos lugares y a ciertas personas a lo largo del mundo, no todo el que afirma haber visto a María ha tenido esa experiencia mística. Por esta razón es por lo que la Iglesia católica se toma tanto tiempo para verificar cualquier supuesta aparición.

Al considerar las apariciones Marianas es importante utilizar nues-tro sentido callejero celestial. Si el mensaje de María se halla en oposi-ción a las Escrituras hebreas o cristianas en algún modo, la aparición no puede ser real. Del mismo modo, si el mensaje de María contradice cualquiera de sus anteriores mensajes, entonces la aparición debería ser tratada con escepticismo. Finalmente, si el mensaje de María apunta a un camino diferente del designado por Cristo, la aparición debería ser rechazada de inmediato.

Aunque frecuentemente anhelamos una degustación concreta de lo místico, debemos discernir en cuanto a lo que aceptamos como real. Simplemente decir que algo sucedió no hace que fuese así. Debemos de estar dispuestos a poner todas las supuestas apariciones de María bajo los ensayos más rigurosos, confiados en que las que sean reales sobrevivirán todo cuestionamiento.

¿Soy crédulo cuando se trata de experiencias místicas?
¿Alguna vez. me parece que no es espiritual someter supuestas
apariciones de María a pruebas subjetivas?

EMPLEO MI ASTUCIA CALLEJERA CELESTIAL
CUANDO SE TRATA DE LAS APARICIONES DE MARÍA.

Trabajo

TODOS tenemos trabajo que hacer, una tarea a la que hemos sido llamados en este momento particular del tiempo. Quizá tu trabajo sea el de madre que permanece en casa. Quizá sea el de presidente de una empresa. La naturaleza exacta del trabajo no importa, pues todo trabajo honrado es valioso. La tarea de un médico no es más honorable que la de un escritor. La función de un ingeniero químico no es más valiosa que la del portero de un edificio. Como dijera San Pablo a los residentes en Corinto: «Si el cuerpo entero fuera ojo, ¿dónde estaría la escucha? Si el cuerpo entero fuera escucha, ¿dónde estaría el sentido del olfato?... Si fueran todos una sola parte, ¿dónde estaría el cuerpo? Pero tal como es, hay muchas partes, y sin embargo un solo cuerpo.» Del mismo modo, en el esquema global de la vida, cada uno de nosotros tiene su trabajo particular que hacer.

En esto, María es uno de nosotros. Ella tiene también su propio trabajo particular. Una gran tentación que afrontamos es la de ver el trabajo de María como idéntico al de su hijo. Al hacer esa suposición, corremos el peligro de malinterpretar a María. Por ejemplo, María no cura. Se cree que en Medjugorje ha dicho: «Yo no puedo curar. Sólo Dios cura. Yo no soy Dios.» Ella ha dejado claro que no obra milagros en y por sí misma.

Así pues, ¿cuál es ahora el trabajo de María? Su trabajo hoy en día, como durante su vida terrestre, es el de señalarnos dónde está su hijo. Nos dice a todos y cada uno de nosotros, como hizo en Caná: «Haz lo que él te diga.»

¿Honro el trabajo que hago, como dado por Dios a mí?
¿ Creo que mi trabajo es tan valioso como el de cualquier otro?

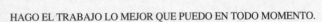

HAGO EL TRABAJO LO MEJOR QUE PUEDO EN TODO MOMENTO.

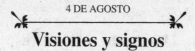

Visiones y signos

EN las afueras de los santuarios marianos mayores, como el de Lourdes, los comerciantes de recuerdos llenan las calles, pregonando sus (a menudo vulgares) artículos. Cuentas de Rosario que relucen en la oscuridad, botellas de plástico baratas llenas del agua bendita, imágenes llamativas, y toda suerte de recordatorios kitsch se hallan a la venta. Como los peregrinos de la Edad Media comprando un frasco con leche de la Virgen o un recorte de los pañales de Jesús, algunos peregrinos modernos compran chucherías en la esperanza de que puedan estar infundidas de poder milagroso.

Aunque resulte fácil reírse de la credulidad de otra gente, alguna pequeña parte de nosotros puede secretamente confiar en que nuestra imagen de María llore lágrimas reales, o que las cuentas de plata de nuestro Rosario se conviertan en oro. No hay nada erróneo en esa esperanza; es consistente con nuestro deseo humano y natural de visiones y signos. Dado que es tan difícil creer, nos gustaría contar con un signo concreto que ayudase nuestra incredulidad. Una imagen que llora o un Rosario de oro parecen poca cosa para reforzar la fe.

Pero, ¿qué pasa si no obtenemos un signo o una visión? ¿Qué pasa si nuestro Rosario sigue siendo totalmente de plata, y la única humedad que aparece en nuestra imagen proviene de un café vertido? Aún más descarado, ¿qué pasa si sabemos de personas a quienes sí se les ha dado signos y portentos? ¿En qué lugar quedamos nosotros?

Recuerda las palabras de Jesús: «Bienaventurados quienes sin haber visto han creído.» Puesto que es más importante ser bienaventurado que ver signos y portentos, podemos hallar gran consuelo en continuar nuestra fe en ausencia de visiones y milagros.

Si pudiera, ¿desearía tener una visión de María?
¿Encuentro difícil creer sin ver?

N0 NECESITO SIGNOS PARA CREER.

Haciendo diamantes

CUANDO lo piensas bien, un diamante no es más que un trozo de carbón transformado por una enorme presión. De un combustible ordinario proviene una gema extraordinaria.

María es el diamante perfecto de la humanidad. Fue hecha de la misma «materia prima» que el resto, pero a partir de este material ordinario, la presión divina dio lugar a una extraordinaria creación.

Aunque María fue extraordinaria. Dios no limita la presión transformadora a ella sólo. El mismo espíritu que transformó a María puede también transformarnos a nosotros. Cuando permitimos al Espíritu de Dios que entre en nuestros corazones y nuestras almas, también nosotros podemos volvernos algo más que carne y huesos. Podemos volvernos hijos de Dios.

Hay truco en todo esto, sin embargo. Igual que un trozo de carbón debe ser sometido a una enorme presión antes de que su estructura molecular se vea alterada a la de un diamante, así también nuestro proceso de transformación requiere que seamos sometido a lo que puede parecernos una presión aplastante.

Jesús no nos prometió una vida fácil sobre la Tierra. Una y otra vez, María repite la misma advertencia. Podríamos tener que experimentar gran dolor, pérdida, pesar, injurias y angustias conforme somos transformados de un estado al otro. Cuando la presión parezca insoportable, considera qué preferirías portar sobre tu dedo —un trozo de carbón o un diamante— y atente a eso. Las luchas merecerán la pena al final.

¿Me veo alguna vez. tentado a abandonar cuando las presiones de la vida parecen demasiado grandes? ¿Veo mis luchas como parte de mi transformación a una nueva creación?

SÉ QUE SOY UN DIAMANTE EN FORMACIÓN.

Pureza

UNO de los títulos tradicionales de María es el de «Virgen Purísima». No sólo fue María una virgen total y completa, sino la virgen más pura que haya vivido nunca.

El hecho de que María fuera virginal en el momento del nacimiento de Cristo ha tenido algunas interesantes repercusiones prácticas para el resto de nosotros. Debido a la virginidad de María, algunos de los más grandes instructores de la Iglesia han supuesto que la virginidad es un estado más puro que el del matrimonio (al menos, que el de un matrimonio consumado).

Pero la pureza no depende de la experiencia sexual o de la falta de ella. Una persona puede fácilmente ser impura sin haber nunca tenido relaciones sexuales. Por ejemplo, los franceses se refieren a una mujer que ha tenido actividades sexuales sin incluir el coito, como una «semivirgen». No «yendo hasta el final», trata de mantener un tenue alegato de virginidad, pero sería estirar la verdad llamarla «pura».

La pureza se refiere realmente a vivir nuestras vidas honestamente y de acuerdo con nuestro estado en la vida. Alguien casado no sólo puede, sino que debería, expresarle amor a su cónyuge a través de relaciones sexuales. Alguien soltero debería refrenarse de utilizar el sexo como medio de expresar el amor. La pureza es así de simple: haz lo que has sido llamado a hacer por Dios en este momento concreto de tu vida.

¿Estoy viviendo una vida pura según a mi estado particular?
¿Animo a otros a llevar vidas puras por medio de mi palabra
y de mi ejemplo?

LO HAGO LO MEJOR QUE PUEDO PARA VIVIR EN PUREZA Y HONESTIDAD.

Está todo en el nombre

EL mar de Galilea no es un mar realmente. Un mar, de acuerdo con la definición usual, es una masa de agua salada que rodea a un continente. Puesto que el mar de Galilea es de agua dulce y está rodeado de tierra, es realmente un lago, aunque lago de Galilea no suene ten poético como mar de Galilea.

No sólo es un lago, sino que no es un lago muy grande: sólo tiene cincuenta kilómetros de circunferencia. Sin embargo, debido a su nombre, mucha gente cree que el mar de Galilea es un gran cuerpo de agua.

Está todo en el nombre.

Los sociólogos dicen que el nombre de una persona puede tener un efecto decisivo sobre su futuro. Una Gertrudis nunca será considerada tan atractiva como una Jennifer, por ejemplo. Y no es probable que un Horacio ascienda tanto en el mundo empresarial como un Roberto.

María recibió su nombre de sus padres, pero el nombre de Jesús fue predicho por el ángel Gabriel: «He aquí que concebirás en tu seno y darás a luz a un niño, y le pondrás de nombre Jesús.» El nombre Jesús, del que generalmente se cree que significa «Dios es salvación», se refiere al papel que jugaría el hijo de María en la historia del mundo. Incidentalmente, no es Cristo su apellido; ése es un título que significa «el ungido». El apellido de Jesús, si es que tuvo alguno, habría sido algo así como Ben Josef, que significa «hijo de José».

También nuestros nombres pueden tener un significado especial. De los cuales no es el menor el hecho de que Dios nos llame a cada uno por nuestro propio nombre.

¿Qué significa mi nombre?
¿Si pudiera tener cualquier nombre, ¿cómo me haría llamar?

SÉ QUE DIOS ME LLAMA POR MI NOMBRE.

Oración

SE cuenta que María ha dicho a los videntes de Medjugorje: «Orad siempre antes de vuestro trabajo, y acabad vuestro trabajo con la oración. Si hacéis esto que os digo. Dios os bendecirá a vosotros y a vuestro trabajo. Esíos días habéis estado orando muy poco y trabajando mucho. Orad, pues. En la oración hallaréis el descanso.»

Es una de las grandes paradojas de la fe que el tiempo empleado en la oración no es un tiempo perdido; de algún modo, nos es misteriosamente devuelto. Encontramos que podemos en verdad realizar más cosas en un día iniciado con la oración de lo que lo haríamos en otro caso.

Apenas tenemos documentación sobre la vida de oración de María tras el nacimiento de Jesús. Aparte de alusiones a que guardaba las cosas en su corazón, la única referencia evangélica a la oración de María la pone en la Habitación Superior junto con los discípulos, aguardando al Espíritu Santo: «Todos ellos se dedicaban en unísono a la oración, junto con algunas mujeres, y María, la madre de Jesús...» No obstante, sabemos que debió ser una mujer de oración, pues la oración va de la mano de la santidad.

A veces tenemos la idea de que hemos de rezar oraciones preestablecidas, como el Rosario o el Padrenuestro, a fin de estar verdaderamente orando. Pero la oración no es más que una conversación con Dios. Cuando hablamos con nuestros amigos íntimos, el único momento en que usamos fórmulas triviales es cuando tenemos prisa: «¿Qué tal?» «¿Cómo te va?» El resto del tiempo dejamos que la conversación discurra a su aire, sabiendo que lo importante no son las palabras, sino la comunicación misma. Del mismo modo, con Dios no necesitamos utilizar oraciones preestablecidas; podemos simplemente dejar que la conversación fluya a partir de nuestra amistad.

¿Cómo es mi vida de oración?

CUANDO REZO, HABLO A DIOS DESDE MI CORAZÓN.

Los temores de una madre

IMAGINAD la escena: Jesús tiene unos dos años y medio, justo la edad en que los niños «te ayudan». Desea entrar en el taller y «ayudar a papá». José mira a María pidiendo su veredicto, y María piensa ¡Sierras! ¡Clavos! ¡Cinceles! ¡Vigas pesadas! ¡Cosas peligrosas! ¡Mi bebé! Por mucho que confíe en que José vigilará a Jesús, ella es una madre, y las madres se preocupan por la seguridad de sus hijos. Pero reconoce sus temores, y permite que Jesús explore el taller y aprenda en él.

Saltemos algún tiempo hacia delante. Jesús tiene doce años. En el camino a Jerusalén para la Fiesta de Pascua, pregunta a su madre si puede «ir a dar una vuelta» con los hombres y los otros muchachos, en vez de caminar con las mujeres y los niños pequeños. María lo mira y piensa: ¡Malas influencias! ¡Desierto peligroso! ¡Podría perderse! ¡Podría lastimarse! ¡Mi bebé! A pesar de su inquietud, indudablemente reconoce sus temores y lo deja ir. (No hablaremos, sin embargo, de lo que pudo haber dicho después de que él se quedara en el Templo.)

Id ahora hacia delante un par de décadas. Jesús tiene treinta y tres. Dice a su madre que las cosas se están poniendo un poco difíciles con los fariseos, pero que ha de ir a Jerusalén por la Pascua. Ella lo mira y piensa: ¡Momento peligroso! ¡Podría ser herido! ¡Podría ser matado! ¡Mi bebé! Pero sabiendo que su destino lo aguarda, reconoce sus temores, y lo deja partir.

No podemos proteger a quienes amamos de los peligros del mundo por mucho que lo intentemos. Hay momentos en los que lo único que podemos hacer es reconocer nuestro temor y dejar partir a los que amamos, igual que hizo María.

¿ Cuál es mi primera reacción cuando alguien a quien
amo está en peligro?
¿Sé cuando entrometerme y cuándo retroceder?

DOY A QUIENES AMO LA LIBERTAD DE TOMAR SUS PROPIAS DECISIONES.

César Augusto

DADO que María pertenece a todas las edades, a veces sobreseemos el hecho de que vivió en un tiempo histórico específico. ¿Cómo era el mundo en que vivió María?

En primer lugar, y ante todo, estaba dominado por la Roma imperial. Debido a la Pax Romana, la influencia romana cubrió de su manto todo el mundo mediterráneo. Incluso el perdido país de Judea había sido abrazado por los tentáculos del poder romano. César Augusto, sobrino-nieto (e hijo adoptivo) de Julio César, regía el Imperio. Aunque su influencia era grande. Augusto sólo gobernaba directamente unas pocas provincias de su vasto Imperio. Una de éstas era Judea.

Por el tiempo de María y Jesús, las legiones romanas estaban estacionadas en Sebaste (en Samaría) y Cesárea (en la costa). Aunque los judíos gozaban de mucha libertad, Roma designaba la cúpula del sanedrín (la principal asamblea política judía) y escogía al sumo sacerdote judío. Por añadidura, Roma sacaba grandes impuestos del pueblo judío, incluidos un impuesto sobre la tierra, un impuesto general y un impuesto o tributo por cabeza. Fue por causa de este último impuesto por lo que María y José hubieron de viajar a Belén para ser censados. («En aquellos tiempos se promulgó un decreto de César Augusto, de que todo el mundo debía ser censado».) César Augusto murió en los últimos años de la adolescencia de Jesús. Fue bajo su yerno. Tiberio, cuando Jesús fue sentenciado y ejecutado.

Situar a María en su periodo histórico correcto no sólo nos ayuda a concebirla de manera más exacta, sino que nos permite también ver cómo el tiempo en que vivimos ayuda a conformar nuestras vidas.

¿ Cuál es el hecho histórico más importante que puedo recordar?

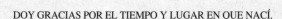

DOY GRACIAS POR EL TIEMPO Y LUGAR EN QUE NACÍ.

Modelos de cometido

LA vida de María es un collage de modelos de cometido para mujeres de casi todas los estados de la vida: hija, madre soltera, madre adolescente, segunda esposa, madrastra, viuda, abuela espiritual. Por su propia experiencia de la vida, María se pucde identificar con las alegrías y tristezas de las muchas estaciones en la vida de una mujer. Aunque algunas de las etapas sean rápidamente evidentes —la de hija, por ejemplo— otras pueden no ser tan obvias.

María era muy joven cuando el ángel la visitó —quizá de sólo catorce años, según algunos relatos—, lo que haría de ella una madre adolescente. Puesto que no se hallaba casada en aquel momento, habría experimentado el estigma de ser una madre soltera. Siendo la gente como es, un montón de vecinos estarían contando los meses entre la boda y el nacimiento.

El que María fuera una segunda esposa está abierto a conjeturas. Muchas antiguas tradiciones dicen que José había estado casado anteriormente y que María era su segunda esposa. Si ése es en verdad el caso, los hermanos y hermanas identificados en las Escrituras podrían ser los hermanastros de Jesús, haciendo de María su madrastra (con todo lo bueno y lo malo que ser madrastra comporta).

Finalmente, puesto que José murió antes que María, ella sabe lo que es ser viuda; y aunque no tuvo nietos ella misma, fue indudablemente una abuela espiritual para los hijos de los «hermanos» y «hermanas» de Jesús, así como para algunos de los discípulos.

Qué consuelo saber que, cualquiera que sea la situación de la vida en la que nos encontremos, María no sólo la entiende, ¡sino que ya ha estado ahí antes que nosotros!

¿En qué modos puedo utilizar el ejemplo de María como modelo para las etapas de mi vida?

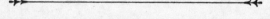

ME REGOCIJO EN TODO PASO DE MI VIAJE POR LA VIDA.

Pasión

LA palabra Pasión tiene un significado teológico específico, refiriéndose a los acontecimientos que rodearon el juicio, tortura y Crucifixión de Jesús. Aunque solemos pensar en la Pasión en conexión con Cristo, también está íntimamente ligada a María.

A cierto nivel, esa primera Semana Santa fue el momento más glorioso de la vida de María, pues fue en ese punto que su respuesta al ángel Gabriel —«¡Fiat!» («¡Sea!»)— fue finalmente llevada a su plena fructificación. Pero a nivel humano, fue el peor momento —sin comparación— que ella pudiera haber imaginado.

Comenzó con la Última Cena. Al ser mujer, probablemente no se hallara en la misma habitación que Jesús durante esa cena; habría estado en otra habitación con las otras mujeres. Incluso si no estaba a su lado, sin embargo, ella debió de oír sus ominosas palabras: «Ahora ya no seguiré en el mundo, pero al poco me volveréis a ver.» Ella debió de andar preocupada cuando Jesús y los discípulos partieron hacia el Jardín de Getsemaní. Indudablemente aguardaba junto a las otras mujeres, atisbando en la oscuridad, esperando el retorno de Jesús y de los demás. Cuando los discípulos volvieron sin Jesús, diciendo que había sido arrestado y llevado ajuicio, María debió de verse asaltada por un sentimiento enfermizo y deprimente.

Luego vino el camino hacia el Calvario, la Crucifixión y la muerte de Jesús. En ese momento no tendría importancia alguna para ella el tener la segura esperanza de la salvación. ¡Su niño estaba muerto! ¡Su corazón estaba roto! Es en este punto que María se parece más a nosotros, y es en nuestra mayor pena que María, nuestra madre, se acerca más a nosotros.

¿Alguna vez he pensado cómo fue la Pasión de Jesús para María?
¿Supongo que porque ella sabía que las cosas serían para bien,
no debió de serle tan difícil?

CUANDO ME LAMENTO, PIDO A MARÍA SU CONSUELO Y COMPRENSIÓN.

Cumpleaños

EN nuestra cultura, los cumpleaños son importantes días de fiesta personales. Damos regalos, hacemos convites y (dependiendo del cumpleaños concreto que se conmemore) tomamos el pelo sin misericordia a la persona celebrada. Es un tiempo en el que nos permitimos echar el freno y pasar un buen rato sin mayor motivo.

No conocemos la fecha del nacimiento de María, aunque tradicionalmente se celebra el 8 de septiembre. Más aún, es improbable que María celebrara su cumpleaños de ningún modo que recuerde a las formas modernas de hacerlo, pues los cumpleaños no eran tan importantes en su tiempo como hoy en día. De hecho, no estamos seguros de si la gente corriente celebraba los cumpleaños en absoluto. Sabemos, no obstante, que los ricos lo hacían: fue en una celebración del cumpleaños de Herodes cuando Salomé ejecutó la danza que tanto deleitó a Herodes que éste le otorgó la cabeza de Juan el Bautista sobre una bandeja.

Sabemos que María disfrutó de las celebraciones y fiestas en general, por lo que el Nuevo Testamento nos cuenta de la fiesta nupcial de Caná. Claramente, María sabía lo que era pasar un buen rato. Con excesiva frecuencia, consideramos la religión un asunto serio. El ejemplo de María en la fiesta nupcial nos muestra que está bien divertirse. Dios está próximo a nosotros cuando hay lágrimas, pero Dios también está presente en nuestra risa.

Tómate hoy unas vacaciones del asunto serio de la religión para celebrar la diversión de la fe. ¡Regocíjate en la creación y regocíjate en el día que ha hecho el Señor!

*¿Me siento alguna vez tentado a pensar que una actitud hosca y
seria es más agradable a Dios que la celebración y la diversión?
Si pudiera celebrar mi cumpleaños de cualquier
modo que quisiera, ¿qué haría?*

APROVECHO CUALQUIER OPORTUNIDAD LEGÍTIMA PARA
HACER UNA CELEBRACIÓN.

Devoción mariana

LA oración mariana más antigua que se conoce es el Sub Tuum Pra-esidium, compuesta hacia el 250 d. de C. En esta antigua oración, los cristianos pedían a María su ayuda e intercesión. En un tiempo en el que aún se estaban labrando muchos matices teológicos, la devoción a María ya estaba firmemente establecida. María ya era vista como madre, virgen, protectora e intercesora de todas los cristianos.

La devoción a María tiene una simplicidad y claridad que tras-ciende la teología. Se centra en el amor de una madre por sus hijos y la confianza de los hijos en el cuidado y preocupación de una madre amorosa.

Cuando nos encontramos abrumados por el bombardeo de diferen-cias teológicas y partidos entre ideologías en conflicto, volverse hacia María y pedir su ayuda puede ser el paso más sabio que dar. En esos momentos, oremos estas palabras, al igual que los creyentes de los pri-meros días de la Iglesia:

> Acudimos a tu patrocinio,
> oh santa Madre de Dios.
> No desprecies nuestras peticiones en nuestra necesidad,
> sino líbranos de todo mal,
> oh virgen, siempre gloriosa y bendita.

¿Alguna vez, estoy tentado a pensar mi camino hacia la fe?
Si tengo dificultades para creer en el amor que Dios me tiene,
¿puedo creer en el de María?

CUANDO ME SIENTO PRESIONADO POR LA VIDA,
LE PIDO AYUDA A MARÍA.

La Asunción

UNO de los chistes más típicos del catolicismo romano es el de que la Fiesta de la Asunción es el día en el que la Iglesia «asume» que María fue llevada en cuerpo y alma al cielo. Aunque ciertamente ésa sea la asunción sobre la Asunción, esta fiesta es algo más que el reconocimiento de uno de los privilegios especiales de María. Es, de hecho, una celebración sobre la importancia de nuestros cuerpos.

La teología cristiana nos enseña que nos reuniremos con nuestros cuerpos en la vida venidera. (Muchos de nosotros estamos, indudablemente, buscando una versión nueva y mejorada). La Asunción de María es la verificación de que no sólo son importantes nuestras almas; nuestros cuerpos también tienen un valor.

A veces nos vemos inclinados a llegar hasta extremos con nuestro cuerpo. O lo mimamos y le damos todos los caprichos a nuestro ser físico, o empleamos una ruda disciplina para mantener nuestra naturaleza inferior bajo control, como hizo San Francisco de Asís. (Para crédito de San Francisco, al final de su vida pidió perdón a su cuerpo, llamándolo Hermano Asno, y admitiendo que se había pasado de dureza en su auto-mortificación.) Ambos extremos son dañinos; deberíamos más bien dar a nuestro cuerpo la atención y el cuidado que se merecen, recordando que la disciplina moderada es siempre el objetivo. Después de todo, nos reuniremos de nuevo con esos cuerpos en la siguiente vida.

¿Maltrato mi cuerpo no suministrándole alimentos adecuados, ni dándole el ejercicio apropiado, ni permitiéndole el suficiente descanso?

DOY A MI CUERPO LO QUE NECESITA, HOY Y CADA DÍA.

Confirmar la afirmación

«LA risa es lo más próximo a la gracia de Dios», según Kari Barth. «Si eso es verdad, María debe de haberse reído un montón (aunque no tengamos registro alguno de su diversión), puesto que ella está más cerca de la gracia de Dios que ninguna otra persona.

Hacer suposiciones acerca de María y tratar de imaginarse cómo era realmente puede parecerle irreverente a mucha gente. Irónicamente, el estrés sobre ese tema surge porque los cristianos creen que todo lo que aparece en la Biblia es cierto. Sin embargo, hay una gran diferencia entre contener la verdad y contener TODA la verdad. Si algo está en las Escrituras, es cierto, sí; pero el hecho de que algo no esté en las Escrituras no significa que, necesariamente, sea falso.

Por ejemplo, las Escrituras no dicen nada acerca de cómo dormía Mana, pero el sentido común nos dice que debió de dormir. Tampoco mencionan que le cambiara los pañales al niño Jesús, preparara una comida, fuera de paseo, charlara con José o fuera al mercado, pero sabemos que tuvo también que hacer todas esas cosas, incluso si la Biblia permanece muda sobre esos temas.

La Biblia es la principal fuente cristiana sobre la dirección de Dios para la humanidad. En ella Dios nos da los conceptos que necesitamos para tomar decisiones morales sanas, pero no nos da toda la información detallada que necesitamos para tomar cada decisión de la vida. Para eso tenemos la inteligencia. Hemos de hacemos nuestra propia idea sobre muchas cosas, desde las mundanas (qué tener para comer) hasta las más complejas (con quién casamos). No es que Dios no se cuide de estas cosas; Dios se cuida de todas nuestras decisiones. Pero Dios no quiere que consultemos un libro cuando necesitamos guía. Dios quiere tener una conversación activa y creativa con nosotros cuando formulamos nuestras decisiones de la vida.

¿Alguna vez, actúo como si la Biblia fuera el summum del conocimiento? Cuando necesito tomar una decisión, utilizo todos los recursos que Dios me ha dado?

APRECIO LA BIBLIA POR LO QUE ES,
NO POR LO QUE NO ES.

Atajos espirituales

ALGUNA vez escuchaste a un compañero de viaje decir: «Vayamos por allí; parece un atajo»? Si así es, sabrás que los atajos rara vez funcionan. Acaban siendo más largos en el mejor de los casos, desastres en el peor. El mensaje de María al mundo es el de que no hay atajos en el camino hacia el cielo. El sendero es el mismo que ha sido desde el comienzo del tiempo; oración, ayuno, penitencia y fe.

Considera unos cuantos mensajes atribuidos a María, procedentes de los videntes de Medjugorje:

«Que la oración sea vuestro alimento diario.»

«Si oráis y ayunáis, obtendréis todo lo que pedís.»

«Orad, ayunad, haced penitencia, y ayudad al débil.»

«Los hombres deben reconciliarse con Dios y entre sí. Para que esto suceda, es necesario creer, orar, ayunar y hacer confesión.»

Aunque un atajo pueda ser tentador, raramente merece la pena, por el tiempo que se tarda dar la vuelta y empezar de nuevo (¡que es lo que casi inevitablemente sucede!).

Cuando se trata de nuestro viaje hacia el cielo, no sólo es mejor, es también más seguro, tomar el camino que María y los santos han señalado durante los pasados dos mil años. A la larga, es mucho más rápido de lo que pudiera serlo cualquiera de los atajos.

¿Alguna vez, me siento tentado a intentar un camino «más fácil» hacia el crecimiento espiritual que el camino que me ha mostrado María?

PASO TIEMPO ORANDO, AYUNANDO, Y HACIENDO PENITENCIA.

Una metáfora para Dios

UNA metáfora es una expresión poética que compara o combina dos cosas distintas sin utilizar las palabras semejante o como. Por ejemplo, «el corazón es un cazador solitario», es una metáfora. Nadie piensa que un corazón realmente sea un cazador, solitario o como sea, pero la metáfora ayuda a crear en nuestras mentes una imagen que puede darnos una visión del corazón humano. La noción de que alguien enamorado pueda hallarse solitario en su búsqueda del amado, nos ayuda a comprender un poco la naturaleza esencial del amor.

De manera similar, María puede ser considerada como una metáfora de Dios. Ciertamente, nadie cree que María sea Dios, pero verla nos ayuda a entender la naturaleza de Dios y el modo en que Dios trata con la creación.

Consideremos tan sólo un par de ejemplos:

Dios nunca nos fuerza a hacer nada contra nuestra libre voluntad. Dios nos pide que participemos en el plan divino, igual que pidió a María que se volviese la madre del Mesías. Siempre tenemos la elección de decir no, igual que María tuvo esa elección.

Dios nunca nos da una prueba sin darnos también una vía de escape. María fue una madre soltera en una cultura en donde semejante comportamiento era potencialmente castigable con la muerte. Dios la protegió interviniendo ante José, al asegurarle que era aceptable que se casara con María.

Cuando examinamos la vida de María, vemos a Dios. ¿Puede decirse lo mismo respecto a nuestras propias vidas? ¿En qué modo refleja mi vida la bondad de Dios? ¿Cómo devenir más como María (y por tanto más como Dios)?

Cuando observamos la vida de María, vemos a Dios.
¿Podríamos decir lo mismo de la nuestra?
¿De qué forma refleja mi vida la bondad de Dios?
¿Qué tendría que hacer para parecerme más a María
(y por tanto más a Dios)?

VEO EL ROSTRO DE DIOS EN TODO AQUEL CON QUIEN ME ENCUENTRO.

Buen consejo

MARÍA es a veces llamada Madre del Buen Consejo. De todos los títulos y papeles de María, el de Dadora de Buen Consejo es uno de los más reconfortantes, pues ¿quién de entre nosotros no necesita un buen consejo?

Una de las dificultades en la petición de ayuda a María es la de aprender a escuchar su respuesta. Como con tantas otras cosas en el dominio de lo espiritual, es difícil tamizar las voces conflictivas que resuenan en nuestras cabezas. Dependiendo de nuestras experiencias de la infancia, así como de otros factores, diferentes tipos de consejo pueden sonar en nuestra radio mental. ¿Es a María a quien oímos o es a nuestra propia madre? ¿Es la voz de la Madre del Buen Consejo o es la voz de la Iglesia? ¿Es María o son nuestros propios deseos?

¿Cómo podemos saber qué consejo proviene de María y cuál proviene de otras fuentes, quizá menos fiables?

En primer lugar, el consejo de María siempre será amoroso. Ella nunca te dirá que hagas algo destructivo para ti o para los demás. En segundo lugar, el consejo de María siempre te dirigirá a un lugar de mayor totalidad y santidad. Ella te guiará en modos que te permitan volverte más auténtico, más real más tú. Finalmente, la sabiduría de María estará rodeada de un sentimiento de paz y centralización. Si se te hace un nudo en el estómago cuando tratas de seguir un consejo, puedes estar seguro de que no vino de María.

¿Hay algo preocupándome ahora mismo para cuya resolución pudiera utilizar el consejo de María?
¿Le he pedido ayuda a María? Si no es así, ¿por qué?

CREO QUE EL CONSEJO DE MARÍA ES SIEMPRE EN MI MEJOR INTERÉS.

Sabiduría

CUANDO María finalmente encontró a Jesús en el Templo junto a los sacerdotes, se asombró de la sabiduría de Jesús. (¡A qué padres no les sucedería lo mismo, hallando a su hijo de doce años charlando cómodamente con los hombres más instruidos de su tiempo!) Sin embargo, la parte más sobresaliente de la historia no es la sabiduría de Jesús sino la de María.

María fue lo suficientemente sabia para no abdicar de su responsabilidad como madre sólo porque tuviera un hijo capaz de un discurso erudito en el Templo. No permitió que la sabiduría de Jesús hiciese titubear su propia sabiduría.

A veces nos echamos para atrás de nuestras responsabilidades porque carecemos de la confianza para hacer lo que Dios nos ha dado a hacer. Permitimos que nuestros temores se hagan cargo de nosotros, y en el proceso dejamos que la sabiduría huya por la ventana.

María sabía que debía criar a Jesús hasta la mayoría de edad. Incluso si él tenía más conocimiento espiritual que todos los sacerdotes del Templo combinados, simplemente no se podía criar a sí mismo. María entendió eso, así que hizo lo que se suponía que debía hacer: ver que su hijo fuese atendido adecuadamente. Tuvo la sabiduría para saber cuál era su responsabilidad —y para hacerla.

Jesús puede haber exhibido su erudición espiritual y su sabiduría divina cuando habló con los sacerdotes en el Templo de Jerusalén, pero María exhibió su sabiduría maternal cuando le hizo volverse para casa.

¿Creo que Dios me ha dado la sabiduría que necesito para tomar las decisiones correctas en mi vida?

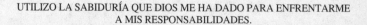

UTILIZO LA SABIDURÍA QUE DIOS ME HA DADO PARA ENFRENTARME A MIS RESPONSABILIDADES.

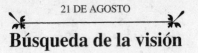

Búsqueda de la visión

MARÍA tiene una visión para el mundo —una visión que ella repite una y otra vez en sus apariciones. Esa visión es simple de expresar pero compleja de alcanzar: paz, amor, armonía y la creencia en su hijo y en su mensaje. Muchos de los grandes santos han tenido una visión similar para la humanidad. En verdad, cualquier que desee lograr un bien duradero en este mundo ha de tener una visión no distinta de la de María.

Uno de los sellos de la espiritualidad de los nativos americanos es la búsqueda de la visión. Aunque la actividad exacta varía de tribu en tribu, en general una búsqueda de la visión consiste en que un joven se marcha solo a pasar un tiempo en el desierto aguardando la revelación e inspiración divinas. El joven (menos frecuentemente la joven) soporta el frío, el hambre, la exposición a las inclemencias del tiempo y otras penalidades, hasta que finalmente lo físico pierde su agarre sobre lo espiritual y el alma es liberada para experimentar una nueva inspiración. El resultado es una claridad de comprensión y un sentido de unidad e integridad con toda la creación.

Los americanos no nativos no suelen ir a la búsqueda formal de la visión, pero todos necesitamos encontrar nuestra visión inequívoca de la vida en algún modo. Como el nativo americano que marcha a la búsqueda de la visión, debemos esperar un poco de esfuerzo y sacrificio cuan-do tratamos de discernir nuestra visión. Hemos de estar dispuestos a sintonizar nuestras vidas —aunque quizá no tan literalmente como quienes pasan días en el desierto— a fin de obtener la inspiración que necesitamos. No es algo que suceda porque sí; requiere un trabajo consciente y activo de nuestra parte. Es sólo después de haber realizado nuestra visión para nuestras propias vidas cuando podemos empezar a compartir esa visión con otros.

¿Alguna vez, he pasado tiempo imaginando cuál es mi visión?
¿Podría hacer una búsqueda de la visión de algún tipo?

SÉ LO QUE QUIERO PARA MÍ Y PARA QUIENES ME RODEAN.

La realeza de María

MUCHA gente tiene grandes dificultades para pensar en María como Reina de los Cielos. Tener una reina implica la presencia de un rey, y un rey y una reina parecen un conjunto equiparable, más o menos iguales en poder y rango. Por lo tanto, si Jesús es el Rey de los Cielos, y María es la Reina de los Cielos suena como si María fuese igual a Jesús.

Eso, desde luego, es herejía. María no es ahora —ni podrá nunca serlo— igual a Jesús, quien es a la vez Dios y hombre. Aunque los teólogos han ofrecido muchas explicaciones de por qué María es Reina de los Cielos (incluyendo la razón obvia: que la madre de un rey es una reina por defecto), mucha gente sigue teniendo dificultades con ese título, en parte por entender mal lo que constituye un monarca, particularmente un «monarca justo» en el sentido bíblico.

En el antiguo Oriente Medio, la justicia ideal no consistía tanto en que la ley se aplicase imparcialmente, como en que se diese ayuda y protección a los miembros más débiles de la sociedad. Por consiguiente, un monarca justo era el que conducía con su ejemplo ayudando a los pobres. Debido a que María nos orienta a comprender nuestras responsabilidades para con los menos afortunados, actúa igual que una soberana justa en el sentido bíblico. Ergo, María es una reina; y puesto que se encuentra en el cielo, ella es Reina de los Cielos.

Al final, no obstante, importa poco si piensas en María como Reina de los Cielos. Lo que importa es si sigues su ejemplo cuidando de quienes necesitan tu amor y atención.

¿Cómo reacciono cuando encuentro un mendigo en la calle?
¿Asumo una responsabilidad personal de ayudar a los necesitados?

CAIGO EN LA CUENTA, CUANDO VEO A LOS POBRES Y A LOS QUE SUFREN, QUE «SÓLO POR LA GRACIA DE DIOS SALGO ADELANTE».

Retrasos

LEYENDO entre líneas el relato evangélico de la fiesta nupcial de Caná, podemos sentir que María estaba impacientándose un poco con la renuencia de Jesús a hacerse cargo de su misión. Es casi como si ella le diera un pequeño empujón de madre para que moviera pieza.

«¡Mamá, es que aún no estoy preparado!», protestó Jesús.

«Créeme: lo estás. Y ahora haz algo sobre la situación del vino.»

Hay un tiempo para la paciencia y un tiempo para empujar. María parece haber entendido la diferencia y dado a su hijo un pequeño empujón cuando él estaba dando largas.

A veces todos necesitamos un codazo, incluso si somos Jesús.

Ocasionalmente, aunque sabemos lo que deberíamos estar haciendo, no conseguimos dejar nuestro pastel y encargarnos de ello. En ocasiones damos largas porque tenemos miedo a fracasar; otras veces lo hacemos porque tememos el éxito. ¡Y otras aplazamos las cosas simplemente porque las aplazamos!

Analizar los motivos para los retrasos puede ayudarnos a imaginar el modo de evitar situaciones similares en el futuro, pero hace poco por eliminar las dilaciones presentes. Si estás evitando hacer algo que sabes que deberías estar haciendo, sólo hay una cura: ir adelante con ello. Piensa en ello, ¡María le dijo a Jesús poco más o menos la misma cosa!

¿Hay algo que he estado dejando a un lado de hacer y que sé que debería hacer? ¿ Qué me está impidiendo «hacerlo»?

NO DEJO QUE LAS DILACIONES GOBIERNEN MI VIDA.

Unidad

SABEMOS muy poco acerca de la vida de María en Palestina, y sabemos aún menos —de hecho, absolutamente nada— sobre su vida en Egipto después de que ella y José escaparan de la cólera de Heredes. No sabemos adonde fueron, lo que hicieron cuando llegaron allí o por cuanto tiempo permanecieron. Lo único que sabemos es que fueron a Egipto y permanecieron allí al menos hasta la muerte de Herodes. (Incidentalmente, puesto que Herodes murió en el 4 a. de C., algunos estudiosos piensan que Jesús debió de nacer alrededor del 6 a. de C.).

Durante este tiempo tan oculto de la vida de María, ella era una extranjera viviendo en una tierra extraña. ¿En qué modo dio forma esa experiencia a María? ¿Qué sabidurías le trajo?

Es difícil decirlo, pero esa estancia como extranjera debió de tener un efecto. Es interesante hacer notar que los egipcios no cristianos de hoy en día sienten una especial devoción por María. En Zeitoun, donde la antigua tradición sugiere que permaneció la Sagrada Familia durante su escapada a Egipto, se dice que miles de personas han sido testigos de numerosas apariciones de María sobre la catedral copta de Santa María, entre 1968 y 1971. En 1986 otros miles afirmaron ver a la Virgen Bendita dentro y por encima de la Iglesia de Damiana.

Se afirma que María ha dicho a los videntes de Medjugorje: «Ama a tus hermanos y hermanas musulmanes. Ama a tus hermanos y hermanas serbios ortodoxos. Ama a quienes te gobiernan.»

María la judía, que vivió en la tierra que había esclavizado a sus antepasados, nos dice, por medio de la palabra y del ejemplo, lo que San Pablo expresó en su carta a los Calatas: «No hay ni judío ni griego, no hay ni esclavo ni persona libre, no hay ni varón ni hembra, pues todos sois uno en Cristo Jesús.»

¿Albergo prejuicios secretos?

CREO QUE TODA LA GENTE ES IGUAL A LOS OJOS DE DIOS.

Dinero

EN nuestra cultura, el dinero hace girar el mundo. Tratar de vivir sin dinero en absoluto es prácticamente imposible. Todo nuestro sistema económico se basa en el intercambio monetario. Sin embargo, Dios dice que el dinero es la raíz de todo mal, ¿correcto?

Bueno, no. Realmente, es el amor por el dinero lo que es la raíz de todo mal. Es lo que hacemos para obtener dinero, y lo que hacemos con él una vez que lo tenemos, lo que es bueno o malo.

Considera el caso de María, por ejemplo. Ella tenía dinero. Al menos, recibió una buena cantidad de oro de los Sabios, por no mencionar el incienso y la mirra. Por un tiempo, al menos, María debió de tener dinero de sobra, pero obviamente no tuvo un efecto nocivo sobre ella.

Por qué algunas personas tienen más dinero del que podrían gastar y otras deben luchar en la pobreza es un misterio. Es tentador suponer que quienes más dinero tienen son los más bendecidos por Dios, pero no existe ninguna correlación entre los billetes materiales y el crédito celestial. Algunos de los más despreciables villanos que el mundo haya conocido nunca no carecieron de nada, mientras que muchos de los individuos más santos han sido pobres hasta el punto de no tener nada (a veces voluntariamente).

Jesús deja claro que la prosperidad financiera no es una garantía de recompensa espiritual. «Bienaventurados los pobres, porque suyo es el reino de los cielos.» No es erróneo desear la bendición del dinero, pero tener dinero no es una garantía de la bendición de Dios.

¿Cómo es de importante el dinero en mi vida?
¿Utilizo el dinero, o dejo que el dinero me utilice a mí?

SÉ QUE TENGO SUFICIENTE PARA SATISFACER MIS NECESIDADES.

Temor

MUCHOS de los mensajes atribuidos a María en sus apariciones tienen un sabor netamente apocalíptico. Se refieren a los tiempos finales y al juicio final, con vivas visiones del infierno y el purgatorio. Hablan de los tormentos del demonio y de sucesos catastróficos que recaerán sobre la tierra. Contienen mensajes secretos que sólo los videntes pueden conocer.

No es sorprendente que además de inspirar devoción, las apariciones de María a menudo produzcan una sensación de temor. Es natural que la indicación de cosas espantosas que podrían estar a punto de suceder atemorice a la gente. En el caso de algunas personas, el miedo se traduce en acción que transforma la vida; empiezan a reformar sus vidas orando más, ayunando, haciendo buenas obras y volviéndose hacia Dios. En el caso de otras, en cambio, el temor es quien gana; el terror las inmoviliza.

Si eres el tipo de persona que se ve inspirada por los mensajes de María, entonces léelos y reflexiona sobre ellos. Si, en cambio, eres de quienes se ven dominados por el terror cuando leen algo sobre inminentes castigos, no pierdas tu tiempo pensando en ellos. Léelos si tienes que hacerlo, pero luego déjalos a un lado y sigue con tu vida.

María quiere que reformemos nuestras vidas y volvamos nuestros corazones hacia su hijo; no quiere que nos quedemos sentados, muertos de miedo con los eventos futuros. Sus mensajes están destinados a animarnos a la virtud. Si tienen el efecto opuesto sobre alguien, quizá es que no están destinados a esa persona.

Cuando leo lo que alguno de los videntes afirma que María dijo, ¿cómo me siento? ¿Me animo o me muero de miedo?

PERMITO A DIOS QUE ME HABLE EN LOS MODOS QUE ÉL
SABE MEJORES PARA MÍ.

Arrugas

ES interesante que las arrugas de la cara parecen ser duras y ásperas, pero cuando las tocas son muy blandas. Reacción natural al envejecimiento y la exposición, añaden profundidad y carácter al rostro. Una cara joven y sin defecto tiene una belleza etérea, pero un rostro más viejo tiene el carácter escrito en cada línea. Considera el caso de la madre Teresa de Calcuta, por ejemplo. Su vida de amor y sacrificio se muestra claramente en las líneas de su frente y de sus mejillas.

Aunque la mayoría de las pinturas y estatuas de la Virgen Bendita la muestren libre de arrugas, no pueden ser descripciones exactas de la María de la vejez. Viviendo en Oriente Medio, expuesta al clima, pasando por las penas y tribulaciones que hubo de afrontar, María debió tener su ración de arrugas. Su vida debió registrarse en su rostro, igual que la de la Madre Teresa lo estaba en el suyo.

Aunque no podamos decidir el tipo de arrugas que vamos a tener, las elecciones que hacemos afectan a las líneas de nuestra cara. Si fruncimos el ceño, tendremos diferentes líneas que si reímos y sonreímos. No todas las arrugas de María debieron ser causadas por el dolor y la tristeza. Con seguridad que debió de tener líneas de la risa en las comisuras de los ojos así como de la boca. Puesto que la mayoría de nosotros tendrá al menos algunas arrugas durante su vida, ¡asegurémonos de que una porción de ellas sean creadas por el gozo!

¿Qué clase de arrugas estoy desarrollando?
¿ Qué sucesos de la vida se muestran en mi rostro?

DEJO QUE TANTO EL GOZO COMO LA TRISTEZA SE REGISTREN
EN MI ROSTRO.

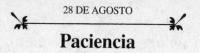

Paciencia

UNA virtud que todos debemos aprender a cultivar es la de la paciencia. María no es una excepción. Hubo de tener paciencia mientras esperaba a que José se enterara de su embarazo, hubo de tener paciencia mientras vivían en Egipto, hubo de tener paciencia mientras ella y José buscaban a su hijo durante tres días, hubo de tener montones de paciencia aguardando a que él hiciera algo como Mesías, hubo de ser paciente hasta la Resurrección, y ahora tiene que ser paciente por el resto del tiempo.

No hay motivos para suponer que María sea, de su natural, más paciente que el resto de nosotros, puesto que la paciencia implica aguardar, y aguardar no es divertido, especialmente cuando no sabemos a qué estamos esperando o cuando sospechamos que no nos va a gustar lo que sucederá al final de la espera.

A menudo deseamos acelerar las cosas, saltar hasta el último capítulo del libro de la vida. Pero no podemos hacerlo así. Hemos de dejar que el tiempo se desarrolle a su ritmo. Hemos de confiar en que Dios se halla con nosotros mientras aguardamos y algún día toda la espera cobrará sentido.

¿Soy una persona paciente o impaciente?
¿Cómo me siento cuando mi paciencia es puesta
dolorosamente a prueba?

PRACTICO LA PACIENCIA A LO LARGO DE MI VIDA DIARIA.

Las preguntas pertinentes

UNA de las perogrulladas de un negocio de éxito es la de que, a fin de obtener las respuestas adecuadas, has de hacer las preguntas pertinentes. Una vez que has hecho las preguntas adecuadas, las respuestas correctas son a menudo obvias. (Advertencia: las respuestas correctas no son necesariamente las respuestas que deseas. ¡Puede haber una gran diferencia entre lo que deseas oír y lo que necesitas oír!)

Concebir las preguntas a formular puede ser difícil. Nos atolondramos tratando de anticipar las respuestas tratando de manipular las respuestas, y permitiendo que nociones preconcebidas influencien nuestro modo de pensar.

Pese a la pobreza de diálogo que muestran los Evangelios, está claro que las preguntas de María siempre iban al grano. Ella formuló preguntas que la dieron las respuestas que necesitaba. Por ejemplo, preguntó a Gabriel: «¿Cómo voy a tener un bebé si no he tenido sexo?» Cuando se encontró a Jesús en el Templo, preguntó: «¿Qué estás haciendo aquí? ¿No sabías que estábamos preocupados?» No dio vueltas alrededor del asunto. Preguntó directamente y obtuvo respuestas directas: «Vas a tener un bebé porque Dios va a hacer que suceda»; «Estoy ocupándome de los asuntos de mi Padre».

Aunque pudieron no gustarle las respuestas que recibió, y aunque tal vez no entendiera todas sus implicaciones, María al menos obtuvo respuestas; y ello porque formuló las preguntas pertinentes. Al igual que ella, necesitamos aprender a hacer las preguntas que nos darán las respuestas que necesitamos.

¿Qué tal se me da formular preguntas directas?
¿Alguna vez trato de construir las frases de manera que obtenga
las respuestas que creo que deseo escuchar?

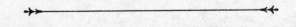

NO TENGO MIEDO A OÍR LA RESPUESTA A CUALQUIER PREGUNTA SINCERA.

Renuncia

EL verbo renunciar suena como a rendirse, a abandonar, a dejar de preocuparse. En realidad, sin embargo, la renuncia es una toma de poder. Una vez que renunciamos a la necesidad de tener el control, a estar en lo correcto, a estar al cargo, abrimos las puertas para que la gracia de Dios se haga con el mando.

María renunció al control sobre su vida cuando dijo: «Hágase en mí según tu palabra.» Pese a esa renuncia, no se quitó de en medio, abandonó, ocultó en el cuarto trasero o aguardó dócilmente las consecuencias. Continuó haciéndose cargo de su vida, aunque comprendió que Dios tenía ahora el control final. Fue a casa de Isabel. (No hay indicaciones de que le pidiese a nadie permiso para ir; simplemente hizo sus hatillos y se fue.) Se casó con José. Tuvo su bebé. Vivió su vida de manera plena y auténtica –pese al hecho de que había cedido el control a Dios.

Nosotros podemos hacer lo mismo. Podemos dejar a Dios que tenga el control final al tiempo que vivimos una vida correcta. Aunque posible, nadie está diciendo que sea sencillo. Hemos de estar dispuestos a ir a lugares a los que nunca esperábamos ir; hemos de estar dispuestos a cambiar de dirección en cualquier momento; hemos de estar dispuestos a abandonar ideales queridos a fin de dejar lugar a nuevas metas.

Si te sientes como si Dios no estuviese respondiendo a tus plegarias, quizá sea porque aun tratas de decirle a Dios cómo deberían ser las cosas, en vez de dejar que Dios te conduzca por los senderos que él sabe correctos para ti. Quizá sea que estás reteniendo el control, en vez de renunciar a ello para pasárselo a Dios.

¿Siento como si Dios estuviese respondiendo a mis
oraciones ahora mismo?
¿Estoy dejando a Dios espacio para operar en mi vida?

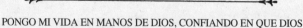

PONGO MI VIDA EN MANOS DE DIOS, CONFIANDO EN QUE DIOS
SÓLO ME DARÁ EL BIEN.

El futuro

CUANDO el profeta Simeón dijo a María, con ocasión de la Presentación de Jesús en el Templo, lo que el futuro le reservaba, no es sorprendente que ella y José quedarán pasmados. La mayoría de nosotros quedaríamos pasmados si alguien nos dijera nuestro futuro con tal convicción y autoridad.

La mayoría de nosotros creemos que nos gustaría poder echar un vistazo al futuro. Esa es una de las razones por las que psíquicos, quirománticos, videntes de bola de cristal y adivinadores han estado solicitados durante miles de años. Nos imaginamos que si apenas pudiéramos echar una miradita al futuro estaríamos mejor preparados para habérnoslas con él.

No es cierto. Conocer el futuro es una carga. Saber lo que sucederá mañana priva al presente de su gozo. De hecho, es bueno que la mayoría de nosotros no conozcamos el futuro, o no estaríamos dispuestos a pasarlo. Mirando adelante, pensaríamos que no íbamos a tener la fortaleza para atravesar las dificultades y el dolor. Sin embargo, la mayor parte de los problemas son un poco como una tormenta distante. En el horizonte, las nubes parecen impenetrablemente negras, pero cuando la tormenta se alza directamente por encima de nuestras cabezas, generalmente hay destellos plateados y trozos de un gris más claro. Del mismo modo, ver problemas futuros es ver sólo los aspectos más oscuros. Una vez que el problema ha llegado realmente, casi siempre tenemos la fortaleza y la capacidad para afrontarlo.

María recibió de Simeón una vislumbre de lo que le aguardaba en la vida. Del mismo modo, nosotros ocasionalmente obtenemos breves vislumbres de nuestro futuro. Cuando eso sucede, debemos ponderar esos vislumbres en nuestro corazón, como hizo María, pero no dejar que preocupen nuestro presente.

¿Alguna vez he tenido una vislumbre del futuro?
¿Cómo me hizo sentirme? Si pudiese elegir ver el futuro,
¿tomaría esa decisión?

QUIERO VIVIR UN DÍA CADA VEZ.

Nada es demasiado pequeño

LAS acciones de Jesús cuando la fiesta nupcial de Caná prueban que nada en nuestras vidas es demasiado pequeño para la atención y preocupación de Dios. Jesús objetó la petición de María de que se ocupara de la falta de vino, no porque creyera que quedarse sin vino —un gran *faux pas*— no fuera importante, sino porque aún no era llegado el tiempo de que revelara su poder y su misión. No se le pidió que hiciera algo que no *quería* hacer; se le pidió hacer algo antes de que estuviese listo para hacerlo.

Nada en nuestras vidas es demasiado pequeño o insignificante para llevar a Dios. Incluso esas cosas que no creemos suficientemente importantes como para importunar al Creador del universo con ellas son importantes a Dios. Dios no es sólo el Todopoderoso; Dios es también nuestro padre amoroso, que desea que compartamos con él todos los momentos íntimos de nuestras vidas. Dios quiere que pidamos cosas de todos los días (como quedar bien en un acontecimiento social), así como cosas extraordinarias (por ejemplo, las curaciones médicas).

A menudo es difícil creer que Dios se preocupe de nosotros como individuos. Es mucho más fácil creer que Dios se ocupa de las *grandes* cosas: la guerra, la injusticia, el hambre, la pobreza y demás. Pero ¿del vino de una boda? Nuestro sentido común nos dice: «Venga, vamos. Dios no tiene tiempo para preocuparse por pequeñas frusterías como ésa.»

Pero Dios *tiene* tiempo: toda la eternidad, para ser exactos. Y Dios se preocupa profundamente por cada uno de nosotros. Como nuestro padre, Dios desea que vivamos una vida abundante y bienaventurada, pero Dios no puede darnos todas las alegrías que nos aguardan salvo que nos acerquemos a él diciendo: «No tenemos vino.»

¿Cuento a Dios todos los detalles de mi vida, o guardo mis oraciones para ocasiones especiales?

CREO QUE DIOS CUIDA DE MÍ Y DE LOS DETALLES DE MI VIDA.

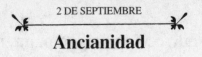

Ancianidad

LO que sabemos de María podría caber en un dedal. Lo que *no* sabemos de María podría llenar una bañera. Una de las muchas cosas que no sabemos es la edad que tenía cuando murió. Algunos relatos nos dicen que murió pocos años después de Jesús; otros, que murió hasta veinte años después, pero no lo sabemos seguro. Sabemos, sin embargo, que alcanzó la vejez, al menos para los parámetros de su época.

En otros tiempos y culturas, la vejez ha sido reverenciada por su sabiduría, resistencia y fortaleza. En nuestra cultura, en cambio, la vejez es el enemigo. Hacemos todo lo que podemos por escapar a ella; si no realmente, al menos exteriormente, a través de la cirugía estética y el ejercicio. Pero por mucho que tratemos de ignorar nuestro propio envejecimiento, no podemos impedir el paso de los años. Un cuerpo de setenta y cinco años decorado, bien vestido y bronceado sigue siendo un cuerpo de setenta y cinco años.

Antes que tratar de negar y desafiar la edad, quizá el curso más sabio sea el de aprender a celebrarla. A pesar de sus obvios inconvenientes, hacerse más viejo tiene algunas ventajas sobre la juventud: entre ellas, la sabiduría proveniente de la experiencia, una preocupación cada vez menor por lo que los demás piensan de nosotros (y una creciente preocupación por lo que piensa Dios) y la capacidad de *ser* en vez de *hacer*.

Puesto que ninguno de nosotros tiene otra alternativa a envejecer, consideremos a quienes han envejecido bien —caso de María— como ejemplo para el trayecto.

¿Temo ser viejo? ¿Cómo de viejo creo que es ser «viejo»?

ESTOY EN LA EDAD PERFECTA PARA MÍ.

Amor tangible

JUSTO antes de que Jesús iniciara su obra pública, se encaminó al desierto para pasar cuarenta días de ayuno y oración. Cuando le contó sus planes a su madre, ¿trató ella de hacerle un paquete con algo de comer? ¿Quizá una o dos rebanadas de pan o un pellejo con leche de cabra?

Aunque María y Jesús son ahora vistos como colaboradores de un bien común, Jesús no dejaba de ser el chico de María; y ella debe de haberse comportado hacia él del modo en el que las mamás suelen hacerlo con sus hijos. Debió ocasionalmente mimarlo, prepararle sus comidas favoritas, hacerle un paquete con comida para el desierto. Como cualquier buena madre, debió de hacerle saber cuánto lo amaba haciendo cosas para él.

Ponemos mucho énfasis en las palabras «Te amo», pero no basta con *decirle* a la gente que se la ama; hemos también de *demostrárselo*. Hemos de volver tangible nuestro amor.

Cuando se trata del amor, el viejo axioma «La acción habla más alto que las palabras» es muy cierta. Una persona que menosprecia o abusa de otra y luego trata de suavizar las cosas diciendo: «Pero sabes que te amo», es una mentirosa. El amor es más que palabras. También es acción.

¿Qué hago por aquellos a los que amo? ¿Hay algo tangible que pudiera hacer hoy por alguien a quien amo?

MUESTRO MI AMOR DE MODOS CONCRETOS.

El Rosario

DE todas las devociones asociadas a María, la más famosa es la del Rosario. La leyenda quiere que María hubiera dado el Rosario a Santo Domingo. Aunque Santo Domingo y sus seguidores hayan sido ciertamente responsables de la promulgación de esa oración, sus orígenes se extienden más allá de ese grupo.

En parte, el Rosario se desarrolló a partir de la práctica monástica de rezar cada día los Salmos. Los hermanos instruidos leían las Escrituras, y los hermanos legos decían 150 Padrenuestros (lo que explica por qué las cuentas del Rosario son a veces llamadas cuentas del *Pater Noster,* o Padre Nuestro). En algún momento, los Padrenuestros serían reemplazados por Avemarías. Los «misterios» o meditaciones asociados con el Rosario parecen haberse desarrollado a partir de una serie de cultos medievales a Nuestra Señora, aunque (con la excepción de la Asunción y la Coronación de María, en la serie final de misterios «gloriosos») tienen sus orígenes en sucesos de las Escrituras.

Independientemente de sus comienzos, el Rosario es una de las oraciones favoritas de la Iglesia católica romana. Clérigos y laicos por igual han hallado sublime consuelo en él. Su naturaleza repetitiva ofrece una entrada en la oración meditativa, y su doble énfasis en la vida de Cristo y la devoción a María proporciona una introducción a los sucesos de las Escrituras.

Más aún, es una oración que podemos rezar en prácticamente cualquier tiempo y lugar, sin más equipo especializado que nuestros propios dedos. Incluso si crees que no te gusta rezar el Rosario, trata de darle una nueva oportunidad. Al igual que el papa Juan Pablo II, puedes descubrir que «nos introduce en el corazón mismo de la fe».

¿Cuál es mi forma de oración favorita? ¿Estoy dispuesto a intentar otros tipos de oración, incluso si a veces me parecen extrañas?

INTENTO DIFERENTES FORMAS DE ORAR.

Hiperdulía

SEGÚN la teología católica, hay tres clases diferentes de respeto: *dulía, hiperdulía* y *latría*. El primero es el respeto que se da a ángeles y santos, el segundo es el respeto que se da a María y el tercero el respeto reservado sólo a Dios.

Los términos mismos no son muy importantes, pero los conceptos sí lo son. El honor que acordamos a María es único, pues ella es única en la historia de la humanidad. Como la *Theotokos,* o «portadora de Dios», dio vida humana a Jesús. Por ese motivo, si es que no por otro, es honrada por encima de todos los santos y hombres y mujeres benditos.

Sin embargo, debemos tener cuidado de que la *hiperdulía* no se deslice hacia la *latría*. En otras palabras, hemos de asegurarnos que el honor que correctamente acordamos a María no infrinja en la adoración que pertenece sólo a Dios.

Adorar a María es tentador. Pues María parece mucho más abordable que Dios. A veces creemos que ella nos entiende mejor a nosotros y a nuestras necesidades más fácilmente que Dios, quien puede parecer remoto y distante. Adicionalmente, puesto que es una madre, podemos sentirnos más confiados allegándonos a ella con nuestros problemas: una madre, después de todo, nos amará pase lo que pase.

Sin embargo, cuando caemos en la trampa de adorar a María, le hacemos un flaco servicio, tanto a ella como a Dios. María merece nuestro respeto más elevado *(hiperdulía)*, pero ella no quiere, ni puede aceptar, nuestra adoración. Ella, sin embargo, siempre se nos unirá en la adoración a Dios —lo cual recompensa aún más que adorarla a ella.

¿Cómo concibo a Dios?
¿Estoy alguna vez tentado a orar a María en vez de a Dios?

HONRO A LOS SANTOS, HONRO ALTAMENTE A MARÍA Y ADORO A DIOS ÚNICAMENTE.

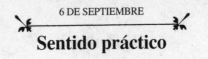

Sentido práctico

MUCHOS de los retratos verbales y físicos de María la muestran como una mentecata. Desde la adolescente con ojos abiertos de par en par, que sonríe serenamente a Gabriel, hasta la insípida y dócil mujer que se planta al pie de la cruz (una sola lágrima brillando en su mejilla), María raramente aparece fuerte, valiente o práctica.

Sin embargo, María fue todas esas cosas. Piensa tan sólo en lo que le dijo a Gabriel: «¿Cómo va a tener lugar este embarazo, pues no he conocido varón?» Pero ésa es la pregunta de una mujer que no es intimidada por nada ni por nadie; ni siquiera por un ángel. Y considera la fiesta nupcial de Caná. Muchas mujeres, al ser contestadas por su hijo del modo en que lo fue María, se habrían derrumbado en un montón de autocompasión. No María. Ella supuso que Jesús acabaría llegando a su modo de pensar, siguió adelante y dejó preparado el terreno para cambiar el agua en vino.

Ser santo no exime a una persona de la necesidad de tener sentido práctico. Piensa en la Madre Teresa de Calcuta. El mundo entero la reconoce como santa, pero ella ha tenido un sentido eminentemente práctico. La obra de su vida incluye orar por los enfermos y moribundos, pero también abarca el atender sus necesidades físicas de baño, vestido, cobijo y atención sanitaria. Si la madre Teresa fue capaz de combinar una gran santidad con un gran sentido práctico, con toda seguridad que María también lo hizo.

¿Veo la religión como algo práctico o meramente como algo espiritual?
¿Cómo puedo poner mi fe en uso práctico ahora mismo?

VALORO MI LADO PRÁCTICO.

Bodas

A PRIMERA vista, parece un poco raro que el primer milagro de Jesús tuviera lugar en una fiesta nupcial. ¿No habría sido más apropiada una curación, puesto que pasó gran parte de su ministerio público curando a los enfermos? Pero no, su primer milagro fue un signo de simple alegría en la más gozosa de las ocasiones: un matrimonio. Convirtió el agua ordinaria en vino, de modo que la celebración pudiera continuar.

Por supuesto, no podemos ignorar el hecho de que realizó el milagro a petición de su madre. Y eso trae a la mente una de las preguntas que se formulan acerca del milagro: ¿por qué estuvo involucrada María? Hay unas cuantas posibilidades. Quizá ella fuera una persona inquieta que simplemente se dio cuenta de la situación (aunque eso parece quedar totalmente fuera de su carácter). Tal vez estuviera emparentada con la novia o el novio, quienes le informaron de la situación (un escenario ciertamente posible). Posiblemente María tuviera un interés especial en las bodas, porque no tuvo una buena ella misma (estando embarazada de al menos tres meses para cuando se casó con José, lo que volvía inapropiado celebrar un gran acontecimiento). O quizá asistía a la boda por alguno de los «hermanos y «hermanas» que se mencionan en los Evangelios.

Cualquiera que sea la razón, María se tomó un especial interés en la celebración e insistió en que Jesús hiciera lo mismo. Al «animarlo» a llevar a cabo su primer milagro en la celebración de una boda, María se aseguró de que tuviéramos la prueba concreta de que todo detalle de nuestras vidas tiene mérito a los ojos de Dios. Por añadidura, nos mostró que está dispuesta y es capaz de pedirle a su hijo favores para nosotros. Sólo hemos de pedir.

¿Dejo que María sepa cuándo se está agotando el vino en mi vida?

CREO QUE MARÍA INTERCEDERÁ EN MI FAVOR SI SE LO PIDO.

El nacimiento de María

AUNQUE ninguno tengamos por cierto cuándo nació María, su nacimiento se celebra tradicionalmente el 8 de septiembre. Esta fecha se escogió simplemente porque es nueve meses después de la fiesta de la Inmaculada Concepción: la celebración de la propia concepción de María. Similarmente, la fecha de la Anunciación se sitúa nueve meses antes de Navidad. (Incidentalmente, estamos bastante seguros de que el nacimiento real de Jesús no fue el 25 de diciembre, pues las Escrituras Sagradas dicen que los pastores se hallaban en los campos. A través de otros documentos históricos, sabemos que los pastores sólo pasaban la noche en los campos durante la primavera y el otoño, pero no, ciertamente, en mitad del invierno.)

Según la leyenda, los padres de María fueron Ana y Joaquín; su padre era un oficial del Templo de Jerusalén. Se cree que llevaban casados unos veinte años cuando se les apareció un ángel, diciéndoles que tendrían una hija cuya vida entera estaría dedicada a Dios.

La leyenda sigue diciendo que María vivió y estudió en el Templo desde que tenía tres años hasta que tuvo catorce. En ese momento se volvió a Nazaret con sus padres, quienes arreglaron para ella un matrimonio con José, el carpintero.

La leyenda es adorable, pero es *sólo* leyenda. Pese a la multitud de revelaciones privadas sobre el nacimiento y la infancia de María, sólo sabemos de seguro lo que nos cuentan las Escrituras —y eso es casi nada.

Si la leyenda y las revelaciones privadas te ayudan a apreciar a María más plenamente, siéntete libre de disfrutarlas. Si, en cambio, te parecen difíciles de creer, aténte a la María que conocemos por las Escrituras y deja que la leyenda siga.

¿Qué recuerdo más vivamente de mi infancia?
¿Qué aprecio más de mis años de crecimiento?

DEJO EL PASADO EN EL PASADO Y VOY HACIA ADELANTE DESDE HOY.

Novelando a María

LA historia de la vida de María ha sido novelada casi más allá de toda imaginación. De hecho, casi toda su vida se ha novelado.

Sí, tuvo su hijo en un establo, pero era el más limpio y ordenado establo en el que pudierais alguna vez poner los pies. Y sí, un puñado de pastores la visitaron justo después del nacimiento, pero todos se dieron una ducha y usaron desodorante antes de entrar. Y sí, hubo de huir a Egipto para escapar a las amenazas de muerte de Herodes, pero puesto que ella y su familia volvieron sanos y salvos, no debió ser cosa de gran importancia. Y sí, perdió a Jesús en el Templo, pero puesto que lo encontraron, todo lo que acaba bien está bien —por consiguiente, ¿a qué viene tanto chismorreo?

Con unos pocos escobazos, eliminamos todo el polvo de la vida de María, convirtiéndola en una novela. Pero *no* fue romántica, como señala el sacerdote dominico Edward Schillebeeckx:

> Su vida no sigue el patrón de un cuento de hadas, como *Blancanieves*. Ningunos pájaros del bosque sostuvieron sus vestidos en sus picos y la condujeron fuera de peligro bajo el acompañamiento de una música dulce y celestial. Si así hubiera sido, no constituiría un ejemplo de fortaleza para nosotros en nuestras luchas diarias con las crudas realidades de una vida que es cualquier cosa menos un cuento de hadas... [Ella] nos mostró, por medio de su ejemplo, cómo la fe en el misterio del Dios viviente es más fuerte que la vida humana; más fuerte, también, que la muerte —incluso que la muerte de su propio Mesías.

¿Deseo alguna vez que mi vida fuera más como un cuento de hadas?
¿Siento envidia de aquellos cuyas vidas parecen más fáciles
que la mía?

ESTOY AGRADECIDO POR LOS DESAFÍOS QUE HA HABIDO EN MI VIDA.

Una faz femenina

EN años recientes, la devoción a la Virgen Bendita ha sufrido un giro. No es realmente sorprendente: cuanto más severo, cuanto más colérico, tanto más distante parece Dios; cuanto más lleno de temores, más pavoroso, más impredecible parece el mundo; más gente —incluso protestantes— se vuelve hacia María: «Ella presta a la idea de Dios un rostro femenino y vuelve la idea más al alcance, menos exclusivista.»

Pese al debate (incluso la disputa) sobre el dogma Mariano de la Iglesia católica, María misma tiene un atractivo universal. Toda época ha subrayado algún aspecto de María y hallado consuelo en él. A veces es vista como una doncella sumisa que permitió a Dios hacer con ella todo lo que quiso. Otras veces se la ha visto como una prefeminista valiente que tomaba sus propias decisiones. Incluso hoy en día no hay unanimidad: para algunos de nosotros, María es un manojillo de muchacha frágil; para otros, es una robusta mujer campesina. De cualquier manera que concibamos a María, un hecho sigue siendo cierto: nos permite poner a la fe un rostro femenino.

En la Cristiandad, con sus imágenes de Dios Padre y Jesús Hijo fuertemente masculinas dominando el paisaje teológico, María proporciona un toque enternecedor. Mientras que Dios Padre es visto como Creador/Juez y Jesús como Redentor/Rey, María es la humilde madre que conforta a sus hijos y enjuga sus lágrimas.

Más aún, en su sublime humanidad, María nos muestra a todos lo que es vivir una vida auténtica y santa. En María, doctrina, dogma y división son borrados por el abrazo de una madre.

¿Cómo describiría a María? ¿Puedo aplicar a mi propia vida alguna
de las características que le adscribo?
¿Quiero aplicármelas a mí mismo?

VEO A DIOS CUANDO MIRO A MARÍA.

Oportunidad

S I a nosotros los humanos nos hubiesen dado el cometido de establecer el mundo, probablemente habríamos hecho diferentes una serie de cosas. Una cosa que podríamos haber cambiado es el modo en que tantas oportunidades vienen disfrazadas de problemas. Haríamos las oportunidades más, bueno, *oportunas*.

Nos guste o no, en el mundo tal como lo diseñó Dios, las oportunidades a menudo se ocultan bajo el manto de los problemas. Una de las lecciones que María nos enseña, tanto en su vida como en sus apariciones, es la de que todo problema proporciona una oportunidad para confiar en la solución de Dios.

Dado que tenemos una capacidad de visión limitada, tendemos a estar limitados en nuestra capacidad de ver potenciales soluciones a cualquier problema dado. Digamos, por ejemplo, que estás endeudado. La solución parece clara: conseguir un aumento de sueldo. Perder tu empleo parece definitivamente *contraproducente*. Pero digamos que pierdes tu empleo. ¿Qué significa eso en términos de tu problema? ¿Cómo puede el problema convertirse en una oportunidad?

Bueno, quizá Dios tenga otro empleo aguardándote. Quizá estés destinado a emplear tu nuevo tiempo libre en crear un programa para devolver la deuda. O quizá la solución sea algo enteramente diferente: algo que Dios te revela una vez que estás desempleado, pero que no se te habría ocurrido si hubieses permanecido en la seguridad de tu viejo empleo.

Si estás sintiéndote hundido o atrapado, no te restrinjas a tus propias soluciones; pásale la «oportunidad» a Dios, ¡y atiende a la acción creativa que surja!

¿De qué estoy hoy preocupado?
¿He pedido a dios que me ayude a encontrar una solución?

MIRO MÁS ALLÁ DE MIS PROBLEMAS PARA VER LAS SOLUCIONES.

Devoción

NO podemos vivir sin un poco de sal en nuestra dieta; sin embargo, un exceso de sal puede matar. La sal es también un excelente conservante, si no se emplea en exceso.

La devoción religiosa es en gran medida como la sal. Sin algunas prácticas devocionales, no podemos vivir espiritualmente; pero si empleamos demasiado tiempo en las devociones y no lo bastante en nuestras responsabilidades, podemos envenenar toda nuestra vida. Por ejemplo, una madre que reza el Rosario durante todo el día y descuida a sus hijos no está acumulando puntos para el cielo; un padre que corre de un santuario a otro mientras permite que su negocio sufra y su familia se adeude no está haciendo méritos para las gracias.

La clave está en elegir una o dos prácticas devocionales y dejar que se conviertan en un pellizco de sal para nuestra vida espiritual, antes que ser la base de nuestra dieta entera. Como dijo Santa Francesca de Roma, que vivió en el siglo quince: «Es muy laudable en una mujer casada ser devota, pero nunca debe olvidar que es un ama de casa. Y a veces debe dejar a Dios en el altar para encontrarlo en su cuidado de la casa.» Santa Francesca, aparentemente, practicó lo mismo que predicaba. Sus biógrafos cuentan que, en una ocasión en que estaba leyendo el oficio de la Virgen Bendita, fue interrumpida cuatro veces por las ocupaciones caseras. ¡Cuando finalmente retornó a sus oraciones, las palabras estaban escritas en oro!

¿Qué prácticas devocionales son importantes para mí?
¿Cuánto tiempo empleo en ellas?
¿Es suficiente o es más que suficiente?

TENGO EQUILIBRIO EN TODOS LOS ASPECTOS DE MI VIDA.

Amor incondicional

TODOS anhelamos ser amados completa, total e incondicionalmente, pero si buscamos un amor así proveniente de otros seres humanos, estamos condenados a la decepción. Ningún ser humano es capaz de amar incondicionalmente, ni siquiera María. El amor incondicional es una prerrogativa de Dios; sólo el Dios que es amor completo puede amar completamente.

María se acerca a amar incondicionalmente tanto como cualquiera de nosotros puede aspirar a acercarse. Dado que ella está tan completamente llena de Dios, refleja el amor de Dios tan completamente como pudiera hacerlo nunca un ser humano. En otras palabras, su amor está tan cerca del amor de Dios como es humanamente posible. De hecho, eso es lo que María nos pide a cada uno: que nos esforcemos por amar como lo hace Dios, por amar sin condiciones.

¿Qué significa amar incondicionalmente? Ésa es una pregunta capciosa. Es casi más fácil decir lo que *no* significa. No significa tolerar todos los comportamientos. No significa permitir a otros que nos pisoteen. No significa entregar nuestro ser a fin de dar a otros.

Amar incondicionalmente significa no decir: «Te amaré si...» Significa dar nuestro amor sin esperar ningún pago a cambio. Cuando amamos por amar (no por lo que pudiéramos sacar de ello), cuando amamos porque no podemos hacer otra cosa, entonces nos aproximamos al amor incondicional de Dios.

¿Qué espero de la gente a la que amo?
¿Qué espera de mí la gente a la que amo?

SÉ QUE SOY AMADO INCONDICIONALMENTE POR DIOS.

Amor sofocante

LA diferencia entre amor de madre y amor sofocante es la diferencia entre comprar a los niños zapatos nuevos conforme sus pies crecen y atar sus pies tan fuertemente que ya no puedan crecer.

¿Qué supone realmente ser madres? Básicamente, determinar la línea que hay entre dejar ir y aferrarse. Mientras los bebés están en la matriz, las madres no tienen otra elección que dejar que los hijos crezcan a su ritmo. Después de todo, no es la madre la que hace crecer al bebé. Nada de lo que la madre hace puede acelerar la división celular o el desarrollo fetal. Una madre puede proporcionar un entorno seguro para el bebé —un entorno no contaminado de dogas, alcohol y otros peligros— pero debe olvidarse del crecimiento real del bebé (¡aunque muchas madres, hacia el final de los nueve meses, estarían dispuestas a cualquier cosa por acelerar el crecimiento del niño!).

Lo mismo es cierto una vez que el bebé abandona el útero. Es tarea de la madre proporcionar un entorno seguro para el crecimiento, pero es cosa del niño el crecer en sí, y no sólo física, sino también mental y emocionalmente. Cuando una madre trata de inmiscuirse en el proceso de crecimiento, el amor de madre se convierte en amor sofocante —y el niño se ahoga o muere en vez de desarrollarse.

María, obviamente, entendió su papel, o no se habría dicho que «Jesús avanzó en edad, sabiduría y favor ante Dios y ante los hombres». María entendió que su papel era el de ser madre de Jesús, no el de sofocarlo.

¿Recibí un trato de madre o de sofoco cuando crecía?
¿Cómo puedo ser una buena madre para quienes, literal o
espiritualmente, son mis hijos?

SÉ LA DIFERENCIA ENTRE EL CUIDADO MATERNO Y EL SOFOCO.

Nuestra Señora de las Penas

SABEMOS que María tuvo muchas penas en su vida, pero ¿porqué sentía pena si sabía que todo acabaría bien al final? ¿Por qué no adoptó simplemente el *Hakuna matata* como mantra y navegó entre las dificultades con la confianza de Pollyanna de que todo estaría bien?

Bueno, probablemente *no* supiera que todo estaría bien. Hoy en día, en los cielos, sabe lo que reserva el futuro; pero cuando estaba viviendo en la Tierra no tenía ese don. Como nosotros, tuvo que caminar basándose en la fe en vez de en la certeza.

Siempre es fácil echar la vista atrás y ver la mano protectora de Dios guiando nuestras vidas, pero en el momento en que estamos pasando por las luchas, no es tan fácil. De hecho, a veces es prácticamente imposible. Dios ha prometido responder siempre nuestras oraciones, pero cuando hemos pedido una y otra vez y recibido lo contrario de lo que implorábamos, es tremendamente difícil creer en esa promesa.

Lo que es cierto para nosotros, también es cierto para María. A ella se le había prometido que su hijo sería el Mesías, pero en el Calvario la promesa palideció ante la cruz. En esa colina, ella vio a su único hijo golpeado, herido, envilecido. Gabriel y su promesa serían sólo un sueño ante lo que le preocupaba en ese momento.

Saber que María hubo de armarse de coraje cuando la duda planeó sobre ella debería animarnos a hacer lo mismo. No es fácil para nosotros, pero tampoco lo fue para María.

¿Supongo que a cualquier otro le resulta más fácil creer que a mí?

TENGO EL CORAJE QUE NECESITO PARA AHUYENTAR LAS DUDAS.

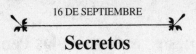

Secretos

Guardar tu secreto es sabiduría; pero esperar que otros lo guarden es necedad.

SAMUEL JOHNSON

¿**P**UEDES guardar un secreto? La mayor parte del tiempo, pese a nuestras buenas intenciones, un secreto nos quema hasta abrirse camino hacia nuestros labios. Entonces, desde luego, ya no es un secreto, pues un secreto revelado (aunque sea una sola vez) ya no es un secreto.

Los secretos tienen una fascinación especial para nosotros, y los secretos que rodearon a María están entre los más fascinantes. En la mayoría de sus apariciones, si es que no en todas, se dice que ha comunicado al vidente (o los videntes) ciertos secretos. Los videntes de Medjugorje, por ejemplo, dicen que a cada uno se le dieron diez secretos. Algunos de esos secretos eran de índole personal y privada; otros estaban destinados a la revelación pública en un momento específico.

El secreto Mariano más famoso es el Tercer Secreto de Fátima, del que cree todo el mundo que contiene predicciones específicas acerca del fin del mundo, aunque sólo el vidente y el Papa, que recibió una versión escrita del vidente, lo saben seguro.

Tratar de imaginar los secretos que María ha desvelado a los videntes es, por ponerlo en dos palabras, una pérdida de tiempo. Cualquier especulación es simplemente eso: *especulación*. Hasta que los videntes revelen su contenido, los secretos no son asunto nuestro. Nos ha sido dada toda la información que necesitamos para vivir vidas dignas, y cualquier hecho contenido en los secretos sólo confirmaría el conocimiento que ya hemos recibido. Si pretenden dar una *nueva* dirección, entonces no sólo son secretos sino falsos, pues Dios revela la verdad a todo el que la busca con mente y corazón abiertos.

¿Me intrigan o aterran los secretos que María ha comunicado a los videntes?

GUARDO LOS SECRETOS QUE ME HAN CONTADO.

Mantener la boca cerrada

S I la sabiduría es la mejor parte del valor, entonces a veces el silencio es la mejor parte de la sabiduría. María debe de haber sabido eso, pues permitió a Dios y a un ángel que revelaran su embarazo a José. Ella no trató de explicar su situación; mantuvo su boca cerrada y dejó que Dios manejase las cosas.

Cuán a menudo no nos metemos en problemas porque carecemos del buen sentido para mantenernos callados cuando debiéramos. Cuando decimos algo que luego lamentamos, con frecuencia peleamos frenéticamente hacer volver dentro de nuestras bocas las palabras nada más emitirlas. Pero una palabra pronunciada no puede ser retractada. Puede ser mitigada o recubierta de otras palabras, pero nunca puede volver atrás.

Antes que colocarnos a nosotros mismos en situaciones en las que tengamos que tragarnos nuestras propias palabras, es mucho mejor no servirlas para empezar. Antes de decir hoy algo a alguien, tómate unos pocos segundos para implicar a tu cerebro antes que a tu lengua. Considera las consecuencias de tus palabras: ¿Dañarán a la persona que las oye? ¿Serán perjudiciales en algún modo? ¿Son veraces? ¿Son amorosas?

Si algo en el estómago te dice que deberías mantenerte callado, entonces manténte callado. Sin embargo, no *siempre es* el silencio la mejor política. Permanecer mudos ante la injusticia es tan erróneo como hablar irreflexivamente. Si sientes fuertemente que *deberías* hablar, entonces habla. Pero si sientes fuertemente que *no deberías* hablar, mantén la boca cerrada.

¿Estoy dispuesto a alzarme por las cosas en las que creo?
¿Escojo con cuidado mis palabras?

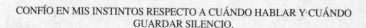

CONFÍO EN MIS INSTINTOS RESPECTO A CUÁNDO HABLAR Y CUÁNDO
GUARDAR SILENCIO.

Rechazo

TODOS hemos experimentado el dolor del rechazo. No formar parte del equipo. No obtener el empleo. Ser abandonado en una relación. No tiene sentido decir que el rechazo es divertido. No lo es. Duele —a veces increíblemente.

Pensar que María nunca experimentó el rechazo no es realista. De hecho, una lectura superficial del Evangelio de Mateo nos conduciría a creer que Jesús la rechazó en una ocasión:

> Mientras hablaba a la multitud, su madre y sus hermanos aparecieron fuera, deseando hablar con él. [Alguien le dijo: «Ahí fuera están tu madre y tus hermanos, que te buscan.»] Pero él les respondió: «¿Quién es mi madre, quién mis hermanos?» Y extendiendo su mano hacia sus discípulos, dijo: «He aquí a mi madre y a mis hermanos. Quien hiciere la voluntad de mi Padre celestial, ése es mi hermano mi hermana, y mi madre.»

Aunque Jesús estuviera tratando de enseñar algo, sus palabras debieron herir a María. No se nos dice qué hizo María tras el comentario de Jesús, pero aparentemente no se alejó resoplando. Se quedó, tratando de comprender lo que Jesús estaba haciendo y por qué lo estaba haciendo.

El modo en el que María manejó este aparente rechazo dice tanto sobre ella como sobre las relaciones familiares del cielo. Jesús nos enseña una lección en sus palabras a la multitud, pero María nos instruye en su comportamiento.

¿He perdonado a quienes me rechazaron en el pasado?

NO PERMITO QUE EL RECHAZO ME DESTRUYA A MÍ O A MI AUTO-ESTIMA.

Honestidad

SER honesto puede resultar difícil. No el tipo de honestidad que devuelve el dinero que nos dan de más en la tienda o que rellena correctamente el impreso de los impuestos. Esa rama de la honestidad es relativamente fácil. De hecho, es a menudo más fácil ser honesto en tales situaciones que ser tramposo.

La honestidad más difícil es la honestidad con uno mismo.

María era francamente honesta consigo misma. Aunque pudiéramos pensar que la descripción de sí misma que dio a Isabel —«Todas las generaciones me llamarán bendita»— suena jactanciosa, debemos recordar que la honestidad reconoce tanto lo bueno como lo malo, tanto el éxito como el fracaso. La falsa humildad no tiene más sentido en la honestidad real que la arrogancia fuera de lugar.

Ser honestos con nosotros mismos se hace difícil, pues demanda que veamos la verdad. Nos fuerza a vernos sin la máscara del autoengaño. Insiste en que arranquemos el viejo barniz de la vida para ver la madera desnuda que se esconde debajo.

Cuando nos examinamos honestamente a nosotros mismos, a veces aprendemos cosas que preferiríamos no haber sabido. Quizá descubramos que estamos hechos de pino nudoso en vez de roble. Quizá caigamos en la cuenta de que los golpes que la vida nos ha dado no son solamente marcas sobre la superficie, sino muescas que desfiguran nuestro mismo ser.

Más aún, ser honesto suele significar que hemos de hacer cambios en nuestras vidas. Hemos de poner un nuevo barniz, por así decirlo.

Ése es el lado feo de la honestidad personal. Pero también tiene un lado bonito: a través de la honestidad con nosotros mismos podemos volvernos más auténticos, más santos. Al igual que una pieza de mobiliario barnizada y acondicionada de nuevo, somos capaces de convertirnos en un tesoro en una de las mansiones del cielo.

¿Alguna vez he hecho un inventario objetivo, tanto de mis buenas cualidades como de mis defectos? ¿Estoy dispuesto a echarme un vistazo a mí mismo y ver quién soy realmente?

ESTOY DISPUESTO A SER HONESTO CONMIGO MISMO, PUES SÉ QUE EL CONOCIMIENTO DE UNO MISMO ES NECESARIO PARA CRECER.

La historia completa

PARA vez conocemos la historia completa que se oculta tras los sucesos, pero eso no nos detiene de pensar que sabemos exactamente lo que está pasando. En consecuencia, nos sentimos perfectamente a gusto juzgando a otra gente.

Considera por un momento el caso de María. Cuando volvió de casa de Isabel, sus vecinos debieron de notar que tenía un poco más de cintura. Probablemente supusieron que habría tenido una aventura amorosa mientras visitaba a su prima. Las lenguas debieron de bailar mientras la gente especulaba qué iba a hacer José, quién sería el padre y qué castigo debería sufrir María. Aunque creían poder concebir la historia completa, no podrían haber estado más errados aunque lo hubieran intentado.

Si ves a alguien en una situación no explicada, ¿automáticamente piensas lo peor? Si, por ejemplo, ves a una amiga en un íntimo *tête-à-tête* con un hombre que no es su esposo, ¿qué surge en tu mente? ¿Quizá estén teniendo un idilio? Pudiera ser, desde luego, pero podrían igualmente estar planeando una fiesta sorpresa para el cumpleaños de su esposo. Alternativamente, podrían ser familiares o simplemente buenos amigos. La cuestión es ésta: hasta que conozcas la historia completa, no juzgues.

De hecho, incluso si *conoces* la historia completa, ten cuidado con juzgar. Después de todo, Jesús dijo: «No juzguéis, y no seréis juzgados. Pues igual que juzguéis, así seréis juzgados, y la medida que uséis será usada sobre vosotros.»

¿Alguna vez he sido juzgado injustamente? ¿Cuál fue mi reacción?
¿Alguna vez he juzgado a alguien para más tarde descubrir que estaba gravemente equivocado?

NO JUZGO A OTROS. PUNTO.

Diciendo la verdad con amor

LA honradez puede ser la mejor política, pero cuando digas la verdad, hazlo con amor. Es lo que siempre hace María en sus apariciones. Pese a la firmeza de sus mensajes, siempre están rodeados de amor. Ella nos urge a arrepentirnos porque el tiempo se acaba y el castigo aguarda a quienes no se reforman, pero también subraya cuánto nos ama Dios y nos recuerda que Dios desea que cada uno de nosotros viva de manera abundante y gozosa.

María viene a nosotros como el mensajero de la verdad de Dios. Ella nos cuenta lo que necesitamos oír, pero comprendiendo que la verdad puede a veces ser difícil de asimilar, la envuelve en amor. Busca no forzarnos a la obediencia, sino exhortarnos a volvernos lo mejor que podemos. Sabe que no somos perfectos, pero no deja de alentarnos a intentarlo una y otra vez. Igual que apunta a nuestras faltas, también nos recuerda nuestro potencial. Escuchamos sus palabras de advertencia, pero como vienen envueltas en amor, obedecemos por el deseo de agradar antes que por el temor al castigo.

Cuando tengamos que corregir o aconsejar a otro, esforcémonos por emular a María. Que siempre digamos la verdad, pero también seamos cuidadosos en presentar la verdad de un modo que fomente la confianza y el deseo de cambiar.

¿Cómo reacciono cuando alguien me comunica una verdad desagradable?

DIGO LA VERDAD, PERO LO HAGO CON CUIDADO.

Esperanza

LA mayor parte de las veces no empleamos correctamente la palabra *esperanza*. Tendemos a emplearla como sinónimo de *deseo*. Si alguien, por ejemplo, dice que tiene esperanzas de ganar en la lotería, lo que realmente está diciendo es que desearía ganar en la lotería.

La esperanza tiene una cualidad de expectación de la que carece el deseo. La esperanza ve con los ojos de la fe, mientras que el deseo ve principalmente con los ojos del deseo. La esperanza confía en que todo *pueda* estar bien, mientras que el deseo está desesperado por que todo *esté* bien.

María no deseaba; ella tenía esperanza. En su gran oración, dijo: «El Todopoderoso ha hecho grandes cosas por mí, y santo es su nombre.» En el momento en que dijo esto, las «grandes cosas» no habían tenido aún lugar. Lo único que había ocurrido es que María estaba embarazada sin conocimiento de su futuro marido; difícilmente algo a lo que llamar una «gran cosa». Más aún, el cumplimiento inicial de las profecías de Gabriel para su hijo nonato era para tres décadas más adelante, con el cumplimiento final a miles de años en el futuro. Sin embargo, María fue capaz de dar gracias, incluso por lo que aún no había sucedido, pues tenía puestas sus esperanzas en Dios. Al dar gracias antes de ver los resultados, María cooperó en el cumplimiento de las cosas que esperaba.

Es extraño, pero cierto: cuando tenemos confiada esperanza en la capacidad de Dios para darnos las cosas que deseamos, hacemos que a Dios le sea posible darnos esa cosa misma.

¿Qué espero ahora mismo que podría agradecerle a Dios de antemano su cumplimiento?

DESEAR ES ALGO QUE SE HACE CON UNA ESTRELLA. YO ESPERO EN DIOS.

Caminar

AUNQUE la mayoría de nosotros imaginamos a María montada en un camello cuando hicieron el camino de Nazaret a Belén, es más que probable que caminaran (aunque es bonito pensar que José pudiera haber proporcionado un camello para María). Caminar era el medio ordinario de viajar en esos días; de hecho, María debió de ir caminando a la mayoría de los lugares a los que fue. Como dice Alban Butler, en *Vidas de los santos:* «Sus pies desnudos estaba llenos de polvo, no con el polvo perfumado de las novelas, sino con las punzantes piedrecillas de Nazaret, de los senderos que conducían al pozo, a los huertos de olivos, a la sinagoga.»

Hoy en día caminamos mayormente para hacer ejercicio, no para trasladarnos. Caminar es en verdad un buen ejercicio, pero también es un modo sin igual de entrar en íntimo contacto con el mundo. Has de ir más despacio cuando caminas. Has de encontrarte con la naturaleza, cercana y personal. Has de sentir el sol en tu rostro, la brisa en tu espalda, el suelo bajo tus pies.

En pocas palabras, caminar te permite reconectarte con el mundo que pasa sin ser advertido a través de las ventanas de un coche. Más aún, los comienzos del otoño son uno de los mejores momentos del año para caminar. El tiempo aún es agradable, y el paisaje cambia diariamente conforme comienza su inexorable transformación hacia el invierno. Este otoño, experimenta el mundo de un nuevo modo: frena ¡y date un paseo!

¿Siento alguna vez como si estuviese yendo de carreras por la vida?
¿Puedo tomarme media hora el próximo día simplemente para caminar por la vida?

ESTOY AGRADECIDO POR LOS PIES QUE CAMINAN, LAS MANOS QUE PRENDEN, LOS OJOS QUE VEN, LOS OÍDOS QUE ESCUCHAN.

Familiares

S I María, Jesús y José vivieron aislados, lejos de sus familiares, fueron una anomalía; si los tres se agruparon, excluyendo a todos los demás, los vecinos ciertamente hablarían de ellos a sus espaldas y les evitarían en el pozo de la aldea. En el Israel del siglo primero, las familias no vivían a muchos kilómetros de sus familiares como hacemos nosotros hoy en día. La gente nacía, vivía y moría en la misma ciudad —a veces en la misma casa— que sus familiares. De hecho, una familia extensa era altamente valorada en la sociedad judía —de aquí la importancia de las genealogías de Jesús.

Aunque no tengamos mucha información sobre la familia de María, creemos que al menos tuvo una hermana, pues el Nuevo Testamento menciona que estuvo junto a María al pie de la cruz. Añadid un puñado de primos, tías, tíos y demás gentes, y María tendría miembros de la familia suficientes con los que entendérselas.

Como todos sabemos, los familiares pueden ser nuestros mejores defensores o nuestros peores detractores. ¿Cómo reaccionaron los familiares de María ante ella y su hijo? ¿Se mantuvieron solidarios con ella o le arrojaron pedradas verbales? ¿Había familiares a ambos lados de la proverbial valla?

Al final, sin embargo, el modo en que nos tratan nuestros familiares no es tan importante como el modo en que los tratamos a ellos. Debemos intentar, hasta donde sea posible, vivir en armonía con nuestros familiares, respetando su derecho a tener sus propias opiniones, a tomar sus propias decisiones y a seguir su propio modo de vida, y concederles la misma educación que tendríamos con un extraño. Aunque nadie diga que nuestros familiares tengan que ser nuestros mejores amigos, tampoco deberían ser nuestros peores enemigos.

¿A quién considero parte de mi extensa familia?
¿Hay algún miembro extrañado de mi familia con quien quisiera
restablecer contacto?

APRECIO LA SINGULARIDAD DE MI FAMILIA.

Cosecha

EN una cultura agraria, el tiempo de la cosecha es a menudo el mejor del año. El difícil trabajo de plantar y atender los cultivos ha finalizado, y los días en blanco del invierno están todavía por venir. Por el momento, hay mucho que comer y muchas manos para ayudar con el trabajo. No sorprende que prácticamente toda cultura tenga una celebración de la cosecha.

El festival de la cosecha para los judíos —el Festival de Sukkoth, también conocido como el Festival de los Tabernáculos (o de las Cabinas)— viene poco después de Rosh Hashanah, el Año Nuevo judío. Esta celebración de Sukkoth conmemora los cuarenta años que pasaron los judíos vagando por el desierto antes de asentarse en Tierra Santa, pero celebra también la cosecha otoñal que alimentará al pueblo, las lluvias de otoño que habrán de caer y la fe de los antepasados, que sabían que finalmente entraría en la tierra prometida.

María y Jesús indudablemente celebrarían este festival, pues era una de las principales fiestas del calendario judío (por no mencionar que una de las más divertidas). Uno de los puntos fuertes de la celebración era la construcción de una *sukkah,* o pequeña cabina, en memoria de las chozas que tuvieron los judíos en el desierto. Las familias vivían entonces en las cabinas durante el festival. ¡Imaginad el sentimiento de diversión y excitación que una actividad así crearía! Puesto que sabemos que María y Jesús disfrutaban de los buenos momentos, parece seguro que el Festival de Sukkoth debió de haber sido uno de sus momentos favoritos del año.

¿Celebro cada estación según llega?
¿Cuál es mi tiempo favorito del año?

DOY GRACIAS POR EL AÑO Y TODAS SUS CELEBRACIONES.

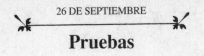

Pruebas

NADIE pasa por la vida libre de dificultades. Algunas personas tienen vidas más fáciles que otras, pero todo el mundo tiene su ración de sufrimiento.

Cuando examines tu vida y sus luchas considera la historia que se cuenta de un hombre que estaba padeciendo muchas dificultades. Pidió a Dios que le quitara sus pruebas, de modo que Dios le mostró un saco grande y bien lleno. Se le dijo al hombre que cambiara sus problemas por los de cualquiera de los otros problemas que había en el saco. El hombre sacó cuidadosamente todas las pruebas del saco y las examinó una por una. Al final, las puso de vuelta en el saco, y se quedó con las suyas, diciendo que podía soportar sus propias dificultades, pero que las otras parecían imposibles de aceptar. Dios entonces se allegó a este hombre y le ayudó a sobrellevar sus pruebas.

María a menudo nos dice, en sus apariciones, que tendremos que sufrir pruebas. Pero también dice que Dios proveerá un medio para atravesar el sufrimiento. Por ejemplo, se dice que contó a los videntes de Medjugorje: «Deseo informaros que Dios desea enviaros pruebas; seréis capaces de superarlas con la oración. Dios os pone a prueba en vuestras ocupaciones diarias. Orad, pues, de modo que podáis superar en paz toda prueba.»

Dios siempre está dispuesto a ayudarnos a superar nuestras pruebas, pero depende de nosotros el pedir ayuda. Si no pedimos, no es sorprendente que no recibamos.

¿Cuál considero mi mayor prueba en este momento?
¿Estoy tratando de sobrellevarla solo?

SÉ QUE PUEDO SOBRELLEVAR MIS PROBLEMAS SI PIDO A DIOS QUE ME AYUDE A HACERLO.

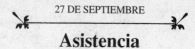

Asistencia

A LO largo de los siglos, muchos de los grandes santos han requerido la asistencia de María. Si encuentras difícil pedir la ayuda de María, considera hacer tuyas sus palabras:

Virgen María, atiende mi plegaria: a través del Espíritu Santo te volviste la Madre de Jesús; que por el Espíritu Santo pueda yo también tener a Jesús. SAN ILDEFONSO.

¡Oh madre mía! Tú que siempre ardiste de amor por Dios, dígnate darme al menos una chispa de él. SAN ALFONSO DE LIGUORI.

¡Ah, tierna Madre! Di a tu todopoderoso Hijo que no tenemos más vino. SAN BERNARDO.

Ruega sinceramente por nosotros a Jesús, tu hijo y Nuestro Señor, para que por tu intercesión podamos tener misericordia en el día del juicio. SAN JUAN CRISÓSTOMO.

Santa María, ayuda al miserable, fortalece al desanimado, conforta al triste, ora por tu pueblo, ruega por tu clero, intercede por todas las mujeres consagradas a Dios. SAN AGUSTÍN.

Recuérdame, queridísima Madre, y no me abandones a la hora de la muerte. SAN FRANCISCO DE SALES.

Querida madre, concédeme... que pueda amar a Dios con un amor ardiente como el tuyo. SAN LUIS DE MONTFORT.

¿Qué petición tengo para María?
¿Creo que me ama lo bastante como para interceder en mi favor?

DIOS TE SALVE, MARÍA, LLENA ERES DE GRACIA. ORA POR MÍ AHORA Y EN LA HORA DE MI MUERTE.

Visión

Albert Schweitzer comentó una vez el misterio de las relaciones humanas:

> Vagamos juntos por esta vida, en una semipenumbra en la que ninguno de nosotros puede distinguir exactamente los rasgos de su prójimo. Sólo de vez en cuando, por alguna experiencia que tenemos de nuestro compañero, o por algún comentario que nos hace, se halla por un momento cerca de nosotros, como iluminado por un relámpago. Entonces le vemos tal cual realmente es.

EN cierto sentido, María es como ese relámpago. Cuando aparece, vemos el mundo tal como Dios lo ve, con toda su belleza y su horror, su gloria y su pecado. Más aún, María, la mujer envuelta en un manto de soles y estrellas, ilumina nuestras vidas de manera que podemos empezar a hendir la oscuridad y distinguir los rasgos de nuestro prójimo.

Una vez que eso sucede, incluso si el mundo no cambia, nosotros sí. Nuestro foco pasa de los objetos a la gente. Comprendiendo que lo único que vamos a llevarnos con nosotros de esta vida son nuestras relaciones, ya no vamos por la vida buscando éxito y posesiones. Comenzamos a entender que el amor es lo único que realmente importa, que sin amor la semipenumbra de la vida puede volverse total e impenetrable negrura. Una vez que nuestra visión se aclara, somos capaces de ver desde las ataduras de la tierra hasta las puertas del cielo.

¿Cuál es la cosa más importante del mundo para mí?

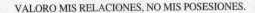

VALORO MIS RELACIONES, NO MIS POSESIONES.

Impredecible

¿**A**LGUNA vez te has percatado de cuán impredecible es Dios? Dios hace las cosas de un modo que nosotros no podríamos predecir ni en un millón de años. Por ejemplo, el modo en que se propagan la mayoría de las especies. Si fuéramos a inventar un método, es casi seguro que no habríamos escogido el modo seleccionado por Dios. O piensa en el modo en que Dios decidió redimir al mundo. La crucifixión del único hijo de Dios nunca habría entrado en nuestras mentes. O las apariciones de María. Si estuviéramos escogiendo gente a la que aparecerse María, no pondríamos gente pobre y sin educación al principio de la lista. (Seamos sinceros: ¡no los pondríamos en la lista en absoluto!)

Un aspecto de lo impredecible que es Dios y que todos hemos experimentado reside en las respuestas divinas a las oraciones petitorias. Las oraciones raramente son contestadas del modo en que nosotros creemos que deberían serlo. Oramos para que nuestro hija entre a formar parte de la selección de baloncesto, por ejemplo, pero ella juega peor que nunca cuando las pruebas y no consigue entrar ni en la selección junior. ¿Significa eso que Dios no respondió a nuestra oración? ¿Significa eso que Dios sí respondió, pero con un no rotundo? ¿O hay alguna otra posibilidad?

Cuando las oraciones no son respondidas del modo en que creemos que debieran serlo, hemos de recordar tres cosas. En primer lugar, Dios es impredecible. Segundo, Dios no dice que no sin motivo alguno. Tercero, Dios puede haber respondido (¡en verdad lo ha hecho!) de un modo que nunca esperábamos. Como dijera Helen Keller: «Miramos por tanto tiempo a la puerta cerrada que no vemos la que se ha abierto para nosotros.»

¿Estoy preparado para lo impredecible cuando oro?
¿Estoy dispuesto a aceptar la respuesta de Dios, cualquiera que sea?

ESPERO UNA RESPUESTA PROCEDENTE DE DIOS, PERO NO EXIJO UNA
RESPUESTA ESPECÍFICA.

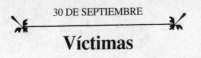

Víctimas

EN los días finales del siglo veinte, la condición de víctima es la *excuse du jour*. *No se me puede culpar por mi hábito de la cocaína, porque mi padre era un alcohólico. No se me puede culpar de mi matrimonio fracasado porque crecí en una familia no funcional. No se me puede culpar por mis pobres hábitos de trabajo porque la escuela no me enseñó a estudiar.* No asumimos la responsabilidad de nada porque nada es responsabilidad nuestra. Es siempre la falta de otro; nosotros somos meramente unas inocentes víctimas.

Eso no quiere decir que no podamos ser víctimas. El objetivo de un pederasta, o la persona que ha tenido la mala suerte de cruzarse con un criminal violento, por ejemplo, son verdaderamente víctimas. Pero cuando la gente busca activamente un modo de ser *vista* como víctima, lo más probable es que estén buscando un modo de excusar sus propios fallos.

Aunque hacerse la víctima sea tentador —después de todo, ser una víctima nos excusa, nos atenaza severamente. Jesús fue verdaderamente una víctima, pero no alegó la condición de víctima. De hecho, dijo: «Padre, perdónalos porque no saben lo que hacen.» Él escogió la cruz; no dejo que ella le escogiera a él.

No obstante, descartar la condición de víctima requiere valor. Significa estar dispuesto a perdonar a quienes nos han herido en el pasado, y dejar ese pasado, en el pasado. Significa aceptar hacer la cuenta de nuestras propias acciones, sin buscar circunstancias mitigantes o indultantes. Significa reconocer que a la gente buena le pasan cosas malas.

Si descubres que estás buscando excusas para tu vida, pide a María y a Jesús que te ayuden a determinar si eres culpable de exigir la condición de víctima. Entonces, si has de admitir que lo eres, pídeles que te ayuden a mudar ese papel. Finalmente, confía en que te ayudarán y luego sigue adelante con la vida.

¿Estoy dispuesto a admitir que la mayor parte de lo que me sucede es el resultado de mis propias elecciones?

SOY UN SUPERVIVIENTE, NO UNA VÍCTIMA.

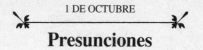

Presunciones

PRESUNCIÓN es suponer que algo es cierto. En lo que se refiere a María, suponemos muchas cosas. Los católicos suponen, por ejemplo, que María fue concebida sin pecado, que su cuerpo y su alma fueron llevados al cielo, que fue siempre virgen, que se ha aparecido y aún se aparece a lo largo y ancho del mundo.

En tanto que las suposiciones acerca de María son generalmente bastante seguras, asumir cosas acerca de otras personas no es siempre tan prudente. Como un cómico apunta, asumir hace un asno de ti y de mí.*

En realidad, hacer suposiciones es uno de los modos en que muchos de nosotros nos metemos en problemas. Por ejemplo, suponer que el tanque de gasolina está lleno antes de partir a un largo viaje es una manera de asegurarnos de que habremos de ir andando hasta la siguiente gasolinera. Hacer suposiciones en las relaciones puede ser igualmente peligroso. Puedes asumir que una relación es mucho más seria de lo que la otra persona piensa. Adivina quién va a verse herido cuando la verdad salga a relucir.

Aunque podemos hacer ciertas suposiciones sin pillarnos los dedos —que el sol saldrá mañana o que la ley de la gravedad seguirá funcionando—, la mayor parte del tiempo deberíamos acercarnos a las suposiciones con la misma cautela con la que nos acercamos a una serpiente en la hierba. Podría ser inofensiva, pero perfectamente se podría tratar de una serpiente de cascabel, justo esperando para golpear cuando tengamos la guardia baja.

¿Asumo alguna vez que algo es cierto sin verificar antes la realidad?

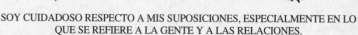

SOY CUIDADOSO RESPECTO A MIS SUPOSICIONES, ESPECIALMENTE EN LO QUE SE REFIERE A LA GENTE Y A LAS RELACIONES.

---

* Jugando con las letras de la palabra inglesa *assume* (asumir): *ass* = asno, u (fonema de *you*) = tú, me = mi. *(N. del T.)*

Confesión

L A confesión es buena para el alma. Nos permite reconocer nuestras faltas, admitir nuestros fallos y hacer inventario de nuestras vidas. En tanto que la confesión es necesaria para el crecimiento espiritual, no necesitamos confesarle todo a todo el mundo. Eso es exhibicionismo, no confesión. Después de todo, algunas cosas no necesitan serle reveladas al mundo.

Ésa es una razón por la que los católicos han diferenciado entre el acto de confesión con *c* minúscula y el sacramento de la Confesión con *C* mayúscula. La confesión con *c* minúscula es desvelar algo a alguien con el fin básico de desahogarnos. La Confesión con *C* mayúscula es decirle algo a Dios a través de la mediación de un sacerdote, con el fin de obtener el perdón. Esa diferencia es importante. Hay veces en las que la Confesión con *C* mayúscula podría restaurar la armonía, en tanto que la confesión con *c* minúscula podría destruirla. Por ejemplo, aunque una persona podría Confesar que alberga mala voluntad y rencor hacia su jefe y verse limpio de hostilidad, confesar tales sentimientos de forma abierta (¡especialmente al jefe!) podría tener consecuencias desastrosas.

María nos invita a usar ambas confesiones con discernimiento para crecer en gracia y sabiduría. Los videntes de Medjugorje informan que ella dijo: «No Confieses por un mero hábito, para seguir igual que antes de hacerlo. No, eso no es bueno. La Confesión debería dar vida a tu fe. Debería estimularte y llevarte de vuelta hacia Jesús. Si la Confesión no significa nada para ti, realmente tu conversión será difícil.»

¿Uso apropiadamente tanto la Confesión como la confesión?
¿Confieso alguna vez mis fallos simplemente para sentirme mejor,
sin pretender cambiar mi comportamiento?

SÉ CUÁNDO CONFESAR Y CUÁNDO NO CONFESAR.

El saber del corazón

NO sabemos mucho acerca de la educación formal de María. (De acuerdo, no sabemos nada acerca de la educación formal de María.) La tradición pía dice que fue instruida en el Templo, pero no lo sabemos con certeza. Sabemos que en la época en que María creció habría sido inusual que una chica recibiese una educación formal fuera del hogar. Lo que se habría esperado de ella es que se dedicase a aprender las destrezas necesarias para una esposa y madre, aprendiéndolas de su propia madre.

En el caso de María, su larga oración recogida en Lucas indica una familiaridad con las Escrituras hebreas, pero eso no significa necesariamente que pudiera leer y escribir. Después de todo, ella formaba parte de una cultura con una fuerte tradición oral, y habría oído la recitación de las escrituras cada Sabat en la sinagoga.

En tanto que no sabemos si María tuvo mucho aprendizaje a través de libros, sí sabemos que tuvo un grado avanzado del saber del corazón. Ella sabía y comprendía tanto el funcionamiento de la naturaleza humana como los modos en que Dios trata con la creación.

El saber del corazón no proviene de la lectura o del estudio. Procede de implicarse con la vida de una forma plena y entusiasta. Procede de vivir cada uno de los días como si éste fuera el último. Aunque la educación formal sea buena, y a menudo necesaria, si te ves forzado a elegir entre obtener más conocimiento intelectual u obtener saber del corazón, elige el último. Es la única educación que dura para toda la eternidad.

¿Confío más en mi educación formal o en mi saber del corazón?
Cuando he de tomar una decisión, ¿uso tanto mi saber libresco como
mi saber del corazón para llegar a la conclusión correcta?

PERMITO QUE LA VIDA ME ENSEÑE LAS LECCIONES QUE NECESITO SABER,
AHORA Y PARA SIEMPRE.

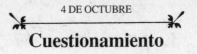

Cuestionamiento

EXISTE un viejo dicho que reza: «Errar es humano; perdonar, divino.» En realidad: «Preguntar es humano; responder, divino», podría ser un dicho adicional.

Los antropólogos solían denominarnos como un animal fabricante de utensilios (lo que no es exactamente cierto, ya que otros primates hacen y usan utensilios, pero ésa es otra cuestión). Podríamos ser definidos, de forma más precisa, como animal cuestionador. Los seres humanos son las únicas criaturas de la Tierra que preguntan «quién, qué, cuándo, dónde y por qué». Y somos las únicas criaturas que se interesan en las respuestas.

En sus apariciones en las Escrituras cristianas, María es a menudo representada preguntando. Pregunta a Gabriel cómo podría tener un hijo si no ha sido sexualmente activa, pregunta al niño Jesús por qué se queda atrás en en Templo, pide al Jesús adulto salir y hablar con ella y con sus «hermanos». Y si no es *ella* misma quien hace las preguntas, alguien cerca de ella las hace. Por ejemplo, tan pronto como llega a casa de su prima, Isabel pregunta por qué la madre del Salvador habría de rendirle visita.

El ejemplo de María demuestra que es perfectamente aceptable hacer preguntas —¡incluso a los ángeles!

La clave está en esperar respuesta.

Demasiado frecuentemente hacemos preguntas pero realmente no queremos respuestas. O hacemos preguntas e ignoramos la respuesta si no es la que esperábamos. Lo importante de preguntar no es obtener la verificación de nuestras propias nociones preconcebidas; mas bien, es obtener conocimiento y sabiduría. Si no estamos deseosos de escuchar la respuesta, no deberíamos molestarnos en hacer la pregunta.

Cuando realizo una pregunta, ¿estoy preparado para aceptar la respuesta que se me da, incluso si no es la que yo querría oír?

PIENSO EN LAS PREGUNTAS QUE REALIZO, Y ACEPTO LAS RESPUESTAS QUE RECIBO.

Promesas

MARÍA sabe lo que es vivir a la sombra de una promesa. Durante treinta años vio a su hijo crecer y trabajar como contratista, llevando todo el tiempo en su corazón la promesa de que era el largo tiempo esperado, el Mesías, el Salvador. Debe de haberse sentido a veces un poco desilusionada. Treinta años es un tiempo muy largo para esperar que algo —¡cualquier cosa!— ocurra. Sin embargo, aunque veía pocas pruebas que indicaran que él era el Mesías, nunca abandonó la esperanza. Se aferró a la promesa a pesar de la escasa evidencia de su cumplimiento.

Aferrarse a las promesas de Dios en nuestras vidas nunca es fácil. Y es que nunca sabemos lo que tardarán en realizarse. Después de todo, un día es como mil años y mil años como un día para Dios. ¡Cuando estamos esperando, nos vemos tentados a apuntar que mientras que Dios podría disponer de mil años, nosotros no!

A medida que intentamos practicar la paciencia, una cosa que puede venir en nuestra ayuda es recordar que la medida del tiempo de Dios es mejor que la nuestra. Dios no conoce sólo este momento sino *todos* los momentos de nuestra vida. Si Dios se demora en el cumplimiento de una promesa, no es porque no haya podido ocuparse aún de ella, sino porque su momento no es aún el correcto. Y, como todos sabemos, hallar el momento justo de las cosas lo es todo. Los bulbos de las flores que plantamos en el otoño no florecen de forma inmediata, no porque no estén creciendo, sino porque no es el momento adecuado. Cuando el momento es el adecuado, ambas, tanto las promesas como las flores, brotarán.

¿Me impaciento alguna vez con el plan temporal de Dios para mi vida?

CREO QUE LAS PROMESAS DE DIOS PARA MI SE CUMPLIRÁN EN EL
MOMENTO APROPIADO.

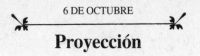

Proyección

UNA razón de que tengamos dificultad para confiar en Dios es que con excesiva frecuencia malversamos las historias de la vida de otras personas, presumiendo que sabemos por lo que esas personas rezaron y proyectando nuestras reacciones sobre su relación con Dios.

Digamos que tenemos una amiga que está muriéndose de cáncer. Esta amiga nos dice que reza todos los días para curarse. Cuando llega la muerte en vez de la salud, puede que nos sintamos enfadados con Dios, ya que Dios claramente no ha respondido a las oraciones de nuestra amiga. El problema es que realmente no conocemos las oraciones de otra persona. Una mujer le dijo a sus hijos que estaba rezando para curarse, pero le confesó a su hermana que en realidad estaba rezando para morirse. Cuando murió, sus hijos inicialmente se descorazonaron, pero su tía pudo decirles que Dios la había oído de verdad y había respondido a las oraciones de su madre.

Si usamos la vida de otras personas como una forma de juzgar la confiabilidad en Dios, nos encaminaremos a una decepción segura. La única forma de poder llegar a conocer a Dios y confiar en Él es entrar en una relación íntima y personal.

María conoce a Dios de un modo profundamente personal. También nosotros podemos conocer a Dios personalmente. En realidad, ésa es la única forma en la que podemos conocer a Dios. O conocemos a Dios personalmente, o no le conocemos en absoluto.

¿Alguna vez no ha respondido Dios a una de mis oraciones?
Si pienso que una oración no ha sido respondida, ¿pudiera ser que la respuesta fuera «todavía no», en vez de «no»?

NO BASO MI RELACIÓN CON DIOS EN LA EXPERIENCIA DE OTRAS PERSONAS.

Maternidad y embarazo

LA mayor parte de las veces cuando usamos la palabra *preñada,* describimos a alguien que está esperando un hijo. Pero se puede estar preñada de otras maneras también: preñada de anticipación, de esperanza, de deseo. Asimismo, podemos dar a luz a algo diferente a un bebé: una idea, un sueño, un concepto. El embarazo, sin embargo, siempre resulta en alguna forma de maternidad.

En su encíclica *Mulieris Dignitatem,* el papa Juan Pablo II escribió:

> La maternidad ha sido introducida en el orden del Pacto que Dios hizo con la humanidad en Jesucristo. Cada vez que la *maternidad* se repite en la historia humana, está siempre *relacionada con el Pacto* que Dios estableció con la raza humana a través de la maternidad de la Madre de Dios.

María estaba embarazada de un niño, es cierto, pero estaba embarazada de algo más que eso. Estaba embarazada de la esperanza de salvación para todo el mundo. En su útero llevaba el futuro de la humanidad y el nuevo pacto que Dios haría con cada uno de nosotros.

Cada uno de nosotros, varón y hembra, tiene el potencial de llevar a cabo y dar a luz a una nueva vida; no en el sentido literal, por supuesto, sino de otras formas. Podemos dar a luz a la creatividad, al amor, a la plenitud, a la empatía. ¿Qué llevas en ti que pide a gritos nacer?

¿Soy consciente de la vida creativa que hay adentro de mí? ¿Estoy deseoso de pasar por los dolores del parto para traer vida a la vida?

CELEBRO MI CAPACIDAD PARA ALUMBRAR UNA NUEVA FORMA DE VIDA.

Oro

EL Oro es uno de los metales preciosos. En tiempos de María era probablemente el más precioso, dado que en las Escrituras sólo se mencionan seis metales (oro, plata, hierro, plomo, estaño y cobre).

Además de valioso, el oro es maleable. Puede ser batido en filamentos tan finos como un cabello o convertido en un trono para un rey. En realidad, el oro es considerado a menudo como un símbolo de realeza. Ésa es una de las razones de que los Reyes Magos lo trajeran como parte de sus presentes. Buscando un rey, trajeron al niño Jesús regalos reales.

Con el paso de los siglos, los hombres (y unas pocas mujeres) lo han sacrificado virtualmente todo, incluidas sus almas, por conseguir oro. Hoy en día no solemos acumular oro auténtico (a pesar de las monedas de oro), pero eso no significa que hayamos evolucionado más allá de la trampa de la adquisición. Incluso si nuestro único oro es sólo una VISA oro con una línea de crédito ilimitada, actuamos a veces como si pudiésemos sacrificarlo todo gustosamente por ella.

El mito del rey Midas, que quería que todo lo que tocara se convirtiera en oro, tiene una lección para nosotros en el siglo veinte. Midas aprendió por el lado difícil —tocando a su hija y convirtiéndola en una estatua de oro— que la vida y el amor son mucho más valiosos que el frío metal. Cuando los dioses vieron la angustia de Midas por el destino de su hija, se apiadaron de él y le devolvieron la vida a su hija.

Si estamos sacrificando nuestra vida por algo parecido al oro, podemos acabar aprendiendo la misma difícil lección. Confiemos en tener la oportunidad de corregir nuestro error, como le ocurrió a Midas.

¿Pongo las posesiones por encima de las personas?
¿Qué es la cosa más importante de mi vida?

INVIERTO EN GENTE Y RELACIONES, NO EN POSESIONES.

Imposibilidad

UNA y otra vez, tanto en las Escrituras cristianas como en las hebreas, se nos dice que para Dios no hay nada imposible. ¿Una mujer mayor pasada la menopausia teniendo un hijo? No hay problema. ¿Una virgen dando a luz? No hay de qué preocuparse. ¿Resurrección de los muertos? Todo bajo control. El mensaje es claro: Dios puede hacerlo todo.

Pero ¿realmente creemos eso? Quizá creamos que Dios puede hacerlo todo; pero cuando nos acercamos a ver en un aprieto, tenemos dificultades para creer que Dios hará lo imposible *por nosotros*.

Todo se reduce a la confianza. ¿Confiamos —*de verdad* confiamos— en Dios?

María confiaba en Dios plenamente. Si es que no aprendemos otra cosa de su vida, aprendemos su confianza. Confiaba en que Dios le daría un hijo; confiaba que Dios volvería su embarazo fuera del matrimonio, correcto a los ojos del mundo; confiaba en que su hijo sería el Salvador. En suma, ella confiaba en que Dios haría lo imposible en su vida.

«Sí, ¡pero ella era María!», nos podemos ver tentados a aducir. «No fue tan duro para ella confiar como lo es para nosotros.» No es cierto. A María no le fueron concedidos poderes milagrosos que la capacitaran para confiar en que Dios haría lo imposible por ella. Ella tuvo que lograr la confianza, de la misma manera en que nosotros tenemos que lograrla —abandonando y dejando hacer a Dios.

Cuando lo hizo, Dios estaba allí, obrando lo imposible en su vida. Dios no le falló; y Dios tampoco nos fallará, pero tenemos que estar dispuestos a confiar. ¿*Imposible*, dices? Recuerda, *nada* es imposible para Dios —incluso aprender a confiar.

¿Creo de verdad que Dios hará lo imposible por mí?
¿Confío en Dios plenamente en mi vida?

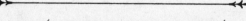

CADA DÍA APRENDO A CONFIAR UN POCO MÁS.

Enseñanza

NUESTRAS madres son nuestros primeros maestros. Como madre, María fue el primer maestro de Jesús. Ella fue la que le enseñó tanto cosas espirituales (por ejemplo, la forma de decir sus oraciones) como cotidianas (por ejemplo, la forma de beber de una taza, lavarse la cara y ponerse las sandalias).

Como Edward Schillebeeck escribe:

> La función de María en la Encarnación no estaba completa con el nacimiento de Jesús. Fue una tarea continua, que involucraba la formación humana del joven, a medida que pasaba de la infancia a la adolescencia y de ésta a la etapa de adulto... Dios, en su humanidad, formó su primera palabra, y puede haber pocas dudas de que ésta fue «Mamá».

Incluso tras volvernos adultos, podemos seguir aprendiendo de nuestros padres. Jesús no fue una excepción a esta generalización. En la fiesta de las Bodas de Caná, María le enseñó (o volvió a enseñar) un par de lecciones importantes. Primero, le recordó la necesidad de prestar atención a las cosas de su alrededor. Ella vivía el dicho: «Si un amigo está en problemas, no lo molestes preguntándole si hay algo que puedas hacer por él. Piensa en algo adecuado y hazlo.» Segundo, ella le enseñó (o volvió a enseñar) que el Cuarto Mandamiento («Honra a tu padre y a tu madre») no se evapora cuando uno se convierte en adulto. No importa la edad que se tenga, nuestros padres siguen siendo nuestros padres, y merecen ser honrados y respetados. Tercero, María enseñó a Jesús que pequeñas cosas como dar vino en las bodas pueden ser igual de cruciales para la vida como curar a los enfermos o resucitar a los muertos. Finalmente, le recordó que ¡la Madre (casi siempre) Sabe Más!

Si mis padres están vivos, ¿cómo puedo mostrarles mi honra y mi respeto?

ESTOY AGRADECIDO A QUIENES ME HAN ENSEÑADO, ESPECIALMENTE A MI MADRE Y A MI PADRE.

Reconciliación

¿HAY alguien en tu vida con quien estés enemistado? Uno de los mensajes recurrentes de María en sus apariciones es la necesidad de reconciliación con todos los que nos rodean. En algunas de sus apariciones ha hablado de amar a aquellos cuyas diferencias religiosas han extendido el odio, la ira y las guerras. También ha hablado de reconciliación en las familias, en las naciones y en el mundo.

Sin reconciliación, todo está perdido, dice. «Mi hijo sufre mucho porque los hombres no quieren reconciliarse», se cree que María ha dicho en Medjugorje. «Ellos no me han escuchado Convertíos, reconciliaos.»

Una y otra vez María pide reconciliación:

«Reconciliaos, porque deseo la reconciliación entre vosotros y más amor de uno para el otro como hermanos.»

«Paz. ¡Sólo paz! Debéis buscar la paz. Debe haber paz en la Tierra. Debéis estar reconciliados con Dios y unos con otros.»

«Deseo estar con vosotros para que el mundo entero pueda convertirse y reconciliarse.»

«¡Daos prisa, y reconciliaos!»

La paz y la reconciliación no comienzan a nivel nacional. Comienzan hoy: en nuestros hogares, nuestras escuelas, nuestro vecindario, nuestras iglesias. Hoy es el día que ha hecho el Señor. Hoy es el día de la reconciliación.

¿Hay alguien en mi vida con quien estoy enemistado?
¿Hay algo que pueda hacer justo ahora mismo —como llamar o
escribir— que pudiera iniciar una reconciliación?

ELIJO LA PAZ Y LA RECONCILIACIÓN.

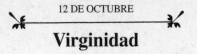

Virginidad

MARÍA era virgen cuando dio a luz a Jesús. Pero ¿por qué? ¿Por qué era tan importante que María fuera virgen?

La respuesta fácil es que los profetas habían profetizado que el Salvador nacería de una virgen de la casa de David. Para que la profecía se cumpliera, María (que era descendiente de la línea davídica) tenía que ser virgen.

Pero María tenía que ser virgen, no sólo por la profecía, sino por Jesús. El Mesías no podía ser concebido por un padre natural, porque entonces no sería más que un hombre ordinario. Para asegurarse de que la concepción no se produjera como resultado de un actividad sexual normal, la madre del Salvador tenía que ser una virgen conocida, consagrada.

La virginidad de María es un tema teológicamente importante, pero es también un tema personal importante. Al ser tanto virgen como madre, María nos muestra que ningún estado de la vida es superior a otro. Una virgen no es mejor que una madre, y una madre no es mejor que una virgen. Ambos estados de la vida tienen su mérito, pero por razones diferentes. Si Dios te llama a permanecer soltero, hacerlo así te traerá paz y cumplimiento. Si Dios te llama a convertirte en padre, entonces tu satisfacción se hallará en ese papel. Además, no importa el estado que Dios te esté pidiendo que vivas, puedes estar seguro de que Él te dará toda la ayuda que necesites —igual que Dios dio a María la ayuda que precisaba para ser virgen y madre a la vez.

¿Lamento a veces las elecciones que he realizado en la vida?
¿He pedido a Dios que me bendiga cualquiera que fuera el estado de vida en que me halle en este momento?

SÉ QUE ESTOY EN EL ESTADO DE VIDA CORRECTO PARA MÍ EN ESTE MOMENTO.

Fátima

EN esta fecha de 1917 María se apareció por séptima y última vez a tres niños en Fátima, Portugal. Se identificó a sí misma como Nuestra Señora del Rosario y pidió por la oración y la penitencia como una forma de acabar con la Primera Guerra Mundial. «He venido a exhortar a los fieles a que cambien su vida, a que eviten afligir a Nuestro Señor con el pecado, a que recen el Rosario. Deseo en este lugar una capilla en mi honor. Si la gente corrige sus formas, la guerra pronto terminará.» Cuando acabó su mensaje, el sol pareció dar vueltas, descender del cielo y colisionar contra la Tierra. Se estima que al menos treinta mil personas vieron el fenómeno.

Como parte de su mensaje, María pidió que Rusia y el mundo se consagraran a su Inmaculado Corazón. En 1942 el papa Pío XII obedeció sus instrucciones. Tanto el papa Pablo VI como el papa Juan Pablo II han renovado la consagración.

Aunque Fátima sea uno de los mayores lugares de peregrinación Mariana del mundo, su significación no reside en las visiones de 1917, o en los secretos fabulosos que reveló a los tres videntes; más bien está en la gran promesa que María dejó: «Al final, mi Inmaculado Corazón triunfará, el Santo Padre consagrará Rusia a mí, y un periodo de paz le será dado al mundo.» En un mundo tremendamente falto de paz, la promesa de María es en verdad una buena noticia.

¿Cómo puedo traer paz a mi pequeño rincón del mundo?

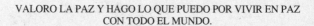

VALORO LA PAZ Y HAGO LO QUE PUEDO POR VIVIR EN PAZ
CON TODO EL MUNDO.

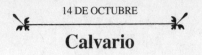

Calvario

BELÉN y el Calvario son los lugares asociados más a menudo con María y Jesús.

Belén es sobre todo un bebé lindo, una madre complaciente, animales cariñosos, una estrella parpadeante, pastores pintorescos. ¿Qué hay allí que no nos guste?

El Calvario es otro asunto. Lugar de ejecución para los criminales del Estado romano, era una colina justo extramuros de la antigua Jerusalén. Tuvo que haber sido un lugar desierto y estéril; los romanos difícilmente habrían permitido que la vegetación creciera en un lugar cuyo fin era la máxima exposición a los elementos. No habrían querido que hubiera ni sombra para el condenado, ni potenciales lugares para esconderse tras los cuales los cómplices pudieran lanzar un intento de rescate.

El criminal condenado únicamente llevaba la viga transversal de su cruz; los postes verticales estaban permanentes anclados en su lugar en el Calvario. Puesto que fueron ejecutados dos criminales junto a Jesús, debe haber habido al menos tres cruces, gastadas por la intemperie sobre la colina, pero pudo haber varias más. El terreno, endurecido por el aporreo constante de los pies de soldados y curiosos, estaría probablemente salpicado de manchas de sangre de ejecuciones previas. El área circundante probablemente estaría llena de basura, puesto que una ejecución era un espectáculo público (y la gente tiende a arrojar todo tipo de cosas cuando observa los acontecimientos de la comunidad). En definitiva, el Calvario era un lugar sucio y temible para morir. Y sin embargo, fue el lugar donde la salvación sería conquistada.

Pocos de nosotros podremos escoger el lugar donde morir, pero podemos escoger la forma en que vivir. Elijamos siempre vivir plenamente, recordando el precio que se pagó en el Calvario.

¿Estoy dispuesto a vivir una vida que merezca el precio pagado por ella?

VIVO PLENAMENTE Y EN EL AHORA.

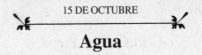

Agua

EL agua limpia y potable es literalmente un regalo de la vida. La tasa de mortandad infantil baja tremendamente cuando una ciudad o pueblo obtiene una fuente segura de agua limpia. Inversamente, la enfermedad se desboca cuando la fuente de agua está contaminada.

Dado que la mayoría de nosotros vivimos en hogares donde el agua natural está a nuestra disposición con sólo girar un grifo, olvidamos qué bien tan valioso sea el agua, especialmente en los climas desérticos. Sin agua, la vida literalmente cesa. María habría satisfecho las necesidades familiares diarias de agua a partir de un pozo; probablemente muy semejante al pozo de Jacob, donde Jesús encontró a la mujer que había tenido cinco maridos. María habría ido al pozo al menos una vez por día, trayendo a casa un cántaro lleno de agua para cocinar, bañarse y otras necesidades domésticas.

En tanto que el agua es absolutamente necesaria para la vida física, Jesús nos dice que el agua viva de la verdad es igualmente necesaria para la vida eterna. Cuando la samaritana le preguntó por el agua viva, Jesús replicó: «Quien bebe de esta agua sentirá de nuevo sed; pero quien beba del agua que yo le dé nunca más estará sediento; sino que el agua que yo le dé se hará en él manantial de agua brotando hasta la vida eterna.»

Demos hoy gracias por el don y la maravilla del agua. Tomémonos unos pocos minutos para contar las muchas bendiciones que el agua nos da, incluyendo limpieza, salud y una vida eterna a través del bautismo.

¿Doy alguna vez por hecho el tener acceso a agua limpia? ¿Me paro alguna vez a pensar acerca del milagro que ocurre cada vez que abro el grifo?

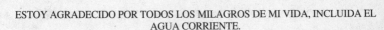

ESTOY AGRADECIDO POR TODOS LOS MILAGROS DE MI VIDA, INCLUIDA EL AGUA CORRIENTE.

María y los Papas

EL papa Juan Pablo II tiene una devoción particular hacia María. Puso su Papado entero bajo su protección y le atribuye haber salvado la vida cuando un asesino le disparó a quemarropa. Su lema *Totus tuus*, significa «¡Todo es tuyo, Oh María!», y su escudo es una cruz flanqueada por la letra M.

Pero el papa Juan Pablo II no es el único que ha sentido un amor y una dedicación especiales hacia Nuestra Señora. Ya en el año 392, el papa Siricio habló sobre la perpetua virginidad de María. En tiempos más actuales, los papas León XIII, Juan XXIII y Pablo VI han expresado todos ellos su compromiso hacia la Virgen.

María, muéstranos que eres nuestra Madre; que nuestra oración sea oída por aquel Jesús que deseó ser tu Hijo. PAPA LEO XIII.

¡Oh! María! Como tú en Belén y en el Gólgota, yo también deseo permanecer siempre cerca de Jesús. Él es el eterno Rey de todos los tiempos y todos los pueblos. PAPA JUAN XXIII.

Míranos con maternal clemencia, Bienaventuradísima Virgen, contempla a todos tus hijos… Atiende la angustia de tanta gente, padres y madres de familia que viven en la incertidumbre de su futuro, acosados por dificultades y tribulaciones. PAPA PABLO VI.

¡Oh Bienaventuradísima Virgen María!, Madre de Cristo y Madre de la Iglesia, con alegría y asombro buscamos hacer nuestro tu Magnificat, uniéndonos a ti en tu himno de agradecimiento y amor. PAPA JUAN PABLO II.

Si los papas se han vuelto hacia María a lo largo de todas las épocas, también nosotros podremos tener la confianza de acercarnos a María como guía y ejemplo.

¿Cuándo encuentro mayor el consuelo de María?
¿Cuándo me he vuelto hacia ella necesitado?

ME REGOCIJO DE QUE MARÍA SEA MI MADRE Y MI EJEMPLO EN LA VIDA.

Arquetipos

EN la literatura clásica, la *mujer*, en el sentido más amplio del término, encaja en diferentes arquetipos. Entre ellos están el de la ramera (la seductora, la tentadora), la madre tierra (la nutricia, la portadora de vida) y la hechicera (la sabía, la matriarca de fuerte voluntad).

Consideraciones teológicas al margen, la imaginería Mariana recurre abundantemente a los papeles de madre tierra y vieja hechicera, que hunden sus raíces en las viejas religiones paganas.

Aunque las religiones neopaganas o de deidades femeninas no sean compatibles con las creencias cristianas, eso no significa que los antiguos caminos no captaran de algún modo la verdad. Ellos reconocían, por ejemplo, que existe un elemento femenino en la vida y en Dios, y ese elemento conserva su fuerza a pesar de los intentos por suprimirlo. Nos referimos a la Madre Naturaleza, por ejemplo, no al Padre Naturaleza.

Con el paso de los siglos, María ha sido utilizada a menudo para representar arquetípicamente el aspecto femenino de Dios. Tal representación es a la vez buena y mala. Aunque nos permite acceder a lo divino de una forma que las imágenes estrictamente masculinas no permiten, disminuye a Dios, pues asigna los rasgos femeninos de Dios (por ejemplo, la compasión) a María y deja a la deidad con género masculino. Más aún, limitar a Dios al género masculino es una postura teológicamente errónea, ya que Dios no es ni masculino ni femenino.

Si tienes dificultades para relacionarte con Dios por el lado de lo masculino, no dejes de usar a María como un modo de acceder a la naturaleza femenina de Dios. O mejor aún, pide a María que te ayude a descubrir lo femenino que es Dios.

¿Pienso en Dios como varón?
¿Cómo cambia mi imagen de Dios al pensar en él en femenino?

SÉ QUE DIOS NO ES NI VARÓN NI HEMBRA. DIOS *ES*.

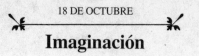

Imaginación

LA imaginación es uno de los mayores dones que Dios haya dado a la humanidad. Imaginar es el primer paso para hacer que algo se convierta en realidad. Thomas Edison imaginó una forma de iluminar la oscuridad, por ejemplo, y se desarrolló la luz eléctrica. Wilbur y Orville Wright imaginaron volar como un pájaro, y el viaje espacial se hizo posible. María imaginó ser la madre del Mesías, y la salvación entró en el mundo.

A todos se nos ha dado la capacidad de imaginar, pero a veces permitimos que dicho don se atrofie. Tal vez se nos hizo callar de niños cuando imaginábamos un supuesto amiguito, o se nos animó a dirigir nuestras capacidades mentales hacia cosas más «prácticas».

¿Qué te estás imaginando actualmente? Si pudieras darle rienda suelta a tu imaginación, ¿qué imaginarías? Si supieras que no podías fracasar, ¿que te imaginarías estar haciendo? ¿Piensas que Dios puede ayudarte a que tus sueños se hagan realidad?

A veces nuestras oraciones no son respondidas, simplemente porque no hemos rezado de verdad, no hemos imaginado una circunstancia mejor y hemos pedido que Dios nos ayude a conseguirla. Y a veces nuestras grandes oraciones no son respondidas porque no hemos rezado grandes oraciones. Si no pedimos en grande, ¿cómo podemos obtener en grande? Sin embargo, ¿qué daño haría pedir que nuestros sueños —grandes y atrevidos— se hagan realidad? Si no se convierten en realidad, no hemos perdido nada. Pero si lo hacen, piensa en lo que hemos ganado.

¿Hago oraciones pequeñas y «seguras» porque pienso que a Dios le será mas fácil responderlas?
¿Qué tengo que perder si rezo una oración grande y «peligrosa».

CREO QUE OBTENDRÉ LO QUE LE PIDO A DIOS.

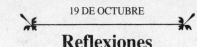

Reflexiones

UNA y otra vez, las Escrituras nos dicen que María ponderó los sucesos de su vida en su corazón. Claramente se trataba de una mujer introspectiva.

Todos necesitamos convertirnos en personas introspectivas. Todos necesitamos tomarnos tiempo para reflexionar sobre los eventos de nuestras vidas y examinar su impacto y significado. La vida no examinada no es vida en absoluto. Sin embargo, nuestras vidas, programadas de forma tan absorbente y demandante, a menudo no nos aportan el tiempo necesario para reflexionar concienzudamente. Si ése es el caso, debemos crearnos el tiempo o tomárnoslo (lo que sea más apropiado) para este importantísimo trabajo con el alma.

Que nadie te engañe. No es fácil. En el momento en que decidas dedicar tu tiempo y energía al trabajo espiritual, mil y una cosas increíblemente urgentes se presentarán, demandando toda tu plena atención. De repente todo se vendrá abajo en casa y en el trabajo. Te encontrarás demasiado ocupado como para volverte hacia ti, y no digamos para ponderar las cosas en tu corazón.

Ése es el momento en el que resulta vital detener tan demencial carrera. Muy pocas cosas son tan esenciales que no puedan esperar unas pocas horas. Date a ti mismo permiso para hallar un lugar tranquilo donde puedas dejar que tu alma se solace. Si puedes, vete, tal vez a un parque o a una iglesia; a cualquier lugar donde te puedas sentar y simplemente ser. Si no puedes salir físicamente, entonces créate un oasis en el caos. Selecciona el rincón más tranquilo que puedas encontrar, baja las luces, enciende una vela y deja que el silencio calme tu alma. Al principio podrá parecerte que estás perdiendo el tiempo, pero pronto descubrirás que el tiempo perdido así es el tiempo gastado de la mejor forma posible.

¿Me tomo el tiempo que necesito para llevar una vida examinada? ¿Utilizo tanto tiempo en mi vida interior como en mi vida externa?

ME TOMO EL TIEMPO QUE NECESITO PARA HACER EL TRABAJO CON MI ALMA.

La habitación superior

Ya dentro, subieron al aposento superior, donde se alojaban Pedro y Juan, Santiago y Andrés, Felipe y Tomás, Bartolomé y Mateo, Santiago de Alfeo y Simón el Zelador y Judas el de Santiago. Todos perseveraban unánimes en la oración, con algunas mujeres, con María, la Madre de Jesús, y con los parientes de éste.

HECHOS 1:13

EL autor de los Hechos escribe como si al lector le fuese completamente familiar la Habitación Superior. Desgraciadamente, dos mil años después, no estamos tan seguros de qué trata el pasaje.

¿Cómo era la Habitación Superior? ¿Qué estaba haciendo y sintiendo María? ¿Estaba reconfortando a alguien, o estaba guardando cosas en su corazón? No lo sabemos. Pero sabemos que al menos dos cosas estaban ocurriendo en la Habitación Superior: esperar y rezar.

A menudo nos hallamos en el mismo lugar que los apóstoles y María: esperando *qué*, no estamos seguros; rezando por *qué*, no lo sabemos en absoluto.

La oración efectúa cambios en nuestra vida y en las vidas de quienes nos rodean. Pero no basta simplemente con pensar en rezar; hemos de rezar realmente. Hemos de abrir nuestras mentes, nuestros corazones y nuestras bocas. Hemos de pedirle a Dios guía, conocimiento, fortaleza —sea lo que fuere que precisemos en ese momento, porque si no pedimos, no podremos quejarnos cuando no lo recibamos.

¿Uso la oración como primer recurso o como el último?
¿Paso más tiempo orando o pensando en la oración?

ME DEDICO A ORAR.

Narcóticos religiosos

E N una frase muy citada, Marx describió en una ocasión la religión como «el opio del pueblo». Aunque esta afirmación haya sido menospreciada frecuentemente, en algunos sentidos es cierta. Si permitimos que la religión nos aleje de la vida real, actúa como un opiáceo. Podemos estar tan enganchados a la costumbre de asistir a la iglesia, que olvidamos que el propósito real de la religión no es el de reemplazar a la vida real sino el de hacer reales nuestras vidas.

Y no podemos ser ingenuos. La religión *sí* que a veces nos aleja de la vida real. Trabajar en la iglesia, enseñar la Biblia o la catequesis, trabajar en retiros, ayudar en las funciones de la parroquia; es fácil que la vida entera de una persona se llene de actividad «religiosa» a expensas de otras cosas: familia, amigos y trabajo.

En realidad, a menos que veamos a María de manera realista, puede convertirse también en un opiáceo. Si la vemos como una forma de escape del a veces difícil trabajo de la fe, o como una forma de salir de ese mismo trabajo, puede entonces convertirse en un opiáceo, impidiendo el verdadero crecimiento espiritual.

Si María no hubiese vivido una vida real, concreta, sería ciertamente un narcótico, y seguirla nos dejaría con el embotado dolor de una resaca antes que con la infusión vibrante de vida nueva que la fe verdadera nos trae.

¿Trato de encontrarle un atajo a la fe?
¿Me siento alguna vez tentado de utilizar a María como un modo de no tener que examinar a conciencia mi propia vida?

NO DEJO QUE NADA EMBOTE LAS MARAVILLAS DE LA VIDA.

Poesía

CON el paso de los siglos, muchos de los mayores poetas del mundo, algunos de ellos no particularmente religiosos, han escrito acerca de María y de sus virtudes.

Henry Wadsworth Longfellow ensalzaba las virtudes de María:

> Y, si nuestra fe no nos hubiera dado nada más
> que este Ejemplo de toda Feminidad,
> tan paciente, pacífica, leal, amorosa, pura;
> con esto bastaría para probarla como superior y más ver-
>   dadera
> que todos los credos que el mundo hubiera conocido antes.

Oscar Wilde se encontró pasmado ante el misterio de María:

> Y ahora, con ojos y corazón maravillados me alzo
> ante este supremo misterio de Amor:
> una niña arrodillada, con la faz pálida y carente de pasión,
> un ángel con un lirio en su mano
> y por encima de ambos, las alas blancas de una Paloma.

Percy Bysshe Shelley fue igualmente rapsoda:

> ¡Serafín de los cielos! Demasiado benévola para ser humana,
> Velando, bajo esa radiante forma de Mujer
> Todo lo que es insoportable en ti
> De luz, de amor, de inmortalidad.

Incluso Edgar Allan Poe, a quien asociamos habitualmente con el horror, dirigió una oración a la Virgen Bendita:

> En la mañana, a mediodía, en el crepúsculo
> María, has atendido mi himno:
> En la alegría y en la desgracia, en lo bueno y en lo malo,
> Madre de Dios, sigue todavía conmigo.

Si fuera a escribir un poema de alabanza a María, ¿qué aspectos de su vida y personalidad podría resaltar?

ESTOY ESCRIBIENDO EL POEMA DE MI PROPIA VIDA.

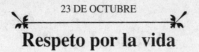

Respeto por la vida

LAS palabras *respeto por la vida* cambian mucho de significado, especialmente en el terreno político. En realidad, han adquirido connotaciones políticas específicas en referencia al aborto. Pero *respeto por la vida* significa mucho más de lo que pretenden las consignas políticas y el movimiento pro-vida. *Respeto por la vida* significa reconocer que toda vida está conectada en Dios y a través de Dios. Significa aceptar a Dios como el Creador de toda vida, vegetal, animal y humana.

Una vez nos hemos vuelto conscientes de las intrincadas interconexiones de toda la vida, comenzamos a vislumbrar nuestros vínculos esenciales con todos y con todo. Empezamos a ver que Dios no limita su interacción a nuestra especie, sino que está aguda y apasionadamente implicado con toda la creación.

El mensaje de María, desde la Encarnación hasta sus apariciones en tiempos modernos, es de respeto a la vida, de celebración de la vida, de que permitamos que la nueva vida de Dios fluya a través de cada uno de nosotros. María nos llama a profundizar la conciencia que tenemos de nuestras propias vidas, y, al hacerlo así, profundizar en la conciencia que tenemos de *toda* vida.

Pasa hoy unos pocos minutos observando la abundancia de la vida que nos rodea. Vivas en la ciudad o en en el campo, la vida surge y fluye alrededor de ti. Desde una hierba luchando por brotar en la grieta de una acera, hasta una bandada de gansos rezagados que vuela, el misterio de la vida nos envuelve completamente. Respeta la vida —y al hacerlo, respeta a Dios.

¿Cuándo fue la última vez que di gracias por el regalo de la vida?
¿Qué hago para mostrar mi respeto por la vida?

APRECIO LA VIDA EN TODA SU GLORIOSA ABUNDANCIA.

Santidad irreal

¿**P**ARECE María demasiado santa como para ser real? ¿Te ves a ti mismo en la línea de Mary Lee Bensman, quien escribió: «María, sabes que lo he pasado mal identificándome contigo, viéndote como una personal real. He intentado montones de cosas diferentes —oraciones, devociones, rosarios— pero nada ha funcionado. Siento que hay una barrera entre nosotros que no puede derribarse. Eres demasiado santa para que me pueda relacionar contigo.»

Si estas palabras resuenan en tu alma, no estás solo. Mucha gente encuentra a María demasiado santa como para ser real. Es una figurita delicada en un belén de Navidad, una estatua en un altar lateral, un rostro beatífico pintado por un viejo maestro. Al margen de la dureza de la vida, siempre dulce, siempre en actitud de oración, siempre obediente, siempre amable, siempre alegre, siempre todas las cosas buenas y maravillosas: esta María es alguien con quien no podemos relacionarnos. A fuer de ser completamente sinceros, no estamos ni siquiera seguros de que nos fuera a gustar esta mujer perfecta si la tuviésemos de vecina. Sería la persona con el hogar perfecto, el matrimonio perfecto, los hijos perfectos, la vida perfecta.

Ahora bien, ¿lo *sería*?

La vida de María parece perfecta sólo porque sabemos por dónde van a ir las cosas. Pero ella no vivió en una burbuja sagrada, protegida del mundo. Vivió una vida real: una vida en la cual la casa se ensuciaba, ella y José disentían y su hijo era arrestado y tratado como un traidor. ¿María demasiado santa para ser real? No, ¡suficientemente real como para ser santa!

¿Encuentro a María demasiado santa como para relacionarme con ella?

SÉ QUE CUANTO MÁS REAL SOY, MÁS SANTO PUEDO LLEGAR A SER.

El retorno de los muertos

LAS escrituras dicen que tras la muerte y resurrección de Jesús, otros muertos también se levantaron y fueron vistos por mucha gente: «La tierra tembló, las rocas se quebraron, las tumbas se abrieron, y los cuerpos de muchos santos que habían quedado dormidos se levantaron. Y saliendo de sus tumbas tras su resurrección, entraron en la ciudad santa y se aparecieron a muchos.»

De algún modo estas líneas evocan imágenes de Boris Karloff como la momia de una vieja película en blanco y negro. La visión de mucha gente tambaleándose alrededor de Jerusalén, con sus sudarios colgando en jirones no es la que asociamos habitualmente con la Historia de Pascua. (¡No parece encajar bien con los conejillos y los huevos de colores!)

La vuelta de los muertos a la vida (o una suerte de vida) es una práctica común de muchas películas de horror. En realidad, es una forma segura de darle un susto de muerte a los espectadores. Pero María ha vuelto de los muertos muchas veces, en todas sus apariciones, y ella no evoca ningún miedo visceral. Quizá la razón de que no temamos a María esté en que retorna de la vida antes que de la *muerte*.

Las apariciones de María nos muestran que la muerte no es el fin de la vida; es la transformación de la vida. A un niño por nacer tal vez nacer le parezca la muerte misma. Después de todo, la vida tal como la conoce el bebé por nacer concluye completamente al final del canal de parto. El bebé ha de ir a un lugar completamente desconocido, un lugar del que ningún bebé ha retornado jamás. Pero ¿quién, una vez nacido, retornaría a la cautividad del útero? Quizá ocurra lo mismo con la vida después de esta vida. Una vez experimentada esa vida más plena y celestial, quizá nos preguntaríamos por qué nadie iba a querer volver a este útero terrestre.

¿Tengo miedo a la muerte?
¿He pensado alguna vez sobre lo que me ocurrirá después
de que muera?
¿Creo en la vida eterna?

VEO LA VIDA, LA MUERTE Y LA VIDA POSTERIOR COMO PARTE DE UN CONTINUO DE EXISTENCIA.

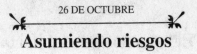

Asumiendo riesgos

¿**E**RES una persona que asume riesgos? No el tipo de persona que está dispuesta a irse a esquiar, a escalar montañas o a hacer *rafting* sin previo aviso, sino el tipo de persona que está dispuesta a asumir el mayor de todos los riesgos: la intimidad.

Asumir un riesgo físico es una cosa; asumir un riesgo emocional, otra completamente diferente. Lo último significa no arriesgar simplemente tu vida, sino tu mismo ser; significa estar dispuesto a morir, no por exposición a las fuerzas de la naturaleza, sino por exposición del yo.

En nuestra cultura, tendemos a asumir que la única intimidad real es la que acontece entre amantes, esposos y padres e hijos. Aunque es cierto que esas relaciones son a menudo íntimas, no necesariamente lo son; de hecho, pueden ser la antítesis misma de la intimidad.

La intimidad no es contingente a la conexión física. A veces las relaciones más intimas son puramente intelectuales. Lo que convierte en íntima una relación es la profundidad de la implicación emocional y la predisposición a exponer el verdadero yo, con sus vicios y virtudes, a otra persona. Amistades estrechas pueden tener esa especie de intimidad; y puesto que las amistades íntimas no están limitadas a la gente que podemos ver y abrazar, una amistad estrecha con María puede ser íntima.

María está dispuesta a entrar en un vínculo íntimo con nosotros; un vínculo en el que nos muestra el camino hacia su hijo, y en el cual nosotros le confiamos nuestros secretos. Asume un riesgo con María. ¿Qué puedes perder?

¿Cuáles son las relaciones más íntimas de mi vida?
¿A quién me siento más unido en este momento?

ESTOY DISPUESTO A CORRER UN RIESGO EMOCIONAL POR LA INTIMIDAD.

Cirugía a corazón abierto

PARA una persona con severos problemas coronarios, la cirugía a corazón abierto es a menudo la única alternativa a la muerte. Aunque, si lo piensas bien, la cirugía a corazón abierto es más bien algo triste. El paciente permite que un equipo de cirujanos le abran el pecho, expongan su corazón y literalmente corten y cosan ese órgano. Si no lo supiéramos bien, pensaríamos que tales prácticas son una forma segura de acabar con la vida de un persona, no de salvarla.

Una de las imágenes tradicionales (y algo sombría) de María muestra su Inmaculado Corazón fuera del pecho e inflamado de amor. Mientras que el cuadro podría no atraer a nadie, lo cierto es que revela una importante verdad: el amor es la extrema cirugía a corazón abierto.

El amor requiere que dejemos que abran nuestros pechos y que extraigan un trozo de nuestro corazón. Como la cirugía física a corazón abierto, es una operación peligrosa. Si el trozo perdido no es reparado o reemplazado, corremos el riesgo de estar cicatrizando permanentemente o muriendo de hemorragia. Pero también existe la oportunidad de que la pieza faltante sea cambiada; la persona que amamos tomará un trozo de nuestro corazón, sí, pero nos dará un trozo del suyo a su vez. En vez de quedarnos con un hueco abierto, tendremos un trasplante de corazón.

¿A quién amo? ¿Quién me ama?

ESTOY DISPUESTO A AMAR.

Dos para el tango

EN los relatos apócrifos sobre la infancia de María se dice que bailó de alegría. En realidad, en las Escrituras el acto de bailar se menciona más de cien veces.

A Dios aparentemente le gusta bailar. No es raro. El amor mismo es (o debería ser) una danza, porque una danza es el gozoso acercarse de dos personas, cada una de ellas representando parte del patrón, pero haciendo juntas lo que nunca podrían hacer por separado.

La gente que se ama debe caer en la cuenta de que el amor, como la danza, no es meramente saber lo pasos que hay que dar. Es también crear lo que se llama un «marco». Ambos deben colocar sus brazos de manera que puedan agarrar firmemente a la otra persona, pero no restrictivamente, abriendo sus brazos para dejar a su pareja entrar en el marco. Sólo entonces pueden los bailarines moverse como uno solo o dar vueltas según dicta la música.

La gente que se ama debe también aprender que el amor, como el baile, requiere la colaboración de la pareja. Si una persona está bailando un vals y la otra un tango, ninguna de las dos está bailando, no importa lo perfectamente que cada una dé por separado sus pasos individuales. Contemporizar podría funcionar en la rumba, pero cuando dos personas bailan -o se aman- cada una debe estar dispuesta a aprender los pasos de la otra.

Encontrar la pareja de baile perfecta nunca es fácil, a menos que entres en el marco del amor de Dios. Entonces bailar —y amar— se convierte en algo posible, porque Dios, después de todo, es el Señor de la Danza.

¿Encuentro difícil amar?
¿He bailado alguna vez con Dios?

DEJO QUE EL SEÑOR DE LA DANZA ME CONDUZCA AL SALÓN DE BAILE DE LA VIDA.

Apariciones

HABLAMOS de las apariciones de María, pero exactamente ¿qué es una aparición?

La *Enciclopedia Católica* define una aparición como «la visión sensorialmente perceptible de Cristo, la Virgen María, los ángeles o los santos». Continúa diciendo que «la autenticidad de las apariciones es materia que requiere la investigación y valoración por parte de la Iglesia o de un director espiritual experimentado. La aprobación de la Iglesia es necesaria siempre que surge un culto popular en respuesta a supuestas apariciones».

Aunque la mayoría de las apariciones son de Jesús, María, los ángeles y los santos, los espíritus diabólicos también pueden tener apariciones. Se sabe que el santo Cura de Ars vio al demonio en diversas ocasiones.

Los signos de los encuentros auténticos, al menos los de tipo santo, se definen básicamente por sus resultados. Una oración incrementada, una devoción aumentada, una sensación de paz y un aumento de la caridad son indicaciones de que una aparición era auténtica. Sin embargo, la Iglesia católica no insiste en que nadie crea en una aparición privada. Tras cuidadosa investigación, la Iglesia a veces dice que una aparición es «plausible» o «creíble», pero nunca emite una declaración solemne o infalible de autenticidad.

Puesto que la Iglesia católica trata las apariciones con un sano escepticismo, nosotros deberíamos hacer lo mismo. En realidad, si piensas que estás viendo una aparición, piénsatelo de nuevo. Santa Teresa de Ávila afirmaba que la mayoría de las visiones son el resultado de la falta de sueño y la demasiada automortificación. Ella debería saberlo: las tuvo verdaderas la mayor parte de su vida. Si la aparición es auténtica, acabarás por saberlo. Si no lo es, un buen descanso nocturno y una comida decente deberían volver a poner las cosas en perspectiva.

¿Quiero una experiencia sobrenatural?
¿Qué haría si María se me apareciera ahora mismo?

USO EL SENTIDO COMÚN CUANDO SE TRATA DE EVENTOS EXTRAÑOS.

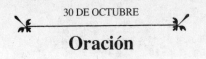

Oración

¿TIENES problemas para orar? Mucha gente los tiene, incluso los discípulos, como revela este pasaje de Lucas:

Estaba Jesús orando en cierto lugar, y cuando hubo acabado, uno de sus discípulos le dijo: «Señor, enséñanos a rezar como Juan enseñó a rezar a sus discípulos.»

Él les dijo: «Cuando recéis, decid: Padre, santificado sea tu nombre, venga a nosotros tu Reino. Danos el pan nuestro de cada día y perdona nuestros pecados como nosotros perdonamos a nuestros deudores, y líbranos del juicio final.»

Aunque tenemos el propio consejo de Jesús respecto a cómo rezar, a menudo no estamos del todo seguros de si estamos rezando correctamente o por la cosa correcta. Confiamos en fórmulas de oración porque sabemos que funcionan, pero nuestros corazones nos dicen que otros tipos de oración también son posibles.

Si tienes dificultades con la oración, pídele ayuda a María. Ella tenía la relación más íntima posible con Dios, porque Jesús era su hijo. Ella le ha visto crecer, y de ese modo lo conoce mejor que nadie. Debido a su relación especial con Jesús, María no tiene que confiar en oraciones predeterminadas. Ella sabe lo que es hablar con Dios sin intermediarios, cara a cara.

Las palabras de un viejo himno lo expresan muy bien: «Hermosa señora de azul, enséñame a rezar. Dios fue una vez tu hijito, dime qué decir.»

Pide a María hoy que te ayude a rezar con confianza.

¿Tengo dificultades para rezar?
¿Con qué tipo de oración me siento más cómodo?

SÉ QUE MARÍA ME AYUDARÁ A APRENDER A ORAR CON CONFIANZA.

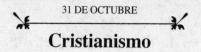

Cristianismo

MARÍA era un mujer judía del siglo primero. Como mujer de su tiempo y de su cultura, habría participado en los rituales, ritos y prácticas del judaísmo. Tal afirmación parece evidente, pero a veces tendemos a pensar en María y en Jesús como *cristianos* más que como *judíos*. Olvidamos que el cristianismo fue considerado al principio como una secta del judaísmo, no una fe aparte. Pasamos por alto el hecho de que Jesús no vino para establecer una nueva religión, antes bien, vino a establecer una nueva forma de relacionarse con Dios. Jesús mismo dijo que vino, no para abolir la ley, sino para cumplirla.

¿Qué tiene que ver esto con María? En su relación con Jesús, María nos muestra que Dios no desea nuestro temor sino nuestra amistad. Dios quiere que entremos en una relación amorosa que se extenderá hacia la eternidad.

Dado que puede sernos difícil imaginar a Dios relacionándose personalmente con cada uno de nosotros, María nos muestra que nuestro Dios es un Dios abordable. Una madre no teme acercarse a su propio hijo, de manera que María nos da un ejemplo de la manera en que podemos acercarnos a su hijo Jesús.

¿Pienso en Dios como una deidad distante, o como un amigo personal y cercano?
¿He pedido alguna vez a María que me ayude a conocer y amar a Dios de un modo más personal?

ENTRO EN UNA RELACIÓN DE AMOR CON DIOS.

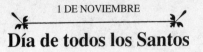

Día de todos los Santos

HOY conmemora la Iglesia católica a todos aquellos hombres y mujeres que han sido declarados Santos con *S* mayúscula. Ello incluye a individuos tan famosos como San Francisco de Asís y Santa Catalina de Siena, y a individuos tan desconocidos como San Honorato y San Mamerto.

De todos los santos, sin embargo, la Bendita Virgen María es considerada la primera y principal. En su Encíclica *Redemptoris Mater,* el papa Juan Pablo II escribe: «María fue y es la única "bendita por la fe"; fue la primera en creer. Desde el momento de su nacimiento en el establo de Belén, María siguió a Jesús paso a paso en su peregrinar materno en la fe.»

María hizo lo que todos estamos llamados a hacer: seguir a Jesús paso a paso en una peregrinación en la fe. Nunca es fácil. Mira simplemente a María. Su peregrinación la llevó a convertirse en extranjera en una tierra extraña cuando ella y su familia huyeron de la comodidad de su patria para buscar refugio en Egipto, la llevó a ser una madre incomprendida cuyo hijo fue juzgado como loco por los vecinos, y finalmente la llevó a convertirse en la madre de un criminal convicto y ejecutado.

Si pensamos que nuestro peregrinaje en la fe será más fácil, entonces es que no hemos leído las Escrituras. La Biblia nos advierte continuamente de que el camino hacia la santidad —sea con *s* mayúscula o minúscula— es estrecho y difícil. Aunque tal información pudiera ser descorazonadora, podemos mirar a María y a su vida y hallar alivio en el hecho de que nunca tenemos que recorrer solos el sendero. El Dios de María —y nuestro Dios— siempre estará con nosotros, animándonos en el camino hacia la santidad.

¿Quiero convertirme en santo?
¿Pienso que la santidad es para otras personas pero no para mí?

INTENTO VIVIR UNA VIDA SANTA.

Vulnerabilidad

A MENUDO la gente que encontramos más interesante es aquella que está dispuesta a mostrar su debilidad. Al ver su vulnerabilidad, podemos identificarnos con ellos y a la vez sentirnos libres para exponer nuestra propia debilidad.

Quizá podemos. O tal vez no. La verdad es que ser vulnerable es abrirse a la posibilidad del dolor. Mientras que la mayoría de nosotros preferiría evitar el dolor antes que abrazarlo, uno de los hechos de la vida espiritual es que para crecer debemos volvernos vulnerables. Eso significa aceptar la probabilidad del dolor.

No hay crecimiento real sin algún dolor, porque crecimiento implica cambio, y el cambio crea incomodidad. El dolor no tiene que ser abrumador —en realidad, puede ser relativamente menor— pero es inevitable.

Eso fue ciertamente así en el caso de María. Una vez que se hizo vulnerable, que se abrió a la voluntad de Dios, experimentó más dolor del que nunca podría haber imaginado. Y sin embargo, junto con el dolor vino un gozo increíble. Ése es otro de los hechos de la vida espiritual: mientras que el crecimiento requiere vulnerabilidad (¡y por ende dolor), también crea alegría.

El dolor y la alegría pueden parecer contradictorios, pero no lo son. En el drama *Tierras de penumbra,* C. S. Lewis nos habla de la increíble alegría que experimentó en un matrimonio breve y colmado de dolor. Al final, viene a aceptar el hecho de que no habría sido posible tener la alegría sin el dolor. En realidad, el dolor hizo que la alegría fuese muchísimo más dulce. Lo que fue cierto en la vida de María y en la de C. S. Lewis, es cierto también en nuestras propias vidas.

¿Trato de evitar el dolor, o lo acepto como una parte necesaria para ser plenamente humano?

ESTOY AGRADECIDO TANTO POR EL DOLOR COMO POR LA ALEGRÍA DE MI VIDA.

Puentes

HAY algo que impone respeto acerca del modo en que un puente se tiende sobre el vacío para unir ambas riberas. Aunque permanecemos atónitos ante los puentes hechos por la destreza humana, el puente más espléndido de todos es uno no construido con manos humanas. Es María misma.

María no sólo logró tender el puente sobre el vacío entre Dios y la humanidad al cooperar en la Encarnación, también unió a cristianos y musulmanes en sus tradiciones y libros sagrados.

Las tradiciones cristianas y musulmanas son sorprendentemente similares en el tema de María: el Evangelio de Lucas nos dice que Gabriel saludó a María con las palabras «¡Dios te salve María, llena eres de gracia! El Señor está contigo», mientras que en el Corán se lee: «Dios te ha elegido y te ha hecho pura, y te ha elegido por encima de todas las mujeres del universo.»

El papa Pío IX advirtió que «la Bendita Virgen María fue, desde el primer momento de su concepción, por una gracia y privilegio singular de Dios todopoderoso, mantenida libre de toda mancha del pecado original». Asimismo, de acuerdo con el Corán, María: «una mujer santa, fue destinada, junto con Jesús, su hijo, a convertirse en una señal para el universo.»

En realidad, una de las únicas diferencias entre las dos visiones de María es que ¡hay más versos sobre María en el Corán que en el Nuevo Testamento!

Mientras que las guerras fronterizas y las escaramuzas asolan Oriente Medio, María permanece serenamente como puente entre dos religiones y dos culturas. No es raro que frecuentemente se la llame Reina de la Paz.

¿Cómo ha actuado María de puente en mi vida? ¿De que forma podría pedirle que me ayude a tender un puente sobre el vacío que existe entre mí y alguien con quien estoy enemistado?

ME ESFUERZO EN CONSTRUIR PUENTES, NO EN CAVAR FOSOS.

Palabras bien escogidas

LAS palabras reales de María, tal como están recogidas en los Evangelios, son pocas:

«¿Cómo se realizará esto, pues no conozco varón?»

«He aquí la sierva del Señor. Hágase en mí según tu palabra.»

«¿Hijo, ¿por qué nos has hecho esto? Tu padre y yo te hemos buscado con gran ansiedad.»

«Ellos no tienen vino.»

«Haz lo que te diga, fuere lo que fuere.»

Aunque María no dice demasiado, sus palabras están bien escogidas y son certeras. No pierde el tiempo o la energía con frases floridas.

Sus expresiones eran breves y sucintas. Puesto que no veía necesidad de confundir las cosas con una plétora de palabras innecesarias, tampoco deberíamos hacerlo nosotros: especialmente en la oración. Cuando oramos, a menudo pensamos que necesitamos engolar nuestras palabras o usar las palabras bien elegidas de algún otro. Pero ¿de verdad pensamos que podemos ocultarle a Dios nuestros verdaderos pensamientos y sentimientos cubriéndolos con frases de adorno? Cuando recemos, tomemos a María como ejemplo, diciendo lo que queremos decir y queriendo decir lo que decimos.

¿Rezo con honradez y confianza, o intento falsificar mi camino mediante mis oraciones?

DIGO A DIOS LA VERDAD, PUESTO QUE DIOS YA LA CONOCE.

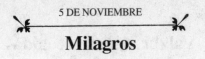

Milagros

¿HAS experimentado alguna vez un milagro? ¿Sospechas que podrías haberlo experimentado, pero no estás seguro del todo? Muchos de nosotros nos sentimos así. Los milagros, como la belleza, están en el ojo del contemplador. Además, requieren un elemento de fe. En realidad, si no requiriesen fe, no serían milagros; serían hechos científicos. Y si la creencia pudiera ser reducida a ciencia, no habría necesidad alguna de la fe.

Sin embargo, no podemos reducir el mundo espiritual a hechos científicos. Ocurren más cosas fuera del velo de nuestra vista de lo que podemos imaginar. Los cuentos de todo el globo dan testimonio de ese otro mundo. Y nosotros respondemos poderosamente a esas historias porque resuenan con la realidad de nuestros corazones. Sabemos intuitivamente que hay otro mundo en el que los milagros mismos son ciencia.

María forma parte de ese mundo, y ella nos da vislumbres con sus apariciones. Esas apariciones son prueba de que el mundo que tocamos, saboreamos y olemos no es el mundo *real*. No, lo que es real es invisible la mayor parte del tiempo.

Parte del gran rompecabezas del crecimiento espiritual es su paradoja: para tener, debemos abandonar; para recibir, debemos dar; para ser amados, debemos amar. Una vez que entendemos la naturaleza esencialmente paradójica de la espiritualidad, comenzamos a comprender que estamos rodeados de milagros cada segundo de cada día.

¿He experimentado alguna vez un milagro?
¿Quiero de verdad experimentar uno, o más bien simplemente leer
acerca de los milagros de otras personas?

SÉ QUE EXPERIMENTARÉ UN MILAGRO SI ME PERMITO A MÍ MISMO ESTAR ABIERTO A SU POSIBILIDAD.

Lágrimas

UNO de los fenómenos más comunes en las recientes apariciones marianas es el de una estatua de María que llora lágrimas, que a veces son de sangre. La gente se ha arremolinado alrededor de estas estatuas, tratando de coger algo del misterioso fluido. En aquellas ocasiones en las que los científicos han sido requeridos para analizar el fluido, han advertido que aunque exhibe alguna de las características de la sangre o de las lágrimas humanas, no pueden confirmarse oficialmente como tales. Sin embargo, las lágrimas han atraído una enorme atención tanto de la gente pía como de la que no lo es.

Si estás interesado en ese tipo de cosas, las estatuas que lloran están muy bien para inspirar piedad y devoción, pero son las lágrimas reales de la gente real las que estamos llamados a enjugar. Todas las estatuas del mundo que lloran no deberían conmovernos tanto como las de una persona real. Si una estatua nos mueve a la piedad, entonces ¿cuánto más nos debería conmover las lágrimas de un niño que se muere de inanición, una madre sin hogar o una víctima de la guerra?

Mientras que nadie puede decir con seguridad que las estatuas de María estén llorando, podemos estar seguros de que, si lo están, es porque estamos ignorando las lágrimas reales del mundo.

¿Qué visiones me conmueven más? ¿Me influyen más los eventos misteriosos o la gente real? ¿Qué acciones concretas he emprendido recientemente para ayudar a enjugar las lágrimas del mundo?

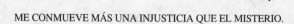

ME CONMUEVE MÁS UNA INJUSTICIA QUE EL MISTERIO.

Hagion

EN su gran oración de gratitud a Dios, María dice: «El Todopodero-so ha hecho grandes cosas por mí, y santo es su nombre.» En la tra-ducción griega de este texto, la palabra que significa *santo es agion*, cuya raíz viene de una frase que significa «sin tierra». Es la misma raíz que forma la base de un sinónimo para la palabra santos —*hagio*— y que se emplea para nombrar las biografías de santos: *hagiografías*.

En un sentido, los que son santos son «sin tierra», porque han llega-do a reconocer que no somos sino viajeros en esta tierra. No se supone que hayamos de vivir aquí hasta la eternidad; mas bien, viajamos a tra-vés de esta vida sin poner nuestras raíces en la tierra.

Sin embargo, la lucha por la santidad no significa que no podamos disfrutar de las cosas buenas de la tierra. San Francisco de Asís, la quin-taesencia misma del asceta, pedía galletas de almendras en su lecho de muerte. San Francisco de Borgia (el garbanzo blanco del notorio clan Borgia) era un *gourmet* por excelencia. San Francisco Liguori era un amante de la música y el teatro.

Pero la santidad requiere el reconocimiento de que todas las cosas buenas de la tierra son nuestras sólo para disfrutar de ellas, no para poseerlas. María muy ciertamente entendió este principio. Disfrutó de la vida en toda su riqueza (¡incluido el vino en las bodas!), pero no buscó las riquezas terrestres. Antes bien, reconoció y alabó a Dios quien «ha echado a los reyes de sus trono y ha ascendido a los humildes. A los hambrientos les ha colmado de cosas buenas, a los ricos los ha despedi-do con las manos vacías».

¿Quiero ser santo? ¿Y si la santidad significara abandonar algunas de las cosas que atesoro con más fuerza?

COMO MARÍA, DIGO, «EL TODOPODEROSO HA HECHO GRANDES COSAS POR MÍ».

Flores

E N esta época del año la mayoría de los jardines están secos y deslucidos. Las catálogos de semillas, sin embargo, están ya floreciendo con la promesa de la primavera. Para los jardineros —en realidad, para mucha gente en general— el hojear las páginas de estos catálogos es una forma de vislumbrar el futuro —especialmente la gloria de las flores de verano.

En los tiempos grecorromanos era común hacer una ofrenda de flores en los altares de los dioses y las diosas: Zeus, Afrodita, Atenea, Pan y Dafne, entre ellos. A medida que el cristianismo se expandió por el mundo, las flores —junto con el resto de la naturaleza— perdieron su asociación con las deidades paganas y se convirtieron en un signo del amor de Dios por nosotros. Incluso hoy en día, nuestras iglesias están a menudo adornadas de fragantes flores, a veces en medio del invierno.

Cientos de flores se han asociado específicamente con la vida y atributos de María al paso de los años. En días pretéritos, muchos hogares y castillos tenían el llamado jardín de María, donde se cultivaban plantas que reflejaban la alegría o bondad de María, su pena o intercesión. Unas pocas catedrales e iglesias aún tienen jardines de María, y de vez en cuando aún se puede ver un patio donde una imagen de María preside un montículo o un margen con muchos tipos diferentes de flores.

Antes que plantar un jardín para las mariposas o los colibríes la próxima primavera, tal vez quieras considerar la posibilidad de un jardín de María. De modo que, entonces, cuando tus caléndulas, dedaleras, espuelas de caballero, helechos y violetas comiencen a crecer, puedas ofrecer alabanzas a María —y a través de ella, a su hijo Jesús.

¿Uso la naturaleza como un modo de alabanza a Dios?

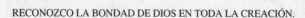

RECONOZCO LA BONDAD DE DIOS EN TODA LA CREACIÓN.

R y R

EN el Japón adicto al trabajo, algunas compañías tienen que ordenar a sus ejecutivos que se tomen vacaciones. Con ceñuda determinación, esos ejecutivos se encaminan a su «diversión», abordando su R y R * con la misma determinación que muestran en el trabajo.

Aunque puede que la idea de trabajar para divertirse nos haga sonreír un poco, muchos de nosotros hemos olvidado lo que es jugar. O lo ignoramos del todo, como a algunos japoneses les pasa, o jugamos de forma tan competitiva que convertimos cada juego en una competición para ganar. Hemos olvidado cómo hacer algo por mero R y R, algo que no tenga un valor práctico, extrínseco.

En el cuadro *La Infancia de la Virgen María*, el artista pre-rafaelista Dante Gabriel Rosetti pinta a una María joven, pensativa, sentada bajo una parra con su madre, bordando un glorioso tapiz rojo. Lo que María está haciendo es «inútil», en el sentido de que su proyecto de bordado no va a servir o no es funcional. El tapiz es pura decoración, hecho por mera diversión.

Aparentemente María aún tiene un sentido del juego. En una ocasión es vista en una humilde ciudad de una nación desgarrada por la guerra; a la siguiente vez es vista destellando en forma de imagen en la ventana de un rascacielos, bailando sobre el tejado de una antigua iglesia en Egipto, o sobrevolando un pintoresco pueblo irlandés. Viene vestida de campesina mexicana, de mujer francesa, de reina gloriosa, de chica humilde.

No importa dónde se aparece o qué dice, María siempre trae consigo una sensación de alegría y de paz —por no mencionar al menos un toque de carácter juguetón.

¿Qué hago para jugar? ¿Pienso en el juego como una pérdida de tiempo o como algo necesario para mi salud espiritual?

ENCUENTRO TIEMPO PARA EL REPOSO Y LA RELAJACIÓN.

---

* *Rest*, descanso, y *Relax*, relajación. *(N. del T.)*

Sexo

¿QUÉ sabe y piensa María acerca del sexo? ¿Suena irreverente considerar que ella podría haber sido un ser sexual?

Es ciertamente mucho más fácil pensar en María como una hermosa muñeca de cera, creada desde toda la eternidad para llevar al infante Jesús en su útero. Pensar en ella como una mujer real, con todo lo que ello implica, parece, bueno, una suerte de falta de respeto, ¿verdad?

El hecho es que María era una mujer real. Tenía las hormonas y los rasgos anatómicos de cualquier otra mujer. Sin embargo, lo que la coloca al margen era el hecho de que fue la primera en una larga línea de santas y religiosas que fueron mujeres normales, sanas, pero que ofrecieron su sexualidad a Dios. Ser una persona sexual normal no significa que tengas que poner en acto tu sexualidad. María, obviamente, optó por no ser sexualmente activa en su relación con José. Eso no significa, sin embargo, que no *pudiera* haberlo sido. Ella eligió su postura libremente.

Lo que diferencia a María y a todas las demás que dedican su sexualidad a Dios del resto de la humanidad no es que sepan decir no; antes bien, es que saben cómo decir sí a Dios con cada fibra de sus cuerpos absolutamente normales.

¿Trato mi sexualidad como un don o como una carga?

DOY GRACIAS POR EL DON DE MI CUERPO.

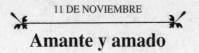

Amante y amado

ALGUNOS psicólogos creen que en toda relación existe un amante y un amado. Aunque los términos no indiquen el grado de compromiso o profundidad en el amor, sirven para explicar cómo funcionan algunas relaciones.

El amante es la persona que muestra su amor de forma más obvia. Es el que tiende a decir las palabras de amor, a dar pruebas de amor y el que «persigue» la relación.

El amado, por otra parte, es aquel que tiende a recibir el amor. Aunque pueda ser igual de apasionado en cuanto a la relación, su estilo es más reprimido, más reservado en las muestras abiertas de afecto. Es el perseguido.

Aunque un equilibrio así puede funcionar bien, si una de las partes queda fijada en el modo de amante o en el de amado, la relación puede comenzar a mostrar tensiones. Si la persona que generalmente es el amado no asume nunca el papel de amante, por ejemplo, el amante puede comenzar a sentirse olvidado y a pensar que se están aprovechando de él. Inversamente, si el amante nunca recibe un cambio que lo haga sentirse amado, puede encontrar que el afecto comienza a menguar.

A veces, cuando pensamos en María, la vemos como amante y a Dios como el amado. Pero Dios es ambos, tanto el amante como el amado para cada uno de nosotros. Dios acepta nuestro amor y activamente nos da amor a su vez. La relación que nosotros —y María— tenemos con Dios, puede que sea la única en la que somos ambos, amante y amado, simultáneamente.

Si tengo ahora una relación, ¿soy el amante o el amado?

ME PERMITO AMAR A DIOS Y SER AMADO POR DIOS.

Amor por uno mismo

JESÚS dijo que el primer gran mandamiento es amar a Dios con todo tu corazón. El segundo gran mandamiento es amar a tu prójimo como a ti mismo. Aunque nos esforzamos mucho por cumplir con las partes de *amarás a Dios* y de *amarás a tu prójimo,* a veces pasamos por alto la parte de *ámate a ti mismo.*

¿Qué significa amarse a uno mismo?

Claramente Jesús no estaba hablando del autoengrandecimiento «mi, mi, mi; yo, yo, yo» de la reina malvada de *Blancanieves,* quien pasaba la mayor parte de su tiempo preguntándole a su espejo mágico si era aún la mujer más bella.

Hay una diferencia significativa entre el amor por uno mismo que es meramente autoindulgente y el amor por uno mismo aprobado por Dios. El amor por uno mismo *auténtico* —ese que nos pide Jesús— está siempre dirigido a Dios. Cuanto más está una persona dirigida hacia Dios, más dirigida está hacia la totalidad. En realidad, el amor por uno mismo es esencialmente reconocer y apreciar la totalidad. Además, el amor por uno mismo se defiende a sí mismo y a sus valores. Cuando te amas a ti mismo auténticamente, reconoces tanto tus faltas (sin autodesprecio) como tus virtudes.

Nadie en las Escrituras demuestra auténtico amor por sí mismo mejor que María. Al recibir el mensaje de Gabriel, aseveró con confianza, y de una forma que otorgaba todo el honor a Dios, que todas las generaciones la llamarían bendita. Y muestra la misma confianza en ella misma en sus apariciones. Por ejemplo, dice: «¡Soy la Inmaculada Concepción!» No titubea musitando «Dios me dijo que os diga que Dios dice que podría ser considerada la Inmaculada Concepción.» Ella sabe quién es; y conociéndose a sí misma, puede expresar un amor verdadero por sí misma.

Si te estás extraviando o destruyendo por «amor», entonces lo que estás experimentando no es amor verdadero. Tal vez necesitas pedirle a María que te ayude a aprender lo que significa amor *por uno mismo.*

¿Encuentro difícil ser amable conmigo mismo?
¿Me siento alguna vez culpable cuando me «trato» a mí mismo?

AMO A MI PRÓJIMO, PERO TAMBIÉN ME AMO A MÍ MISMO.

Piedra de toque

EN tiempos antiguos, aunque los orfebres no tenían forma de eliminar las impurezas del oro, lo frotaban con una piedra negra llamada *piedra de toque* para ver qué tipo de impurezas (por ejemplo, de cobre) se hallaban presentes.

El profeta Zacarías dice que Dios probará a su pueblo de la misma forma:

> Pasaré una tercera parte por el fuego,
> y los refinaré como se refina la plata,
> y los probaré como se prueba el oro.
> Clamarán mi nombre, y los oiré,
> Diré: «Ellos son mi pueblo»,
> y ellos dirán: «El Señor es mi Dios.»

En cierto sentido, María es nuestra piedra de toque. Comparando nuestras vidas con la suya, podemos revelar nuestras impurezas. Su vida, liberada del pecado mediante la Inmaculada Concepción y el poder salvífico de su hijo, nos permite ver en qué no llegamos a la altura del ideal. Pero la función de una piedra de toque no es meramente la de señalar las impurezas; una piedra de toque también realza el oro. Asimismo, incluso cuando vemos áreas de nuestras vidas que necesitan trabajarse, podemos ver también áreas donde el oro de la gracia refulge.

¿Qué áreas de mi vida sé que necesitan algún trabajo?
¿Estoy dispuesto a usar a María como mi piedra de toque?

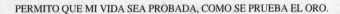

PERMITO QUE MI VIDA SEA PROBADA, COMO SE PRUEBA EL ORO.

Justicia

CUANDO hablamos de justicia, tendemos a limitar nuestro pensamiento a la acción legal en un tribunal. Creemos que la justicia se cumple cuando los criminales son acusados, los asesinos ejecutados y los crímenes castigados.

Cuando hablamos de caridad, por otra parte, generalmente nos referimos a actos de generosidad hacia los menos afortunados. Pensamos en la caridad como el dar una donación a una causa digna o dar una limosna a una persona en la calle.

Las Escrituras hebreas tienen un punto de vista radicalmente diferente de estas dos palabras. Lo que nosotros llamamos *caridad* ellas lo llaman *justicia*.

María permanece como ejemplo vivo de esta interpretación escritural de la justicia. La mujer que anunció a su hijo: «Ellos no tienen vino», no teme ir atrevidamente ante el trono de Dios para decir «Ellos no tienen alimento, hogar, trabajo». Completamente absorta en nuestra condición y lucha humanas, ella reza continuamente por nuestro roto y confuso mundo. Pero más que eso, se dedica a orar por el perdón del pecado. Como una oración de la Iglesia ortodoxa dice: «¡Oh, María, Virgen *Theotokos,* la santa y leal intercesora de la raza humana, intercede por nosotros ante Cristo, a quien concebiste, para que pueda concedernos el perdón de nuestros pecados.»

Cuando haces tu vida diaria, ¿ves a gente con necesidad de alimento, ropa, cobijo y perdón? Si es así, no les des una moneda en nombre de la caridad; dales todo lo que puedas en nombre de la justicia.

¿En qué modos promuevo la justicia en el mundo?
¿Podría hacer más de lo que estoy haciendo?

EJECUTO LA JUSTICIA, ¡Y LO HAGO DE MANERA CARITATIVA!

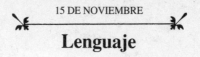

Lenguaje

APARENTEMENTE, María es una lingüista dotada, pues en todas sus apariciones habla la lengua de la persona que la ve.

En 1531 un campesino que vivía cerca de Tenochtitlán (lo que es hoy la ciudad de México) tuvo la visión de una hermosa mujer que se identificó como la Virgen de Guadalupe. Al menos eso es lo que generalmente se nos ha dicho. Sin embargo, dado que el campesino, Juan Diego, era un indio nahuatl, es improbable que María para hablarle usara la palabra española *Guadalupe*. Lo más probable es que se describiera a sí misma con la palabra nahuatl *Coatlaxopeuh,* que se pronuncia «quat-la-su-pey».

La disección de la palabra nativa revela algo fascinante acerca de María misma. *Coa* significa «serpiente», *tla* es un sufijo interpretado como «la», mientras que *xopeuh* significa «aplastar o pisotear». Si ésta es la palabra que Juan Diego oyó de María, ella se identificó como «la que aplasta la serpiente».

Este título trae reminiscencias de la promesa que Dios hizo en el Génesis: «Pondré enemistad entre tú y la mujer, y entre tus vástagos y los suyos; Él golpeará tu cabeza, mientras que tú golpearás su talón», y de las palabras del Apocalipsis:

> Una gran señal apareció en el cielo: una mujer vestida del sol, con la luna bajo sus pies, y en su cabeza una corona de doce estrellas… Iba a dar a luz a un niño, y aullaba de dolor para parir. Y otra gran señal apareció en el cielo: un gran dragón, color de fuego, con siete cabezas y diez cuernos y sobre las cabezas siete diademas; su cola arrastraba un tercio de las estrellas del cielo y las arrojó sobre la tierra. El dragón se puso delante de la mujer que iba a dar a luz, con ánimo de devorar al niño en cuanto lo hubiera dado a luz. Ella dio a luz un hijo varón, el que ha de apacentar a todas las naciones con vara de hierro.

¿Qué títulos de María significa más para mí?

SÉ QUE TANTO MARÍA COMO DIOS SIEMPRE HABLAN EN UN LENGUAJE QUE ENTIENDO.

Envidia

JUNTO con otros favoritos, como el orgullo y la lujuria, la envidia es uno de los llamados siete pecados capitales. Aunque María no fuera culpable de envidia (o de orgullo, o de lujuria, o cualquiera de los otros pecados), es completamente posible que algunos de sus vecinos pudieran haber sentido envidia respecto a ella —al menos hasta que su hijo fue arrestado como criminal y ejecutado.

Después de todo, durante muchos años vivió una vida amable. Tuvo un hijo estupendo que era claramente brillante y un marido talentoso (Dios no habría escogido a un incompetente para ser padre de Jesús), y ella era indudablemente amada y respetada por la mayoría de la gente. En algún punto de esta línea, alguien debe de haber mostrado unas pocas chispas de envidia hacia ella.

¿Cómo trataba María a quienes la envidiaban? Desde luego, no lo sabemos con seguridad, pero podemos especular que habría hecho todo tipo de intentos para difuminar la envidia, porque la envidia desenfrenada puede ser fatal. (¡No se le llama pecado *mortal* por que sí!).

Puesto que no somos María, es probable que estemos más del lado que envidia que del envidiado. ¿Qué podemos hacer para combatir esta tendencia natural?

Una manera es reconocer que Dios no mide el amor por lo que tenemos, sino por lo que somos. Una vez dejamos de concentrarnos en lo que tenemos (o no tenemos) y comenzamos a enfocarnos en lo que nos podemos convertir —reconociendo que realmente tenemos todo lo que necesitamos para convertirnos en la persona que Dios quiere que seamos— la envidia se disolverá.

¿Envidio a alguien?
Si es así, ¿qué es lo que envidio más en esa persona?

ESTOY AGRADECIDO POR LO QUE TENGO, NO ENVIDIOSO DE LO QUE NO TENGO.

Confianza

A VECES los grupos hacen lo que se llama «ejercicios de confianza». Como ejemplo, una persona podría ponerse de pie en el centro de un círculo y caer hacia atrás, confiando que alguien estará allí para cogerla antes de golpearse contra el suelo.

El propósito de dicho ejercicio es demostrar gráficamente la confianza en los demás. Aunque alguno de nosotros podría estar dispuesto a confiar en que se nos cogería si caemos en un círculo, es menos probable que tengamos mucha confianza en los demás en el mundo real. La experiencia nos ha enseñado bien: inclínate demasiado hacia atrás, y te darás un porrazo.

Uno de los mayores dones de María a la humanidad es que nos muestra a la Persona más digna de nuestra confianza: Dios. Aunque anduvo «muy turbada» cuando Gabriel vino a anunciarle que concebiría al Mesías, estuvo dispuesta a poner su confianza en el plan de Dios y decir —aunque no conociese más que los detalles mínimos—: «¡De acuerdo, lo haré!»

Una forma en la que podemos emular a María es teniendo confianza en Dios, incluso si no tenemos todos los detalles prefijados. Quizá el «vacío conformado por Dios», que el filósofo del siglo diecisiete Blaise Pascal dijo que existía en cada ser humano, sea realmente tan sólo el deseo de confiar en el Único digno de nuestra completa confianza.

¿Tengo problemas a la hora de confiar en la gente?
¿Confío en confiar en Dios?

SÉ QUE DIOS NUNCA ME ABANDONARÁ.

Emociones humanas naturales

CON escesiva frecuencia, asumimos erróneamente que la santidad excluye las emociones humanas naturales, especialmente las más oscuras. Es difícil imaginar a María tan frustrada como para ponerse a llorar, por ejemplo, o tan enfadada que hubiera de tomar una inspiración profunda antes de hablar.

Pero las emociones son uno de los grandes dones de Dios a la humanidad, y María era plena y gloriosamente humana. Ella tuvo que haber experimentado todas las emociones que nosotros tenemos: las positivas y las negativas.

De hecho, cuanto más cerca estamos a Dios, más profundamente sentimos tanto el dolor como la alegría. Pero incluso los animales, según nos movemos en la escala evolutiva, experimentan emociones. Los estudios de Jane Goodall sobre los chimpancés indican que experimentan sentimientos «humanos» como la pena, la alegría, la ira y el contento.

Ciertamente, a menudo atribuimos respuestas emocionales a nuestros animales de compañía, especialmente a nuestros gatos y perros. Y lo que vemos como evidencia de emoción es parte de lo que hallamos tan atractivo en los mamíferos. Es en parte la falta de emociones visibles en reptiles y peces lo que nos hace sentirnos tan ajenos a ellos.

Toma hoy nota de cada emoción que experimentes. No evalúes o juzgues tus sentimientos. Simplemente siéntelos. Y da entonces gracias a Dios de que seas capaz de experimentar una gama tan amplia de sentimientos.

¿Qué estoy sintiendo ahora mismo? ¿Tiendo a juzgar mis sentimientos?

SÉ QUE LOS SENTIMIENTOS NO SON NI CORRECTOS NI EQUIVOCADOS.

Depresión

LA depresión arrastra todavía un estigma en gran parte de nuestra sociedad. Aunque gente muy famosa, incluidos Winston Churchill y Abraham Lincoln, hayan sufrido tremendamente de depresión, aún tendemos a pensar en ella como un desorden mental y a tratarla de forma sospechosa.

Sin embargo, evidencias médicas en aumento indican que muchas (si no todas) las depresiones tienen una base biológica y pueden ser tratadas de forma efectiva con medicación. Aunque la medicación no pueda abolir o curar los sucesos que a veces disparan la depresión —por ejemplo, la pena, la enfermedad o la pérdida—, puede ayudar a que una persona deprimida afronte mejor tales eventos vitales dramáticos.

Todo eso al margen, tenemos aún tendencia a autocensurarnos por cosas sobre las que no tenemos control (por ejemplo, estar deprimido) y a excusarnos por cosas sobre las que podemos hacer algo (por ejemplo, la intolerancia y el egocentrismo).

Sin embargo, una cosa que las nuevas evidencias científicas demuestran es que la depresión no es un fallo moral. De hecho, Jesús puede haber tenido un regusto de depresión cuando rezaba en el Jardín de Getsemaní la noche previa a la crucifixión. Su oración desesperada: «Pase de mí este cáliz…», contiene algo más que un simple toque de desesperación. Si Jesús mismo pudo deprimirse, no tenemos por qué castigarnos a nosotros mismos cuando nos vemos afectados de la misma manera; antes bien, podemos pedir a María y a Jesús que nos ayuden a hallar una salida a lo que Churchill llamaba «el perro negro».

¿Conozco a alguien que esté deprimido (tal vez yo mismo)?
¿Qué estoy haciendo al respecto?
¿He pedido ayuda mediante la oración?

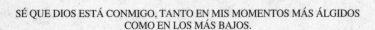

SÉ QUE DIOS ESTÁ CONMIGO, TANTO EN MIS MOMENTOS MÁS ÁLGIDOS COMO EN LOS MÁS BAJOS.

Espejo

LOS espejos aparecen de forma prominente en muchos cuentos. En *Blancanieves*, por ejemplo, la malvada reina/madrastra confía en su espejo mágico para mantenerla informada de su posición como belleza dominante del reino. En *La reina de la nieve*, de Hans Christian Andersen, un duende crea un espejo en el que todo lo bello está disminuido, y todo lo feo aumentado. En ninguno de los dos casos el espejo, que debería reflejar la verdad, lo hace en realidad.

A menudo nos pasamos la vida mirando en espejos combados. Más que vernos como realmente somos, dejamos que las proyecciones y las ideas de otras personas modelen nuestra propia imagen. Si tenemos suerte, nos vemos cerca de la realidad, pero usualmente vemos menguada nuestra belleza y nuestra fealdad aumentada (como en el espejo del duende), o vemos nuestras buenas cualidades tan sobreenfatizadas que pasamos por alto nuestro corazón endurecido.

María nos muestra que la mejor manera de vernos realmente a nosotros mismos es la de no mirarnos en absoluto. María nunca se señala a sí misma; ella se permite volverse transparente de manera que podamos ver a Jesús a través de ella. Asimismo, cuando nos permitimos a nosotros mismos volvernos transparentes a Jesús, comenzamos a vernos, no a nosotros mismos, sino la vida de Dios dentro de nosotros. Y una vez que podemos hacer esto, ya no necesitamos más espejos, porque entonces podemos vernos a nosotros mismos con los propios ojos de Dios.

¿Me veo a mí mismo como realmente soy o como otra gente me dice que soy?

ME VEO A MÍ MISMO A TRAVÉS DE LOS OJOS DE DIOS.

Guisantes revirados

DURANTE la última década hubo un tiempo en el que empezaron a aparecer pegatinas en los parachoques en las que se podía leer «Visualiza la Paz Mundial». Puesto que la paz mundial es algo que casi todo el mundo anhela, esta consigna tuvo una gran aceptación durante un tiempo. Pero entonces un cínico (o cínica) pegó una pegatina en su coche que decía «Visualiza Guisantes Revirados»* ¡Uno se podía imaginar a ese conductor con un deseo desesperado por un tazón de sopa de guisantes partidos!

Una cosa que tienen en común ambas pegatinas es la idea de que podemos hacer que las cosas ocurran meramente imaginándolas. Aunque la visualización sea una herramienta importante para el perfeccionamiento de diferentes capacidades —los atletas la usan para verse a sí mismos ganando una carrera, por ejemplo—, la visualización sola no puede crear la realidad. Puedes visualizarte a ti mismo ganando una maratón día y noche, pero a menos que te calces las zapatillas de deporte y comiences a entrenarte, nada concreto ocurrirá.

En sus apariciones, María aboga por la paz, pidiendo a sus seguidores que vean un mundo sin guerras ni luchas. Sin embargo, también apunta que el mero hecho de pensar sobre la paz no hará que ésta acontezca. Una y otra vez nos dice que debemos rezar por la paz, pero también buscar activamente la paz viviendo en armonía quienes viven a nuestro alrededor.

¿Estoy «en guerra» con alguien actualmente?
¿Hay alguien con quien necesite forjar un tratado de paz?

EN LA MEDIDA DE LO POSIBLE, VIVO EN PAZ CON TODO EL MUNDO.

---

* Haciendo un juego de palabras entre las frases onomatopéyicamente similares *world peace* —paz mundial— y *whirled peas* —guisantes revirados. *(N. del T.)*

Impecabilidad

SEGÚN la teología católica, Jesús y María son las únicas personas que han vivido su vida entera sin pecar. Hay una diferencia entre los dos, no obstante. Jesús nunca pecó porque era Dios y como Dios, era incapaz de pecar; María, por otra parte, fue concebida sin la tendencia hacia el pecado con la que hemos nacido el resto de nosotros, y debido a esa bendición especial fue capaz de vivir una vida sin pecado.

La diferencia puede parecer rebuscada, pero realmente no lo es. Jesús *no pudo* pecar. Punto. María *pudo* haber pecado, pero no lo hizo. Esa diferencia marca toda la diferencia para nosotros, quienes no sólo podemos sino que además pecamos.

María pudo vivir una vida libre de la carga del pecado porque cooperó totalmente con la salvación ofrecida por Dios. Mientras que la situación de María es difícil de entender —verdaderamente, muchos de los grandes santos tuvieron problemas con ese concepto, de modo que si ello te confunde, estás en buena compañía—, la enseñanza católica dice básicamente que a María le fue aplicada la gracia de la acción salvífica de Cristo desde que se encontraba en el útero mismo.

Mientras que los teólogos pueden ponderar las complejidades del proceso, lo que significa para nosotros es que María se presenta como un ejemplo de fe. Al saber que ella fue capaz de cooperar completamente con la voluntad de Dios, podemos esforzarnos por vivir más plenamente en la gracia que Dios nos ofrece a cada uno de nosotros.

¿Intento hacerlo por mí mismo, o acepto la ayuda de Dios a la hora de vivir mi vida?

ESTOY AGRADECIDO POR EL EJEMPLO DE MARÍA DE UNA VIDA LLENA DE GRACIA.

Acción de gracias

LA mayoría de las fiestas oficiales norteamericanas conmemoran algo político. El 4 de julio, por ejemplo, recuerda la independencia frente a Inglaterra. El Día de la Conmemoración nos recuerda a quienes murieron sirviendo a los Estados Unidos.

El Día de Acción de Gracias es la única excepción. Aunque sus raíces están en los Peregrinos, su propósito es simplemente que todos los norteamericanos den gracias por sus bendiciones. Inherente a la celebración está la suposición de que hay alguien a quien se pueden dirigir las gracias. Así, aunque de una forma indirecta, el Día de Acción de Gracias honra a Dios (y es la única fiesta de EE.UU. que lo hace).

No obstante, no deberíamos limitar nuestro agradecimiento a un único día. María da gracias cada día de su vida. Necesitamos cultivar esa misma actitud de agradecimiento diario. Hemos de asignar un tiempo regular cada día para dar gracias.

Y sí, hemos de estar agradecidos incluso por nuestras dificultades y adversidades. El estar agradecidos por los problemas no significa que tengamos que dar saltos de alegría cuando las cosas van mal en nuestras vidas, pero sí que significa que debemos reconocer la providencia de Dios en todo lo que nos ocurre y dar gracias por el cuidado de Dios. En otras palabras, aunque no tenemos por qué experimentar la emoción de la felicidad todo el tiempo, necesitamos cultivar el estado mental de agradecimiento todos los días.

¿Por qué tres cosas estoy hoy muy agradecido? ¿Puedo recordar una dificultad que resultara ser a larga una bendición disfrazada?

ESTOY AGRADECIDO POR TODO LO QUE ME OCURRE HOY.

Retiro

EN el año 431 después de Cristo, líderes de la Iglesia cristiana se reunieron para debatir varios temas candentes, uno de los cuales era si María debería ser identificada como «la madre de Cristo como Dios», o como «la madre del Cristo humano». Los partícipes no conseguían ponerse de acuerdo sobre qué designación era la correcta, pero sí coincidir en que, de acuerdo con el Evangelio de San Juan, María le fue confiada a Juan por Jesús mientras colgaba de la cruz, y que Juan y María se fueron a vivir al puerto de Éfeso, hoy en Turquía. Actualmente todavía se pueden encontrar las ruinas del hogar donde se dice que vivieron, al final de la calle que lleva de la Puerta de Magnesia al Monte Bulbul (ahora conocido como Monte Koressos).

¿Cómo pasaría esos últimos años de su vida? La obra de Jesús había acabado, y sin embargo María continuó viviendo durante varios años más, quizá hasta veinte. ¿Qué hizo ella en su «retiro»?

Como había hecho toda su vida, probablemente trajo agua del pozo y preparó las comidas diarias que consistirían en verduras, la pequeña porción ocasional de carne y cereales como la cebada y el trigo. Probablemente secó lino en el tejado para hilarlo más tarde, y regateó con los tenderos en los mercadillos de comestibles. Por la noche, quizá ella y Juan se sentaran en el tejado, y hablaran sobre los viejos tiempos, cuando Jesús aún estaba con ellos. Probablemente nunca imaginaron el futuro, en el que la historia de Juan sobre Jesús sería la mayor biografía escrita nunca, y María sería la madre del mundo. Y María probablemente nunca se imaginó que una vez que se uniera a Jesús en el cielo, ¡tendría que trabajar más duro que nunca para llevar al mundo entero a la salvación!

¿Qué quiero hacer cuando me retire? ¿Estoy esperando una fecha futura para comenzar a vivir de verdad?

NO ESPERO HASTA MAÑANA PARA VIVIR HOY.

Posesiones

LOS levitas (o sacerdotes del Templo) de las Escrituras hebreas no poseían tierras; como sacerdotes, sus riquezas eran celestiales, no terrenas. Jesús mismo se hizo eco de ese sentimiento cuando ratificó a sus seguidores que era rey pero añadió: «Mi reino no es de este mundo.»

La gente que dedica su vida a Dios suele renunciar a las posesiones y tomar votos de pobreza, no porque la tierra y las posesiones sean malas en sí mismas, sino porque pueden convertirse en un estorbo para una vida más libre. Podemos pensar que somos nosotros quienes poseemos nuestras posesiones, pero en realidad nuestras posesiones nos poseen a nosotros.

Si San Pablo hubiera tenido viñedos y olivares, no habría dejado sus propiedades mucho tiempo para hacer sus viajes misioneros, ni para escribir sus grandes cartas. Habría estado demasiado ocupado administrando sus fincas, dirigiendo a sus empleados y expendiendo sus frutos.

Si la Madre Teresa hubiera invertido fuertemente en fincas en Calcuta, habría estado demasiado ocupada con las rentas, los arriendos y la administración como para atender a los pobres y a los necesitados.

Y si María hubiera sido una propietaria galilea, no habría estado disponible cuando Gabriel vino a visitarla con un mensaje de Dios; habría estado fuera recaudando su renta y comprobando el estado de sus edificaciones.

La mayoría de nosotros necesita una cierta cantidad de posesiones, pero si mantener nuestras pertenencias comienza a requerirnos tanto tiempo que ya no nos queda para las cosas realmente importantes de la vida —como la oración y las buenas obras—, necesitamos mirar a María y examinar de nuevo nuestras propias vidas.

¿Poseo mis posesiones, o mis posesiones me poseen a mí?

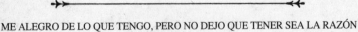

ME ALEGRO DE LO QUE TENGO, PERO NO DEJO QUE TENER SEA LA RAZÓN DE MI VIDA.

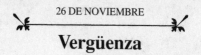

Vergüenza

¿TE has sentido alguna vez tan avergonzado que deseabas que la tierra se abriera y te tragase? La mayoría de nosotros hemos experimentado una vergüenza tremenda al menos una vez en nuestras vidas. (Y para la mayoría de nosotros, ¡una es más que suficiente!)

No obstante, a veces, tenemos que estar dispuestos a correr el riesgo de sentirnos azorados para poder cumplir un bien mayor. María, por ejemplo, corrió el riesgo de la vergüenza total cuando ordenó a los sirvientes que hicieran cualquier cosa que Jesús les pidiese. ¿Y si Jesús no hubiera hecho nada? ¿Y si los sirvientes hubieran ido a él, y él les hubiera dicho: «¿De qué estáis hablando?» ¿Y qué habría pasado si hubiera convertido el agua en mosto en vez de en vino? ¿Y si? ¿Y si?

Podemos argumentar que María sabía lo que Jesús iba a hacer, pero eso puede no ser cierto. Sus palabras a los sirvientes muestran que no estaba segura de lo que iba a ocurrir. De otro modo, probablemente habría dicho algo más acorde con: «No os preocupéis por el vino. Mi hijo lo tiene todo bajo control.»

Siempre que nos ponemos a tiro de los demás, corremos el riesgo de pasar vergüenza. Sin embargo, cuando estamos dispuestos a exponernos a la humillación, damos a Dios la oportunidad de obrar milagros. Si sopesamos lo bueno de un milagro contra la posibilidad de unos pocos momentos de vergüenza, la elección no parece tan difícil después de todo.

¿Me he avergonzado alguna vez a mí mismo?
¿Me ha avergonzado Dios alguna vez?

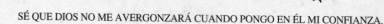

SÉ QUE DIOS NO ME AVERGONZARÁ CUANDO PONGO EN ÉL MI CONFIANZA.

Compartir

CUANDO a un grupo de pequeños muchachos se le preguntó que significaba compartir, uno de ellos replicó: «Significa que si consigues algo el primero, te lo quedas.» Otro dijo: «Compartir significa que si otro tiene algo que tú quieres, tiene que dártelo.» Aunque nos podamos reír de la forma en que sus infantiles definiciones del compartir dependen de si son el compartidor o el compartido, a menudo actuamos como si estuviéramos de acuerdo con ellos; actuamos como si lo que es mío es mío, y lo que es tuyo es mío también —porque tú tienes que compartir.

Pero como todos sabemos, compartir no significa guardar; significa dar. Significa soltar antes que retener. Significa tomar lo que es nuestro por derecho, y libre, gustosa y generosamente dárselo a otros.

María se presenta a nosotros como un ejemplo claro del verdadero compartir. No sólo compartió su vida misma con nosotros, de manera que pudiéramos tener la salvación; ella sigue compartiendo con nosotros, incluso ahora. A través de sus apariciones, comparte su conocimiento con nosotros. A través de sus oraciones, comparte su poder. A través de su amor, comparte a su hijo.

Si tienes problema para compartir (y muchos de nosotros lo tenemos, cualquiera que sea nuestra edad), pide a María que te ayude a ser más generoso, más abierto, más entusiasta. Haciéndolo así, sabrás que las palabras atribuidas a San Francisco de Asís son realmente veraces: «Es dando como recibimos.»

¿Qué tengo más problema en compartir: mis posesiones, mi tiempo, o a mí mismo?

COMPARTO.

Otoño

E N este punto del calendario, el año se acerca a su final. Apenas queda un mes para que tengamos que aprender a escribir una nueva fecha en nuestras cartas y cheques. Pero igual que en cada hola hay enterrado un adiós final, enterrada en el otoño está la promesa de la primavera. Aun cuando la tierra esté recogiéndose cara al invierno, nueva vida aguarda en las profundidades del suelo.

Justo ahora estamos en el otoño de la vida en la Tierra. Sabemos eso, pero es lo único que sabemos. No estamos seguros de si está al caer la primera nevada, o de si tenemos aún semanas veraniegas por delante. Todo lo que sabemos, tanto por Jesús como por María, es que estamos en el otoño de la vida en la Tierra. El final se acerca. No sabemos exactamente cuándo, pero sabemos que está de camino.

Saber que estamos en los estadios finales de la vida en la Tierra no significa que debamos aterrorizarnos. Significa que debemos empezar a prepararnos para el invierno que sin duda llegará. Aún tenemos tiempo para disfrutar de una de las estaciones más hermosas del año, pero no podemos volvernos complacientes en el sol otoñal. Conscientes de que ese invierno podría llegar en cualquier momento, deberíamos vivir nuestras vidas no en el temor, sino en anticipación esperanzada.

¿Estoy preparado para el invierno de la vida, ya se trate del invierno de mi propia vida individual o del invierno del mundo mismo?

VIVO EN EL PRESENTE PERO NO PARA EL PRESENTE.

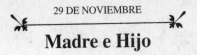

Madre e Hijo

IMAGINA la escena. Es tarde de noche. María acaba de cubrir el fuego nocturno y se está preparando para irse a la cama cuando oye un golpe en la puerta. *¿Quién podría ser a estas horas de la noche?*, se pregunta. Abre la puerta y ve, quién si no, a Jesús y a un puñado de discípulos.

«¡Hola, mamá!», dice Jesús despreocupadamente. «¿Qué hay para cenar?»

Si piensas que tal cosa no ha ocurrido nunca, es que no has tenido mucha experiencia con madres e hijos, incluso hijos adultos. Lo primero que hacen la mayoría de los hijos cuando llegan a casa es irse derechos a la cocina a ver qué tiene su madre para comer.

¿Qué habría hecho María en tal caso? Lo más probable es que hubiera puesto algo de leña en el fuego (¡o le diría a Jesús que lo hiciese!), sacase pan, queso y fruta, y diese a la cuadrilla algo de comer. Ella habría sabido, como todas las madres, que tienes que alimentar el cuerpo antes de empezar a sondear el alma. Entonces, una vez todos estuviesen saciados, habría empezado a acosarlo con preguntas: «¿Dónde has estado predicando?» «¿Cuál ha sido la reacción de la gente?» «¿Atraes muchos seguidores?»

Finalmente, cuerpo y alma, ambos satisfechos, se habría asegurado de que todos estaban bien y se habría ido a la cama, contenta de saber que su hijo se hallaba, una vez más, seguro bajo su techo.

Si tengo hijos, ¿qué tipo de relación tengo con ellos, o me gustaría tener en el futuro?

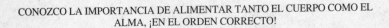

CONOZCO LA IMPORTANCIA DE ALIMENTAR TANTO EL CUERPO COMO EL ALMA, ¡EN EL ORDEN CORRECTO!

Luz solar

COMO el sol sale tan tarde y se pone tan temprano en esta época del año, mucha gente que vive en latitudes muy septentrionales no tiene suficiente luz para desenvolverse adecuadamente. Pueden andar somnolientos todo el invierno, sentirse malhumorados e irritados, o padecer un ataque genérico de melancolía invernal. En realidad, algunas personas se ven seriamente debilitadas por esta falta de iluminación invernal. Los médicos llaman a esto DEA (desorden estacional afectivo), y a menudo prescriben una terapia de luz para ayudar a superarlo.

Sin embargo, toda la luz artificial del mundo combinada sería débil al lado del sol. Y nuestra luz solar es débil comparada con la de las deslumbrantes supernovas. Y sin embargo, incluso aquellas son poca cosa comparadas con la iluminación que fluye de Dios.

Las apariciones de María van casi siempre acompañadas de un destello de esa luz radiante, una luz que avergüenza al propio sol. En realidad, en la mayoría de sus retratos, aparece con un halo brillante o una aureola de radiación dorada, representando la luz divina que emana de su interior. Como San Antonio de Padua escribiera: «Se dice que ella es luz porque dispersa la oscuridad.» Cuando vemos a María, vemos también un destello de la luz que ilumina eternamente los cielos.

Tal vez Dios envía a María al mundo para recordarnos que cuando el invierno llega, la primavera —la estación de María y la época en la que la luz solar retorna— no pueden estar muy lejos.

¿Me dejo iluminar por la luz de la verdad que María trae al mundo?

REFLEJO LA LUZ DE DIOS A TODOS LOS QUE ME ENCUENTRO.

Regocijo

CUANDO el ángel Gabriel se apareció a María, anunció, como una traducción: «¡Regocíjate, favorecida!» Bien mirado, es una afirmación curiosa. El ángel dio a María una orden directa: pero una que habría sido bien difícil de obedecer. Después de todo, ¿qué significa regocijarse? Y ¿puede una persona hacerlo bajo mandato?

La palabra *regocíjate* implica más que el mero sentimiento de felicidad. Tiene connotaciones de gloria, exultación, triunfo e incluso jolgorio. El regocijo es un manantial que fluye sobre el ser íntegro de uno.

Es curioso, que al contrario que la felicidad, que es una emoción sobre la que tenemos poco o ningún control, el regocijo es algo que podemos elegir hacer. Podemos elegir expresar gloria o triunfo, no importa lo que estemos sintiendo actualmente.

Si necesitamos pruebas de que podemos regocijarnos a pesar de nuestros sentimientos, no precisamos mirar más allá de María. Está claro que Gabriel esperaba que María se regocijase, sin embargo debe de haber sabido que indudablemente iba a sentir ansiedad. No esperaba que se pusiera feliz por mandato, pero sí esperaba que se regocijara.

Asimismo, podemos regocijarnos en todos los momentos y en toda circunstancia, no porque nos sintamos atolondrados, sino porque la vida misma es una celebración. Respirar el aire, ver el cielo, el mero hecho de estar vivos, es causa más que suficiente para el regocijo, con mandato angélico o sin el.

¿Tengo una actitud de gratitud hacia la vida?
¿Me regocijo incluso cuando no me siento particularmente feliz?

ME REGOCIJO POR EL HECHO DE QUE ESTOY VIVO Y SOY AMADO POR DIOS.

Belén

«¡OH pueblecito de Belén, qué sereno te vemos allí!» Los compases de ese adorable villancico evocan la imagen de un pueblo sereno y tranquilo.

Las ciudades por la noche —especialmente vistas desde la distancia— siempre parecen tranquilas, sin embargo una vez que echas un vistazo más de cerca, descubres que bullen con actividad.

Belén no fue una excepción. Como sabemos, el pueblo rebosaba de gente que esperaba el censo del gobierno. No se requiere mucha imaginación para imaginarse la escena en la taberna y en la posada: grandes risotadas, gritos de borrachos, platos chocando, perros ladrando, viajeros demandando un lugar donde dormir.

Incluso abajo en el establo, con las ovejas, las cabras, las vacas y los burros, difícilmente habría sido tranquilo. Allí, en en el frío y en lo oscuro, nació un niño. Cualquiera que haya estado presente en el nacimiento de un bebé sabe que no es un momento particularmente tranquilo. Incluso si, como sugerían los primeros escritores cristianos, María se vio libre de los dolores y tribulaciones normales del parto, ambos, ella y José, hubieron de estar excitados. Después de todo, ninguno de ellos sabía qué esperar. Lo que es más, después de que el niño nació, el cielo nocturno se llenó de ángeles cantando: «¡Gloria a Dios en las alturas!»

¿Belén *tranquilo*? ¡Ja!

A veces nuestras vidas son un poco como Belén: tranquilas cuando se ven desde la distancia, pero agitadas y turbulentas de cerca. En esos momentos, ayuda recordar el viejo proverbio «Las aguas tranquilas corren por lo profundo». Esa noche en Belén, mientras un niño estaba naciendo y un mundo recreándose, incluso la conmoción fue bendecida por una calma celestial.

¿Estoy sereno en el interior, o meramente en el exterior?
¿Dejo que la conmoción de la vida me haga perder el enfoque sobre lo que es realmente importante?

ESTOY EN PAZ, NO IMPORTA LO QUE OCURRA A MI ALREDEDOR.

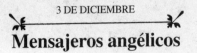

Mensajeros angélicos

EN años recientes, los ángeles se han vuelto tremendamente populares. Libros, obras de teatro, películas y series de televisión han caracterizado a los ángeles interaccionando con la humanidad de forma regular. A menudo se ve a los ángeles prestando asistencia: sacando a la gente de problemas o simplemente rondando por ahí y ayudando a la gente a salvarse de sí misma. Aunque los ángeles puedan hacer cosas así, la palabra ángel significa simplemente mensajero —nada más y nada menos.

A lo largo y ancho de las Escrituras hebreas y cristianas, eso es lo que hacen los ángeles exactamente: traer mensajes. Un ángel pregunta a María si consentiría en ser la madre de Jesús, un ángel informa al marido de Isabel que su hijo se llamará Juan, un ángel lleva a José las noticias de que María está embarazada, un ángel advierte a José para que huya de la ira asesina de Herodes, un ángel viene a Jesús con palabras de aliento antes de la Crucifixión, un ángel saluda a las mujeres en la tumba, y un ángel dice a los discípulos que dejen de mirar al cielo y vayan a su casa después de que Jesús ha ascendido a los cielos.

En algunas de sus apariciones, María es vista acompañada por uno o varios ángeles. En realidad, la compañía angélica es algo muy apropiado para María, porque ella es el mayor mensajero de Dios al mundo. Cada día —a través de sus oraciones si no de sus apariciones—, María nos recuerda el amor de Dios, el plan de Dios para el mundo, y la necesidad de conversión. En realidad, María es un mensajero tan efectivo que quizá su segundo nombre ¡debería ser Angélica!

¿He recibido alguna vez un mensaje angélico?
¿Le pido ayuda y guía alguna vez a mi ángel guardián?

PRESTO ATENCIÓN A LOS SIGNOS DE ÁNGELES.

Foco

¿HAS mirado alguna vez el cielo nocturno y tratado sin éxito de enfocarte en una estrella concreta, sólo para que la estrella te aparezca con claridad en cuanto que desvías tu visión un poco hacia un lado? La ciencia nos dice que este fenómeno tiene algo que ver con los conos y los bastones de nuestros ojos, así como con la forma en la que ha evolucionado nuestra visión nocturna, pero nada de eso importa cuando estamos tratando de ver una estrella. Todo lo que importa es que aprendamos a mirar un poco al lado del cuerpo celeste que queremos ver y a enfocar nuestra visión periférica.

Retirar nuestra visión directa de un objeto para verlo más claramente a menudo funciona en nuestra vida espiritual, y también en nuestra relación con Dios. Si estamos teniendo problemas para imaginar qué quiere la voluntad Divina para nuestra vida, tal vez necesitemos enfocar un poquito a un lado —es decir, sobre María— en vez de intentar de mirar directamente a la cara de Dios.

Es irónico, pero mirando a María y a su ejemplo, podemos ser capaces de ver más claramente lo que Dios querría que viéramos. Es como si Dios súbitamente quedara dentro del foco, igual que una estrella entra en campo visual cuando dejamos de mirarla. Cuando dejamos de tratar de ver tan arduamente, somos verdaderamente capaces de ver más claramente.

¿Tengo dificultades para discernir la voluntad de Dios para mi vida?
¿Podría ser que estoy intentándolo con demasiada intensidad?

CREO QUE VERÉ LO QUE DIOS QUIERE QUE VEA.

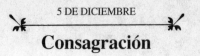

Consagración

TRAS ser ungido rey de Israel, pero mientras Saúl aún estaba en el trono, David y su famélico ejército entraron en el Tabernáculo y comieron el pan consagrado. Esto era una infracción de la ley de Moisés, pero hizo que el mayor rey de Israel no muriera de hambre. Además, Dios llamó a David «un hombre que sigue a mi propio corazón».

Aquello que está consagrado es puesto aparte para Dios, pero disponible para el uso humano. Un obispo, por ejemplo, está consagrado, pero tiene mucha interacción humana. El pan y el vino que tomamos en la comunión están consagrados, y sin embargo los consumimos de manera ordinaria. Y aunque María estaba apartada, consagrada por Dios, recorrió los caminos polvorientos de Judea y Galileo, comió alimentos normales, probablemente durmió en el tejado plano de su casa en Nazaret, y lavó la ropa de la familia a la ribera de un río.

Quienes están consagrados a la voluntad de Dios, como los místicos y los contemplativos, no todos viven en silenciosos claustros. Muchos están en el mundo, actuando como cajeros de banco, correctores de pruebas y maestros. Lo que los pone aparte, lo que los consagra, es su vida de oración. Son gente que, como María, tienen constantemente una oración en sus labios o en sus corazones. Tal es la esencia de la consagración real: apartar tu vida espiritual interna sólo para Dios, porque lo que se consagra a Dios puede ser usado para el bien del mundo, pero no puede ser ensuciado por él.

¿Vivo una vida consagrada? ¿Me aparto para Dios, o lo hago para mí mismo, para mi familia, o para mi trabajo?

ME CONSAGRO A DIOS Y SÓLO A DIOS.

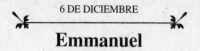

Emmanuel

EL nombre *Emmanuel,* uno de los nombres tradicionales de Jesús, proviene de un pasaje de las Escrituras hebreas de Isaías, en la que Dios habla a Ahaz:

Pide una señal al Señor, tu Dios; ¡que sea profunda como el mundo inferior, o alta como el cielo!

Pero Ahaz respondió: «¡No pediré! ¡No tentaré al Señor!»

Entonces él dijo: Escucha, ¡oh casa de David! No es bastante para ti fatigar a los hombres, ¿tienes que fatigar también a mi Dios? Por tanto, el Señor mismo te dará esta señal: la virgen concebirá y dará a luz a un hijo, y lo llamará Emmanuel.

Esta profecía, hecha antes del nacimiento de Jesús, fue retomada en las Escrituras cristianas para referirse a ese nacimiento: «He aquí, que la Virgen concebirá y dará a luz un hijo, y le impondrán el nombre de Emmanuel, que quiere decir "Dios está con nosotros".»

Aunque no seamos conscientes de ello, nunca estamos realmente solos. Vivimos en la comunión de los santos. Dios está con nosotros, María está con nosotros, y estamos unidos a todos los que nos han precedido. De una maravillosa y milagrosa manera, compartimos nuestras vidas con toda la humanidad.

La maravilla de Dios es que Él ha vivido como un hombre entre nosotros, Dios está realmente con nosotros ahora, y somos amados por el Señor Dios Emmanuel.

¿Me acuerdo de orar por quienes han muerto antes de mí?

¿Pido a los santos que me recuerden en sus oraciones?

¡EMMANUEL! ¡DIOS ESTÁ CON NOSOTROS!

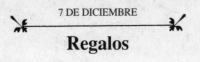

Regalos

LA temporada navideña de compras está ya muy de camino. Sería difícil perder la cuenta atrás hasta la Navidad, con su implacable «Solo tantos días para comprar». Se nos empuja, se nos arrincona, se nos coacciona y engaña para que compremos caros regalos para toda la gente de nuestra lista con el fin de mostrarles nuestro amor.

Pero los mejores regalos no son los que compramos. Son los que vienen del corazón, y ellos siempre implican un regalo del yo.

María ha dado unos pocos regalos tangibles en sus apariciones. Llenó de rosas el manto de Juan Diego, por ejemplo. Regaló la Medalla de los Milagros a Santa Catalina Labouré. Se dice que incluso le dio el Rosario mismo a Santo Domingo. Mientras que estos regalos son importantes, la mayoría de los regalos de María son intangibles —aunque no menos reales por su intangibilidad.

Por ejemplo, muchos de los videntes que se supone han visto a María han hablado de los regalos duraderos de paz, serenidad, confortación y esperanza que ella les ha dado. Incluso peregrinos que meramente han visitado los lugares de las apariciones Marianas han partido con regalos duraderos de paz y plenitud; regalos que han atribuido a María. Lo que es común a todos los regalos de María es que contienen una parte de sí misma. Da una porción de su propia paz, serenidad, confortación y esperanza a cualquiera que los reciba. En esta estación de dar regalos, ¿qué partes de ti mismo estás dando a los demás?

¿Trato alguna vez de comprar amor? ¿Estoy tentado de gastar más de lo que debiera en esta época del año para probar mi devoción?

ME ASEGURO DE QUE CADA REGALO QUE HAGO CONTENGA UN TROCITO DE MI CORAZÓN, NO MERAMENTE DE MI BOLSILLO.

La Inmaculada Concepción

LA doctrina de la Inmaculada Concepción es probablemente la enseñanza más incomprendida de la Iglesia católica. Virtualmente cada no católico (y un buen número de católicos también) piensa que esta fiesta se refiere a la concepción de Jesús. El error general es que, puesto que Jesús fue concebido sin que María tuviera que realizar un acto sexual, lo fue «inmaculadamente».

Suena plausible, pero es completamente equivocado. La Inmaculada Concepción no tiene nada que ver con Jesús. Y no tiene nada que ver con la ausencia de acto sexual.

Para comprender la enseñanza, es necesario estar de acuerdo en dos puntos importantes. Primero, Dios existe fuera del tiempo y del espacio; hoy y mañana son lo mismo para Dios, quien vive en un presente eterno. Segundo, Dios puede hacer cualquier cosa.

Con estos puntos como base, la Inmaculada Concepción establece que la acción salvífica de Jesús (que ocurriría en lo que nosotros llamaríamos el futuro) se aplicó a María mientras ella estaba en el útero de su madre. Fue concebida de la manera normal, pero existió desde el mismo comienzo en el estado de gracia que el resto de nosotros alcanzamos mediante el bautismo; de ahí que fuera concebida inmaculadamente.

Si tienes dificultades con esta doctrina, no te inquietes. Estás en buena compañía. Varios santos, entre ellos Santo Tomás de Aquino, se han peleado también con dicho concepto. Simplemente recuerda la frase de San Agustín de que mil dudas no hacen una incredulidad, y estarás bien.

¿He pensado alguna vez que tras el bautismo he tenido las mismas gracias dadas a María desde su concepción?

CREO QUE DIOS PUEDE HACER CUALQUIER COSA.

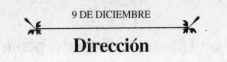

Dirección

ALGUNAS de las agendas más populares ofrecen páginas preetiquetadas, con perforaciones para anillas para todos tus proyectos. La idea es anotar tus proyectos, hacer entonces una página separada para cada uno de ellos, enumerar cada detalle: todo el equipo, materiales y actitudes que necesitarás para alcanzar el éxito. Una vez que has establecido tu dirección, no has de mirar ni a la izquierda ni a la derecha, sino marchar recto hacia tu destino. Si eres una persona orientada hacia las tareas, puedes disfrutar dirigiendo tu vida de esta manera. Si no lo eres, establecer un plan tan rígido podría resultar en más frustración que logro.

Personas altamente creativas a menudo no pueden establecer firmes puntos finales a sus proyectos, porque no saben en qué dirección van. Por ejemplo, Sidney Sheldom, el creador de varias series de televisión, y autor de varias novelas de suspense convertidas en éxitos de ventas, dice que empieza un libro nuevo imaginando un personaje. Después elige una ubicación: tal vez una prisión o un palacio o una ciudad exótica. Entonces, cuando empieza a escribir, la historia se le desarrolla sola. Claramente el método de página-proyecto no funcionaría con él.

Cuando María partió en su viaje hacia la primera Navidad, llevaba las palabras del ángel Gabriel en su corazón, pero hasta que no llegó realmente al establo de Belén no tenía ni idea de cómo daría Dios cumplimiento a sus promesas. Ella no sabía al principio que habría de viajar a Egipto, criar a su hijo en Nazaret, o permanecer en una colina a las afueras de Jerusalén y ver a su hijo morir. Permitió que Dios le estableciera la dirección, y fue totalmente creativa en su aceptación, dejando que la historia de su vida se desarrollara según la iba viviendo.

¿Soy suficientemente flexible como para cambiar mi dirección si Dios me muestra un camino mejor?

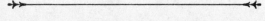

DEJO QUE DIOS ME AYUDE A ESTABLECER MIS METAS.

Amanecer

UNA mujer que vivía por encima del Círculo Polar Ártico escribió una vez que ella y sus hijos hacían la celebración de observar la salida del sol en la mañana de cada solsticio de invierno: el primer amanecer en muchos meses. No importa que el sol no se asomara por el horizonte hasta cerca del mediodía y se pusiera media hora después; para esta familia, la maldición de la oscuridad total estaba superada. Pronto el hielo empezaría a retroceder, diminutas flores árticas amarillas y blancas florecerían, y los pájaros retornarían del sur —y eventualmente el área resplandecería con el sol de medianoche.

Justo ahora tu vida podría sentirse tan oscura como los días anteriores al solsticio de invierno, con circunstancias descorazonadoras que hacen que te sientas en tu vida como en un invierno perpetuo. Pero el sol está asomando por el horizonte en la persona de María. Cuando le permitas entrar en el invierno de tu alma, el hielo comenzará a derretirse, el viento será otra vez caliente y podrás despojarte del abrigo de la infelicidad.

María es capaz de aportar luz a tu oscuridad porque está llena de la luz y el amor que sólo le llegan a una persona que se da a sí misma totalmente a Dios. La Biblia llama a Cristo «El Sol de la Rectitud», y es su luz la que brilla a través de María, e ilumina nuestras vidas también.

Cuándo hago el inventario de las estaciones de mi alma, ¿estoy viviendo en invierno, o en primavera? ¿Dejo que la luz de María caliente mi oscuridad?

SÉ QUE CADA INVIERNO ES SEGUIDO POR UNA GLORIOSA PRIMAVERA.

Deseo

¿TUVO María algún deseo incumplido? ¿Deseó, por ejemplo, haber tenido nietos? O ¿se apenó porque José no vivió lo bastante para ver la Resurrección?

Si María *deseó* alguna vez que las cosas fuesen diferentes, eso no significa que no estuviese aceptando completamente la voluntad de Dios para su vida y para las vidas de los que amaba. Desear e incluso esperar que las cosas pudieran ser diferentes forma parte de la naturaleza humana. Jesús mismo parece haber deseado no tener que morir en una cruz cuando cayó postrado en oración, pidiendo que pasara el cáliz.

La clave para mantener nuestros deseos en perspectiva es inherente a la última parte de la oración de Jesús: «No mi voluntad, sino la Tuya.»

Es correcto —de hecho es más que correcto— pedir a Dios que nos conceda los deseos de nuestro corazón, mientras que recordemos que Dios no es un dispensario mágico. No podemos presentar nuestras oraciones y que nuestros deseos salgan como una lata de una máquina de refrescos. Debemos siempre estar dispuestos a aceptar la respuesta de Dios a nuestra oración, incluso si la respuesta es no. Hemos de aceptar gustosamente la respuesta, pero no tiene por qué gustarnos; podemos desear que hubiera sido diferente —justo mientras estamos dispuestos a aceptar la voluntad de Dios para nuestras vidas.

¿Cuál es el deseo de mi corazón?
¿He pedido a Dios que me lo conceda?

ESTOY DISPUESTO A ACEPTAR LA VOLUNTAD DE DIOS.

Nuestra Señora de Guadalupe

UNA de las más famosas —y queridas— apariciones de María ocurrió en 1531 en las afueras de lo que hoy es Ciudad de México. Allí, Juan Diego, un indio nahuatl, tuvo la visión de una amorosa joven india que le dijo que subiera a una colina y recogiera las rosas que allí florecían. Ella tomó entonces las flores, las envolvió en la *tilma* (o manto) de Juan y le dijo que visitara a su obispo. Cuando abrió su *tilma* ante el obispo, las rosas cayeron en cascada al suelo; y allí en el manto había un retrato de María vestida como una reina azteca.

Mientras que los creyentes no necesitan pruebas de que María ofreció su retrato, los escépticos han de admitir que la *tilma* misma presenta más de un problema. Hecha de fibra de cactus sus expectativas de vida habría sido más o menos de veinte años; sin embargo, tras más de 450 años, parece tan nueva como el día en que se hizo. Además, la imagen no se ha difuminado, a pesar de estar expuesta sin protección al humo, las velas, el incienso y otros contaminantes con el paso de los siglos.

Nuestra Señora de Guadalupe demuestra que la fe no es algo que adquiramos a través del razonamiento científico. Si ése fuera el caso, la evidencia científica de la *tilma* sería suficiente para convencer virtualmente a todo el mundo de que algo milagroso había ocurrido. Antes bien, la fe requiere un salto a lo desconocido, una inmersión en el reino de lo místico. Antes de dar el salto, ninguna prueba sería adecuada. Después, ninguna prueba es necesaria.

¿Soy escéptico en lo relativo a los milagros? Por otra parte, ¿me creo demasiado rápido toda historia que se me presenta?

TENGO TANTO UN SANO ESCEPTICISMO COMO UNA FE BASADA
EN EL CORAZÓN.

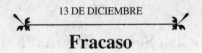

Fracaso

LOS gurus del pensamiento positivo nos dicen a menudo que deberíamos vestirnos para el éxito hacer planes para el éxito, y luchar por el éxito. Deberíamos erradicar de nuestras mentes el pensamiento de fracaso y visualizarnos a nosotros mismos constantemente como gente descaradamente exitosa.

Mientras que es cierto que el pensamiento positivo puede tener un efecto profundo en nuestras vidas, él solo no puede garantizar el éxito. Y el pensamiento positivo no ayuda mucho cuando llega el fracaso.

El hecho es que todos nosotros fracasaremos en algo. Puede ser algo importante, tal como un matrimonio o un trabajo, o puede ser algo relativamente menor, tal como no terminar algo en la fecha fijada —pero todo el mundo fracasa en algún momento durante la vida.

Aunque se piensa a menudo en el fracaso y en el éxito como cosas mútuamente excluyentes, el fracaso es a veces meramente el precursor del éxito. Thomas Edison trató innumerables veces de desarrollar una luz eléctrica, e innumerables veces fracasó. Sin embargo, no tenemos más que mirar a nuestro alrededor para ver la evidencia de su éxito.

María pudo haberse visto tentada a pensar que había fracasado cuando Jesús murió en la cruz. Todas las promesas y profecías al margen, sostener el cuerpo muerto de su hijo en sus brazos tuvo que haber sonado a fracaso. Sin embargo, como sabemos ahora, lo que parecía entonces ser un fracaso era en realidad el antecedente del mayor éxito de la historia que el mundo haya conocido nunca: la salvación de la humanidad y la restauración del pacto con Dios.

¿Puedo tener vislumbres del plan de Dios incluso en mis fracasos?

DEJO A DIOS EL VEREDICTO FINAL SOBRE EL ÉXITO O EL FRACASO DE MIS ESFUERZOS.

Meditación

LOS físicos están comenzando a prescribir algo por lo que los maestros espirituales han abogado durante generaciones: la meditación diaria. La meditación no sólo aporta beneficios espirituales, aporta también beneficios médicos. Los individuos que meditan de forma regular generalmente tienen la presión más baja, menos estrés y mejor salud global que la gente que no incorpora esa práctica en su vida diaria.

La meditación se ganó una cierta mala fama hace algunos años al vinculársela con una práctica particular llamada meditación trascendental. Los cristianos, especialmente los de vena más fundamentalista, denunciaron la práctica como pagana y anticristiana. Pero en realidad nada podría ser más cristiano que la meditación. Con el paso de los siglos, la mayoría (si no todos) de los santos han practicado la meditación de una forma u otra.

Aunque no tengamos ninguna prueba de que María y Jesús meditasen, está claro, por los Evangelios, que oraban; y la oración y la meditación están estrechamente unidas. Cuando vaciamos nuestras mentes y permitimos que nada salvo Dios entre, estamos meditando y rezando. Dado lo que sabemos de María y de Jesús, podemos suponer, sin riesgo a equivocarnos, que usarían la meditación como una parte esencial de su vida de oración.

¿He meditado alguna vez de forma regular?
¿Qué tipo de experiencias tuve?
¿Medito ahora? ¿Por qué? o ¿Por qué no?

APARTO TIEMPO CADA DÍA PARA LA RENOVACIÓN ESPIRITUAL.

Amor

El amor que esta buena madre nos tiene es tan grande que tan pronto como percibe nuestra carencia viene en nuestra ayuda. Ella viene antes de ser llamada.

RICARDO DE SAN LORENZO

T ODO padre sabe cómo son las cosas. Te levantas en medio de la noche. No se mueve ni una sola criatura (ni siquiera el proverbial ratón). Y sin embargo, instintivamente, sabes que algo anda mal. Vas a la habitación de tu hijo y descubres que está enfermo. Tu hijo no tuvo que llorar; tu amor era tan grande que conocías la necesidad antes de que fuera articulada y fuiste al niño antes de que te llamara.

El amor de María por nosotros es el de un padre por sus hijos. Ella se preocupa tanto por cada uno de nosotros que viene en nuestra ayuda tan pronto como percibe nuestra carencia.

Si estás necesitado, trata de rezar la gran oración de petición de María, el *Memorare:*

> Recuerda, muy graciosa Virgen María, que nunca se ha sabido de nadie que pidiera tu protección, implorara tu ayuda o buscara tu intercesión que quedase desasistido. Inspirado por esta confianza, voy hacia ti, Virgen de las vírgenes, Madre mía. A ti vengo, ante ti permanezco, pecador y triste. Madre del Verbo Encarnado, no desprecies mis peticiones, sino que, en tu misericordia, óyeme y respóndeme.

Cuando estoy necesitado, ¿me vuelvo hacia María como un niño lo haría hacia su madre?

CREO QUE MARÍA, EN SU MISERICORDIA, ME OIRÁ Y ME RESPONDERÁ.

Felicidad

HOY es el aniversario del nacimiento de Beethoven, uno de los mayores compositores del mundo. El padre de Beethoven era un hombre impredecible que pegaba su hijo para que practicara el piano muchas horas al día, a veces arrancando al muchacho de la cama en medio de la noche para sentarlo ante el instrumento.

La crueldad del viejo Beethoven puede ser atruibuida probablemente al hecho de que tenía sífilis. No sabemos si la temprana sordera del joven Beethoven pudo deberse a los genes sifilíticos de segunda generación que su padre le legó o a uno de los muchos golpes que le propinó en la cabeza.

Lo que sabemos es que el compositor de nueve sinfonías y de muchas piezas preciosas para piano, incluida *Para Elisa,* no tuvo una vida particularmente feliz. Nunca se casó, no osando tener hijos; su personalidad introvertida le impidió hacer muchos amigos; y la sordera, la peor cosa que pudiera sucederle a un músico, comenzó a hacer mella en él cuando todavía era bastante joven.

Beethoven podría haber arrojado la toalla. Quizá alguien diga que debería haberlo hecho. En vez de ello, escribió música que nunca oiría, componiendo su mayor sinfonía, la novena, cuando vivía en un silencio total. Se podría esperar que dicha música fuera triste o amarga, pero sus movimientos jubilosos concluyen con el cuarteto vocal «Alegría, alegría, Te adoramos...».

Hoy, antes que esperar a que la felicidad te llegue de fuera, encuentra el regocijo dentro de ti. Quizá pudieras comenzar a buscar el gozo meditando en los cinco gozos de María conmemorados en el Rosario: la Anunciación, la Visitación, el Nacimiento de Jesús, la Presentación en el Templo y el Niño Perdido.

¿Que preferiría tener: felicidad o regocijo? ¿Conozco la diferencia entre las dos cuando las experimento?

BUSCO EL REGOCIJO, HOY Y TODOS LOS DÍAS.

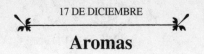

Aromas

ALGUNOS de nuestros recuerdos más fuertes pueden ser evocados por un aroma o una fragancia particulares. Tal vez, por ejemplo, asociemos alguien a quien amamos con una marca de perfume o de loción para después del afeitado, y cada vez que olemos esa fragancia, nuestro amado nos viene a la mente.

En esta época del año puede que nos veamos transportados en la memoria más de lo habitual, debido a la plétora de aromas de la temporada. Desde el olor a tierra del árbol de Navidad hasta el aroma casero de las galletas recién sacadas del horno, estamos rodeados por fragancias evocadoras de recuerdos.

Un hecho interesante respecto a los aromas es que muchos santos han tenido aromas particularmente dulces asociados a ellos en el momento de su muerte (y a veces incluso después). A Santa Teresa de Lisieux, por ejemplo, se la asocia a menudo con las rosas.

Aunque la tradición no asigna ninguna fragancia especial a María, no hay razón para que no hagas tu propia asociación. Una forma de hacerlo podría ser la de comprar una vela con un aroma particular que encenderás cada vez que digas el Rosario o medites en la vida de María. Si, con constancia, enciendes la vela cuando piensas en María, con el tiempo empezarás a asociar a María con esa fragancia. Entonces, que la huelas, recordarás que María está siempre lista para unirse a ti en tu oración y a llevar tus oraciones al trono de su hijo Jesús.

¿Cuál es mi fragancia favorita?
¿Qué aroma evoca fuertes recuerdos en mí?

DOY GRACIAS A DIOS POR MI SENTIDO DEL OLFATO.

Ausencia

LA ausencia hace que el corazón se torne más afectuoso.

Ojos que no ven, corazón que no siente.

¿Cuál de estas afirmaciones contradictorias tienes por más acertada?

Para quienes han experimentado la presencia de María en una aparición, la primera parece ser más atrayente. Una y otra vez, los videntes han dicho lo mucho que echan de menos las visitas de María una vez que terminan, y lo mucho que anhelan verla una vez más.

Puesto que la mayoría de nosotros nunca verá a María excepto a través de los ojos de la fe, podríamos hallar el segundo aserto más próximo a la verdad. Como no vemos a María, puede que tendamos a olvidarla.

Aunque la devoción a María no es esencial para la salvación, puede ser una de las mejores formas de profundizar nuestra comprensión del mensaje del cristianismo. Además, puede no resultar simplemente en sentimientos placenteros, sino en una relación genuina con una madre amorosa que nos confortará y protegerá.

Recordando su intento de asesinato —fue disparado a quemarropa tres veces el 13 de mayo de 1981—, el papa Juan Pablo II dijo:

> Y una vez más estoy en deuda de gratitud con la Bendita Virgen y con todos los Santos Patrones. ¿Podría olvidar que el suceso de la Plaza de San Pedro tuvo lugar en el mismo día y hora en que las primeras apariciones de la Madre de Cristo a los pobres pequeños campesinos se han recordado durante más de 60 años en Fátima en Portugal? Porque en todo lo que me sucedió ese día sentí esa extraordinaria protección y cuidado, que resultó ser mayor que la bala mortal.

¿Qué papel juega María en mi vida diaria?

INVITO A QUE MARÍA ENTRE EN MI VIDA.

Adviento

E S curioso cómo se corrompe el significado de algunas palabras en el lenguaje cotidiano, mientras que la definición del diccionario permanece estática. Por ejemplo, la palabra *comienzo*. Nos hemos acostumbrado tanto a pensar en las ceremonias de graduación* como al final de una fase de estudios, que casi hemos olvidado el significado real de *comienzo*, que es el de «inicio».

Lo mismo es válido para la estación litúrgica del Adviento, que se celebra durante las cuatro semanas previas a Navidad. Aunque la palabra adviento significa «llegada» o «venida», hemos optado por atribuirle el significado de «espera». Pregunta a cualquier niño. Un calendario de Adviento no tiene mucho que ver con una venida; en vez de ello, es una forma de contar los días que faltan para la llegada de los Reyes Magos.

No obstante ese cambio de énfasis, el Adviento es realmente la época de la llegada. En esta época del año, nosotros, junto con María, recordamos el primer Adviento, cuando una joven aguardaba la llegada de su hijo primogénito. Pero al mismo tiempo, también vivimos en un segundo Adviento, en el que el mundo espera la Segunda Venida de ese mismo primogénito de la creación.

Este año, mientras esperas la Navidad, tómate algún tiempo para reflexionar sobre la Segunda Venida. Además de pensar acerca del niño que aparecerá en un pesebre, considera también al Rey que retornará con sus ejércitos, listo para tomar el trono que ha sido suyo desde toda la eternidad.

Si Jesús retornara mañana, ¿estaría preparado?

ESTOY LISTO PARA EL RETORNO DE JESÚS.

---

* Que en inglés se dicen *commencement*, comienzo. *(N. del T.)*

Caridad

Llega la Navidad, las ocas están engordando.
Por favor pon un penique en el sombrero del pobre.
Si no tienes un penique, con medio bastará.
Si no tienes medio penique, ¡Dios te bendiga!

DURANTE esta estación, la culpa tiende a apoderarse de nosotros, y a menudo tratamos de compensar un año de una caridad menos que óptima, acumulando nuestras buenas obras y mejores intenciones en unas pocas semanas. Si te encuentras en esa situación, estás en buena compañía. Asilos, centros de jubilados, beneficencia y semejantes, se ven precisamente ahora abrumados de regalos y voluntarios; pero en pocas semanas, sus despensas estarán como las de la Madre Hubbard: totalmente vacías.

María siempre nos anima a realizar obras de caridad y benevolencia, pero ella (como los administradores de la beneficencia, el personal de los asilos, etc.) preferiría que extendiéramos un poco nuestra caridad.

Si te sientes como si debieras llevar una flor de Pascua al asilo local u organizar a los chicos para cantar villancicos en un geriátrico, ignora el sentimiento. Tendrán gente de sobra para comprar flores de Pascua y para cantar villancicos. En vez de eso, escoge un mes o dos en el calendario del año próximo y escribe —¡con bolígrafo!— algo que puedas hacer durante los meses solitarios y desnudos en los que tus actos de caridad serán no sólo más apreciados, sino también más necesarios.

¿Hago actos de caridad por no sentirme culpable,
o los hago por amor?

HAGO MIS ACTOS DE CARIDAD TODO EL AÑO, NO SIMPLEMENTE DURANTE
LAS VACACIONES.

Villancicos

U NO de los modos en que tenemos la teología impresa en nuestras mentes es a través de los himnos que cantamos. De hecho, lo que aprendemos con himnos a menudo se nos queda mejor que lo que aprendemos en cualquier catecismo. Por ejemplo, la mayoría de la gente podría decirte que «una poderosa fortaleza es nuestro Dios» y «es la gracia la que me libera».

Además, se nos dice que cuando cantamos, rezamos dos veces —lo cual puede ser más alentador para quienes pueden seguir una canción que para quienes tienen muy mal oído.

Sin embargo, este mes, mientras escuchamos y cantamos los villancicos especiales de la época, no digamos meramente las palabras; tomémonos tiempo en oír y apreciar sus palabras de alabanza:

«Atentos, los ángeles heraldos cantan: «Gloria al Rey recién nacido.»

«Vino en una medianoche clara, ese glorioso canto de antaño.»

«Tres reyes de Oriente somos. Portando presentes viajamos lejos.»

«Oh, noche sagrada, las estrellas están brillando intensamente. Es la noche del nacimiento del querido Salvador.»

«Recostado en un pesebre, sin cuna para dormir, el pequeño Señor Jesús reclina su dulce cabeza.»

«Venid, todos los fieles, alegres y triunfantes.»

«¿Quién es este niño que, puesto a descansar, duerme sobre el regazo de María?»

¿Cuál es mi villancico favorito? ¿Pongo villancicos que reflejan el significado de la Navidad, o pongo música que enfatiza los aspectos más láicos de esta época del año?

· CELEBRO LA ESTACIÓN EN EL CANTO.

Establos

L A natividad se representa habitualmente en un establo: un establo más bien limpio y antiséptico, con un par de ovejas, una vaca y un burro. Aunque la imagen esté profundamente arraigada en nuestra tradición colectiva, María probablemente diera a luz en una cueva que se hallaba bajo una posada o una casa o conectada con ella.

La ubicación del nacimiento de Jesús no es la única cosa de la natividad en la que podemos estar equivocados. También solemos representar a María dando a luz sola con José, y tal vez un ángel o dos asistiéndola (aunque las Escrituras no dicen una sola palabra sobre quién estaba o no presente).

Si se piensa en ello, el parto de María sin que estuviera presente una comadrona o una madre experimentada parece muy improbable. Para empezar, Belén era la ciudad de José; por esta razón por lo que él y María hubieron de ir allí en primer lugar. Puesto que era su hogar, lo más probable es que tuviera parientes que vivían allí todavía. Aunque no tuvieran sitio en su hogar para que la pareja se alojara, parece lógico que al menos una de las mujeres hubiera advertido el avanzado estado de embarazo de María y se hubiera mantenido al tanto para ayudar. Además, si la esposa del posadero supo que María estaba a punto de dar a luz, indudablemente habría prestado ayuda; tal como las mujeres se han ayudado desde el principio de los tiempos. Finalmente, es improbable que José hubiera sido de mucha ayuda.

Desde luego, María puede haber dado a luz sola o con ayuda angélica, pero si tuvo otra mujer o dos ayudándola, esa ayuda no minimiza el evento un ápice. De hecho, es algo reconfortante pensar que Dios se aseguró de que María tuviera ayuda durante este momento potencialmente difícil y causante de temor.

¿Estoy dispuesto a ayudar a otros cuando están dando a luz, se trate de un niño real, de una nueva vida o de una nueva idea?

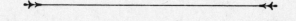

ESTOY DISPUESTO A SER UNA COMADRONA PARA LA VIDA NUEVA.

Preparación

SE nos dice que durante esta época del año hemos de prepararnos para las vacaciones venideras. De hecho, se nos dice tan a menudo que a veces pasamos más tiempo preparando que celebrando.

Si te encuentras atrapado en el torbellino de comprar regalos, decorar, cocinar, limpiar y todo lo demás —si estás comenzando a sentir que la Navidad es mucho más trabajo de lo que merece—, quizá sea hora de parar y preguntarte a ti mismo para qué exactamente te estás preparando.

Mucha gente pasa sus años actuando como si prepararse para empezar la vida fuera el *propósito* de la vida. Y sin embargo, como un dicho nos enseña de forma sucinta: «La vida no es un ensayo general.» Sólo tenemos una oportunidad en la vida; si la desperdiciamos, no tenemos otra.

María saltó claramente al carro de la vida con entusiasmo. Ella estuvo dispuesta a arriesgarlo todo para creer en la promesa de un ángel, celebró con abandono, lloró con pasión y amó con todo su corazón. María no se preparó para la vida; ella la vivió. Y nosotros hemos de hacer lo mismo.

Si fracaso, ¿qué es lo peor que podría ocurrir?

ESTOY DISPUESTO A IMPLICARME EN LA VIDA PLENAMENTE
Y SIN RESERVAS.

Noche de paz

A PESAR de que el cristianismo habla mucho acerca de la alegría, muchos cristianos son tremendamente serios. Si se supone que la vida es un banquete, ellos actúan como si estuvieran a dieta perpetua.

No es que la fe sea un tema ligero. Al contrario, es la cosa más importante de la vida. Pero sólo porque algo sea importante no significa que tenga que ser mórbidamente sombrío.

Mucho de lo que se ha escrito acerca de María con el paso de los siglos es inspirador, alentador y edificante, pero mucho es también pertinazmente plomizo. Leyendo algunos de los enormes tomos escritos sobre ella, podríamos pensar que sólo los eruditos y los santos la pueden encontrar interesante.

Una historia célebre que tiene que ver con María se centra en el himno «Noche de paz», quizá el más querido de todos los villancicos de Navidad. Según cuenta la historia, un pequeño estaba cantando de forma entusiasta cuando súbitamente se detuvo y le preguntó a su madre: «Lo sé todo acerca de la madre y del niño de la canción, pero ¿quién es la Virgen Juan Redondo?»

Si tomamos a María demasiado en serio, podemos llegar a pensar que se molestaría u ofendería con la broma, pero si estamos dispuestos a conceder el hecho de que María pudiera tener un maravilloso sentido del humor, entonces podremos imaginar que se ríe cada vez que oye el villancico. En cualquier caso, la historia es un buen recordatorio de que no se supone que la fe y la espiritualidad hayan de ser algo mortalmente serio. En el banquete de la vida, ¡estamos todos invitados a repetir el postre!

¿Cuándo fue la última vez que me reí tanto que me dolía la mandíbula?

CREO QUE LA RISA ES UNA BUENA MEDICINA PARA EL ALMA.

Nacimiento

POCO tiempo atrás alguien salió con el dicho «Nunca es tarde para tener una infancia feliz». Aunque a primera vista el dicho parezca tonto, contiene una verdad importante: nunca es demasiado tarde para disfrutar de la vida, para vivir con la excitación y maravilla que caracterizan a una infancia feliz.

Pero tener una infancia feliz requiere un nuevo nacimiento, no literal sino espiritual, y eso es exactamente lo que el propio nacimiento de Jesús tiene que decirnos.

Al venir a la Tierra, al volverse humano, al vivir con su madre María, al predicar, enseñar y, en último término, morir por nosotros, Jesús nos muestra que podemos renacer; no volviendo a entrar en el útero, sino embarcándonos en una nueva forma de vida. La gloria y el misterio de la Navidad están en que podemos nacer de nuevo.

Si pudieras empezar la vida de nuevo, ¿qué harías diferente? ¿Comerías más postres y menos espinacas? ¿Pasarías más tiempo viendo puestas de sol y menos tiempo viendo tus fondos? ¿Te reirías más y fruncirías menos el ceño?

Cualquier cosa que hicieras si pudieras vivir de nuevo, puedes empezar a hacerla justo ahora. El primer día del resto de tu nueva vida es hoy.

¿Vivo el tipo de vida que realmente quiero vivir?
¿Qué cambiaría si pudiera? ¿Qué me detiene de hacerlo?

HOY ES EL PRIMER DÍA DE MI NUEVA VIDA.

Pañales

Ella lo envolvió en pañales y lo reclinó en un pesebre, porque no había sitio para ellos en la posada.

LUCAS 2:7

CUANDO leemos los relatos del nacimiento de Jesús, podemos llegar a la conclusión de que los pañales eran algo especial, puesto que Lucas se aparta del relato para mencionarlos. En realidad, sin embargo, es mucho más probable que los mencione para hacer saber a los lectores lo normal que fue todo en el nacimiento de Jesús. A *todos* los bebés se les ponen pañales. Mencionarlo es como si hoy día alguien dijera: «Ella le puso a su hijo los pañales.» Es una manera inteligente de mostrar que Jesús era real y verdaderamente un bebé —un bebé común que necesitaba que le pusieran ropa de bebé.

Por un momento, trasládate hacia delante en la historia e imagínate a San Lucas pidiendo a María que le diga cómo fue la noche del nacimiento de Jesús. Quizá Lucas ha estado pensando que Jesús fue extraordinario desde el momento mismo de su nacimiento. Quizá se preguntaba si Jesús estaba ya tan desarrollado que no era realmente un bebé en absoluto.

Uno puede casi ver a María reírse y mover la cabeza. «No, no. Él era igual que cualquier otro niño. Tuve que ponerle pañales, como a cualquier otro niño.»

Lucas estaría tan impresionado o sorprendido por el hecho que lo escribió en su relato de la vida de Jesús. Ahora, dos mil años más tarde, podemos leer ese relato y ser recordados de que, en el reconocimiento de la divinidad de Jesús, no debemos olvidar su humanidad. Jesús empezó la vida llevando pañales igual que el resto de nosotros.

¿Qué aspecto de la naturaleza de Jesús —su humanidad o su divinidad— estoy más inclinado a resaltar?

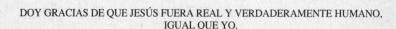

DOY GRACIAS DE QUE JESÚS FUERA REAL Y VERDADERAMENTE HUMANO, IGUAL QUE YO.

Pastores

Cuando los ángeles se retiraron de ellos al cielo, los pastores se decían unos a otros: «Vamos a Belén a ver eso que ha sucedido y que el Señor nos ha anunciado.» Fueron de prisa y encontraron a María, a José y al niño reclinado en el pesebre.

LUCAS 2:15-16

LOS pastores que visitaron a la Sagrada Familia probablemente fueran más bien toscos, incultos y malolientes. Después de todo, pasaban sus días y noches con el ganado, y probablemente transcurriría largo tiempo entre un baño y otro, y entre un cambio de ropa y otro. Pero ellos se presentaron allí, irrumpieron en el establo para ver al bebé —los primeros visitantes de Jesús registrados.

¿Qué estaba pensando María cuando aparecieron? ¿Querría decirles: «¡No toquéis al niño!» cuando se acercaron a mirar? María probablemente estuviera cansada del parto, un poco aturdida por la experiencia y no de mucho humor para recibir invitados inesperados (y mucho menos a un puñado de pastores con su ganado). Sin embargo, ella indudablemente estuvo amable y atenta, permitiendo que los hombres miraran a su hijo, tal vez incluso que le pasaran sus encallecidos dedos por las tiernas mejillas.

¿Cómo te sientes cuando la gente se deja caer por tu casa de forma inesperada? ¿Abres la puerta y les dejas entrar, o permaneces incómodamente en el quicio, esperando que capten la indirecta y se marchen? Las Escrituras hebreas nos animan a dar hospitalidad a todos (¡incluso a los pastores!), porque al hacerlo así, podemos estar recibiendo ángeles sin saberlo.

¿Se siente la gente a gusto en mi casa?
¿Me siento yo a gusto de tener gente en mi casa?

HAGO DE MI HOGAR UN LUGAR DONDE TODOS SON BIENVENIDOS.

Maravilla

L A estrella que apareció en el cielo nocturno esa primera Navidad no ha sido explicada de forma adecuada por los astrónomos. Se han sugerido muchas posibilidades, desde un cometa hasta una inusual conjunción de ciertas constelaciones que podrían haber dado la impresión de una estrella sola. Al final, sin embargo, seguimos sin saber qué era la estrella de Belén. Nos quedamos tan maravillados como se quedaron María, José y los pastores cuando miraban al claro cielo nocturno.

Con demasiada frecuencia tratamos de justificar las maravillas y los prodigios del mundo. Pero las maravillas son lo que hace que la vida merezca la pena vivirse. Reducir el mundo a las explicaciones científicas es quitarle su magia.

Los niños parecen saber esto de forma instintiva. Considera esta historia: un padre de perspectiva científica salió una noche al patio con su hija de tres años. Cuando ella le hizo una pregunta sobre las estrellas, él se embarcó en una larga explicación sobre los gases cósmicos, la teoría del big bang y el fenómeno del desplazamiento espectral. La pequeña escuchó absorta. Cuando su padre acabó, lo miró y preguntó: «¿Parpadean porque nos están haciendo guiños?»

La vida no es un problema científico que haya de ser cuidadosamente investigado y resuelto; es un misterio a celebrar. Date hoy permiso para regocijarte en su maravilla.

¿Abordo mi vida como si fuera una ecuación con una sola respuesta verdadera, o la veo como una fiesta a la que asistir?

ELIJO CELEBRAR EL UNIVERSO.

Reyes Magos

Nacido Jesús en Belén de Judá, en tiempos del rey Herodes, unos
magos del Oriente se presentaron en Jerusalén… y entrando en la casa
vieron al niño con su madre María y postrados, lo adoraron; abrieron
sus tesoros y le ofrecieron regalos de oro, incienso y mirra.

MATEO 2:1, 11-12

¿QUIÉNES fueron los magos que fueron a visitar a Cristo niño y a su madre? Aunque tradicionalmente pensamos en ellos como tres reyes, realmente eran un número desconocido de astrónomos de Oriente —provenientes probablemente de lo que hoy es Irán— que vieron la estrella y la siguieron. (Cómo ya se advirtió antes, tendemos a pensar que fueron sólo tres porque trajeron tres regalos).

Pero los Reyes Magos son algo más que unas figuras pintorescas en la historia de Navidad. Son un símbolo para mostrarnos que Cristo vino para todo el mundo, no sólo para un grupo selecto. Además, está claro que María los acogió gustosa en su hogar. Del mismo modo, María acoge a todo el mundo. Ella deja claro que no pertenece sólo a los católicos o incluso a los cristianos; es la abogada de todos los que ven la sabiduría y la verdad en las enseñanzas de su hijo.

¿Estoy dispuesto a hacer todo cuanto sea preciso
para seguir mi estrella?
¿Creo en que Dios me guiará como lo hizo con los Reyes Magos?

CONFÍO EN QUE MARÍA ME AYUDARÁ A ENCONTRAR MI ESTRELLA.

Poder

MAQUIAVELO afirmó que «el poder corrompe, y el poder absoluto corrompe absolutamente». Aunque la historia tendería a probar esto como cierto, el poder en sí y por sí mismo no es malo. En realidad, no hay nada inherentemente erróneo en el uso de nuestra legítima autoridad —el poder que Dios nos da.

Por ejemplo, los padres ejercen correctamente el poder sobre sus hijos. Los maestros tienen poder sobre sus estudiantes. La humanidad tiene poder sobre el mundo. Es más bien el modo en que usamos nuestro poder lo que marca la diferencia.

María claramente entendió cómo usar correctamente su poder. Por ejemplo, hizo que su hijo de doce años abandonara el Templo (en donde obviamente lo estaba pasando bien) y volviera a casa: ¡de forma inmediata! Ella no abdicó el poder que tenía sobre su hijo, aunque fuera Dios.

Posteriormente, supo que tenía la autoridad (era su madre, después de todo) para decirle a Jesús (bajo la guisa de una simple frase: «Ellos no tienen vino») que hiciese algo acerca de una situación social problemática. Incluso hoy en día María sabe usar su poder. Cuando le pedimos algo, sabe que no puede concederlo por sí misma. Sin embargo, se dirige atrevidamente al trono de su hijo con nuestras peticiones, esperando plenamente que él hará lo que ella le pide. ¿Y sabéis qué? ¡Él lo hace!

¿Qué falta en mi vida justo ahora mismo? ¿Le he pedido a María que lleve mi petición a su hijo? Si no es así, ¿por qué no?

ACEPTO LAS RESPONSABILIDADES DEL PODER QUE DIOS ME HA DADO.

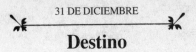

Destino

H AY algo que haces mejor que nadie en el mundo.
Di en voz alta: *¡Hay algo que yo hago mejor que nadie en el mundo!*

¿Lo crees? *Deberías* creerlo, porque es cierto. Puede que carezcas de todo el talento, todos los dones y todas las habilidades que pudieras desear, pero *tienes* todo el talento, los dones y las habilidades que precisas para hacer la única pequeña (¡o gran!) cosa para la que Dios te creó. Dios te creó para realizar un trabajo, y Dios te dotó con todo lo necesario para cumplir esa tarea. Es tu destino; un destino que te ha sido dado desde el comienzo.

También María tenía un destino. Su destino puede ser más obvio e impresionante que el nuestro, pero puesto que era humana, no divina, hubo de descubrir y llevar a cabo su destino igual que el resto de nosotros.

¿Cuál es tu destino? Si no estás seguro, pídele a María que te ayude a descifrarlo. Cree entonces con todo tu corazón que ella así lo hará. Como escribió Tomas de Kempis: «María rezará muy gustosamente por nosotros, y el Hijo ciertamente concederá todo lo que su madre le pida.»

¿Cuál es mi destino?

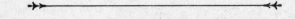

SÉ QUE HAY ALGO QUE HAGO MEJOR QUE NADIE EN EL MUNDO.